dtv

W0472334

Meredith Haaf

STREIT!

Eine Aufforderung

dtv

Ausführliche Informationen über
unsere Autoren und Bücher
www.dtv.de

Dieses Buch ist auch als eBook erhältlich.

MIX
Papier aus verantwortungsvollen Quellen
FSC® C019821
www.fsc.org

© 2018 dtv Verlagsgesellschaft mbH & Co. KG, München
Das Werk ist urheberrechtlich geschützt.
Jede Verwertung ist nur mit Zustimmung des Verlags zulässig.
Das gilt insbesondere für Vervielfältigungen, Übersetzungen und
die Einspeicherung und Verarbeitung in elektronischen Systemen.
Für Inhalte von Webseiten Dritter, auf die in diesem Werk verwiesen wird,
ist stets der jeweilige Anbieter oder Betreiber verantwortlich,
wir übernehmen dafür keine Gewähr. Rechtswidrige Inhalte
waren zum Zeitpunkt der Verlinkungen nicht erkennbar.
Satz: Fotosatz Amann, Memmingen
Gesetzt aus der Minion, Didot und Azo Sans
Druck und Bindung: Druckerei C.H.Beck, Nördlingen
Gedruckt auf säurefreiem, chlorfrei gebleichtem Papier
Printed in Germany · ISBN 978-3-423-28977-1

Für L., H. und P.
und für K. und T., N. und G.

I hate to say it, but each other is all we've got /
Ich sag's nicht gern, aber einander ist alles,
was wir haben
Father John Misty

Die Harmonie zwischen zwei Menschen
ist niemals gegeben, sie muss immer
wieder neu erobert werden.
Simone de Beauvoir

INHALT

Warum Streit sein muss **9**
Die Aggro-Gesellschaft 9
Was der Streit wert ist 38
Wohin mit meiner Wut? 72

Warum Streit schwer ist **95**
Politik als Fight Club 95
Der Konflikt und die Angst 125
Kritik und Konsens 157

Wie wir besser streiten können **191**
Geschmacksfragen und Ansichtssachen . . 191
Dissens im digitalen Zeitalter 228
Dagegen, zusammen 258

WARUM STREIT SEIN MUSS

Die Aggro-Gesellschaft

> Eine zu große Konsensorientierung führt in Verbindung mit einer Abneigung gegen Konflikte zu Apathie und Entfremdung von der politischen Partizipation. (…) Konsens ist zweifellos notwendig, er muss jedoch von Dissens begleitet sein.
>
> Chantal Mouffe

Stellen wir uns vor, eine Frau kommt aus der Arbeit und sagt zu dem Menschen, mit dem sie lebt: »Wahnsinn, also ich hatte heute so einen großartigen Streit in der Arbeit, hat sich richtig gelohnt. Das muss ich dir erzählen!« Oder: Ein Mann blickt von seinem Handy auf, nachdem er sich eine Stunde lang auf Twitter darüber gestritten hat, ob die Europäische Union ohne eigenes Militär eine Zukunft hat, und fühlt sich nicht einfach nur erschöpft – sondern ganz zufrieden. Stellen wir uns eine politische Talkshow vor, nach der die Zuschauer ausschalten und mehr wissen als vorher. Oder: Auf einer Podiumsdiskussion sondern die Teilnehmer nicht wie sonst ihre erwartbaren Statements ab, sie hören einander zu und widersprechen sich dann Punkt für Punkt – oder lassen sich sogar vom anderen überzeugen, und am Ende fühlen sich alle Anwesenden ein wenig klüger. Stellen wir uns ein Familienessen vor, bei dem Vater über die Russlandberichterstattung schimpft, Sohn die Putin-Verharmlosung ablehnt und Mutter nicht: »Könnt ihr bitte damit aufhören, wir wollten es doch heute schön haben«, seufzt, sondern alle gemeinsam ihre Flasche Wein austrinken und am Ende des Abends entspannt auseinandergehen, zufrieden in dem Wissen, dass sie überhaupt nicht einer Meinung sind und trotzdem fraglos zueinander gehören.

Stellen wir uns also ein Leben vor, in dem streiten etwas ist, das wir einfach tun. Mal aus Notwendigkeit, mal aus Lust, mal aus sozialer Verpflichtung. So wie essen, plaudern, Sex haben, einkaufen, putzen, spielen, lesen, Auto fahren, schreiben oder arbeiten. Etwas, das vorkommt, das sein muss. Etwas, das Spaß machen kann oder auch nicht. Eine Aufgabe, die uns nicht aus dem Gleichgewicht bringt, sondern der wir uns stellen, wie wir einen Urlaub organisieren, unseren Job erledigen, ein Kind versorgen.

Stellen wir uns also den Streit als eine Tätigkeit vor wie viele andere: teils Bedürfnis, teils Instinkt, teils erlernte Kompetenz. Wäre das nicht was?

Die Realität sieht, wie wir wissen, anders aus: Ärger am Arbeitsplatz gehört zu den größten Stressfaktoren des modernen Menschen. Twitter-Diskussionen jagen den Puls in die Höhe. Talkshows geben ihren Zuschauern selten mehr als Frustgefühle. Und am allermeisten schmerzt der Familiendisput.

Alles, was wir heute als Streit kennen, verwirrt. Die meisten Menschen finden ihn anstrengend, er macht sie nervös und traurig, lässt sie an der Vernunft anderer zweifeln und manchmal auch an sich selbst. Streit ist etwas, das die meisten von uns irgendwie hinter sich bringen, ohne recht zu wissen, wofür es wirklich gut sein soll. Man wurstelt sich irgendwie durch, wenn es eben sein muss, oft genug mit nur einem Ziel: da so wenig beschädigt wie möglich wieder rauszukommen.

Am Umgang mit Konflikten zeigen sich einige der größten Widersprüche unserer Zeit: Unsere Arbeits- und Alltagskultur fordert und fördert Effizienz, Reibungslosigkeit und Harmonisierung. Konflikte wollen wir heute lieber wegmanagen als ausfechten. Moderne Unternehmen verordnen sich selbst regelmäßig Mediationen und Sitzungen mit dem Konflikt-Coach; politischer Gruppenzorn gilt in liberalen Kreisen als reaktionär und potenziell gefährlich; im Alltag sorgen alle möglichen Apps, Dienstleister und Kommunikationsgeräte dafür, dass Menschen sich möglichst konfliktfrei durch ihre Arbeits-, Freizeit- und Konsumwelten bewegen.

Die Öffentlichkeits- und Debattenkultur fetischisiert

wiederum den Konflikt. Das politische Geschehen und die öffentlichen Debatten sind von der Logik des Gegeneinanders geprägt: Streit ist der Standardmodus der Auseinandersetzung. Gleichzeitig gilt er aber auch als Ärgernis. Wenn es zwischen den Parteien gegeneinander geht, heißt es sogleich, die »Parteien sind zerstritten«, die Politik beschäftige sich nur noch mit sich. Wird innerhalb von Parteien gestritten, geraten sie schnell unter Dysfunktionalitätsverdacht. Gleichzeitig sollten sich Parteien bloß nicht alle auf ein gemeinsames Ziel einigen: Dann unken die Beobachter von Beliebigkeit und Ununterscheidbarkeit und dem zwangsläufigen Erfolg der Rechtspopulisten.

Streit ist also etwas, das wir einerseits in allen Beziehungen erwarten und mit Spannung beobachten – aber eben auch überhaupt nicht leiden können.

Anders als noch vor ein paar Jahren schrumpfen die Spielräume für Leute, die sich lieber aus allem heraushalten oder sich mit ihrer Meinungsbildung Zeit lassen. Diese Entwicklung ist in Deutschland vor allem seit dem Beginn der sogenannten Flüchtlingskrise auffällig. Seitdem diskutiert und streitet die Öffentlichkeit praktisch pausenlos über alles Mögliche: Über Obergrenzen und Abschiebeverfahren, über Gewalt und Vorurteile, über die Zukunft der Europäischen Union und die Frage, wie viel »Heimat« ein Land braucht. Aber auch bei Themen, die mit Migration nichts zu tun haben – Gleichberechtigung, Mitmärkte, irritierende Gedichte an Hauswänden –, scheinen die Ängste immer größer zu werden, der Tonfall wird immer erregter und die Bandagen werden härter. Das ist auch nicht ganz verwunderlich – schließlich geht es um den Umgang mit Menschen, die aus der Not fliehen. Es geht darum, welches Selbstbild eine Gesellschaft hat und ob es kohärent ist. Und bei all diesen Grundsatzdebatten stellt sich immer wieder eine Frage, die für den Verlauf und das Ergebnis eines Streits elementar ist, eine Frage, die an den Kern der Demokratie rührt: Was ist der Streit eigentlich wert?

Viel zu oft streiten wir, als wäre »nicht viel« die Antwort darauf. Streit gilt als Schreckgespenst des Miteinanders, als lästige Bürde, als etwas, bei dem es nur zwei Verhaltensoptionen zu geben scheint: das widerwillige Einknicken vor der Gegenposition oder die absolute Eskalation. Das zeigt sich vor allem in privaten Konflikten: Viele Menschen vermeiden sie aus Harmoniebedürfnis so gut es geht, und wenn nicht, verhalten sie sich oft unbeholfen bis destruktiv. Die sozialen Medien, deren Siegeszug vor zehn Jahren mit dem Versprechen begann, uns alle einander näherzubringen, sind heute der Beweis dafür, dass die Kombination aus digitaler Nähe und räumlichem Abstand ein mindestens so schwerer Fluch ist, wie sie natürlich auch Segen sein kann: Hier werden Meinungsverschiedenheiten zu oft in sinnlose Provokationen verpackt und manchmal eskalieren sie auch zu sogenannten Shitstorms. Bei Teilnehmern und Beobachtern steigt so stetig der Pegel innerer Unruhe und manchmal auch echter Angst.

Das Problem ist also: Wir müssten streiten. Eigentlich dauernd. Wir können es aber nicht gut. Und das ist schade. Denn wir verpassen damit die Chance, Streit als das zu erleben, was er auch sein kann: Ein schöner und spannender Zeitvertreib, bei dem man nicht nur seinen Gesprächspartner, sondern auch sich selbst deutlich besser kennenlernt.

Gereizte Gesellschaft

Konflikthaftigkeit ist das Grundgefühl unserer Zeit. Davon zeugen Bürgerkriege und Sezessionsbewegungen, davon ist die religiöse und politische Radikalisierung, die weltweit heute eine Rolle spielt, genauso ein Symptom, wie es die autoritären Bestrebungen und Militarisierungstendenzen vieler Staaten sind. Gereizt sind die Gesellschaften aber auch in an sich friedvolleren und demokratischen Gegenden, das empfindet wohl jeder Mensch mit nur ein bisschen Anbindung an die Außenwelt so. Es gibt ein Regime des Misstrauens in den Beziehungen der Menschen zu Fremden, Politikern, Medien, Unternehmen, öffentlichen Institutionen. Dieses Misstrauen ist teilweise gerechtfertigt, es verengt aber auch den Blick auf die Welt, der ohnehin schon getrübt ist von den Entwicklungen der Gegenwart: Schließlich manövriert sich die globale Gesellschaft rasant in eine ökologische, wirtschaftliche und damit auch politische Zwangslage. Klar kann man sich mit diversen Strategien den Problemen unserer Welt oberflächlich entziehen: ein bisschen Konsum hier, ein wenig Kleinfamilienidylle da, ein Klecks Achtsamkeitstraining dort. Aber für fast jeden Menschen auf diesem Planeten gibt es Gründe, besorgt, angespannt und nervös zu sein – auch da, wo Frieden herrscht. Sei es, weil man andere kennt, die durch militärische und politische Konflikte aus ihren Ländern vertrieben wurden, oder weil man es unerträglich findet, wie viele solcher Menschen an den Grenzen und vor den Küsten sicherer Länder sterben. Sei es, weil man sich zu oft in irgendwelche Debatten auf Facebook verstrickt. Sei es, weil sich einem alle Nackenhaare aufstellen, wenn der Cousin mit Gaza und der israelischen Siedlungspolitik anfängt. Sei es, weil sich der eigene Betrieb in einem dieser sogenannten Umstrukturierungsprozesse befindet, die meistens darauf hinauslaufen, dass es danach genauso viel Betrieb, aber deutlich weniger Belegschaft gibt. Sei es, dass man zu der Sorte Mensch gehört, dem die tagesaktuellen Nachrichten andauernd zu nahe gehen.

Ja doch: Als Mensch mit Wissen und Gewissen sollte es sich grundsätzlich nicht vermeiden lassen, sich ab und zu ein bisschen zu positionieren. Es sollte selbstverständlich sein, jedem Mitglied der Gesellschaft diese Positionierung zuzugestehen. Und erst recht müsste es eine anerkannte Form des gesellschaftlichen Zeitvertreibs sein, diese Positionen in Wettbewerb zueinander zu stellen.

All dies gilt an diesem ernsten Ende unseres Jahrzehnts wieder ganz besonders. Denn die Fragen sind groß, und die Antworten darauf entsprechend zu disparat, um sich noch in Teilnahmslosigkeit zu flüchten. Wer verhindern will, dass in diesem Land Rassismus und Islamfeindlichkeit überhandnehmen, muss: streiten. Wer erreichen möchte, dass die Verkehrspolitik die Bedürfnisse der Menschen über die Absatzinteressen der Industrie stellt, muss: streiten. Wer bessere Arbeitszeiten und eine gerechtere Familienpolitik will, muss: streiten. Wer den Planeten für zukünftige Generationen von Menschen, Tieren und Pflanzen erhalten will, muss: streiten. Wer in der Zukunft keinen Krieg will, muss für Frieden: streiten.

Streit ist der Schlüssel, um herauszufinden, was andere wollen. Und damit auch der erste Schritt, um Mit-Streiter zu finden und in irgendeiner Weise wirksam zu werden. Doch um für die eigene Position einzustehen und die andere auszuhalten, sind die wenigsten heute gut gerüstet. Der Streit ist als Gesellschaftstechnik hoffnungslos unterbelichtet. Das hat auch der amtierende Bundespräsident, Frank-Walter Steinmeier, zuletzt häufiger kritisiert und »verantwortungsvolles Streiten« gefordert.

Theoretisch ist jedem klar, dass zu einer guten Beziehung auch ab und zu ein Streit gehört. Praktisch lebt kaum einer danach. Das musste ich auch bei mir selbst schon feststellen. Ich hatte immer Spaß an Diskussionen über Politik- oder Stilfragen gehabt, mich in Seminaren, Konferenzen, Texten gerne mit Leuten angelegt, deren

Meinung ich verkehrt fand. Ich hatte sogar ein Buch darüber geschrieben, in dem ich mich unter anderem über die Konfliktfaulheit beschwerte, die ich bei meiner Generation besonders ausgeprägt sah und war dafür wiederum selbst kritisiert worden. Und dann erwischte ich mich immer wieder in privaten Auseinandersetzungen dabei, wie ich gegen meine eigenen Ansprüche vollkommen verstummte oder wie ein nervöses Pferd zurückscheute. Eine unfaire Kollegenkritik, das Aufblitzen von Chauvinismus bei einem sonst milden Freund, ein unqualifizierter Kommentar zu meiner amerikanischen Herkunft, und ich war raus. Damit löste ich gar nichts und verschlimmerte alles – für mich selbst wie für die anderen Beteiligten.

Danach haderte ich tagelang mit mir: Wie konnte eine Person, die Diskussionen nicht nur mag, sondern oft genug auch sucht, die Konfliktscheu für einen destruktiven Charakterzug hält, die halbwegs selbstbewusst ist und angstfrei genug, um jeden unfreundlichen Polizisten reflexhaft anzumeckern, wie also konnte sich diese Person, die ich glaubte zu sein, in einer Konfrontation so überfordert, nervös und letztlich unfähig verhalten? Meine Meinung zu irgendwelchen Büchern, Verbrennungsmotoren oder den bayerischen Ministerpräsidenten würde ich jedem sagen. Kaum ging es um meinen Nahbereich, verhielt ich mich so harmoniesüchtig, als würde ich mich um die Staatsbürgerschaft im Land von ›My Little Pony‹ bewerben.

Je mehr ich über diese Ambivalenz – also meine theoretische Einsicht in die Notwendigkeit des Streits einerseits und meine praktische Aversion gegen ihn andererseits – nachdachte, desto klarer erschien mir, dass ich mit ihr nicht alleine bin. Ich will damit nicht Verantwortung abschieben, aber ich würde mich als Vertreterin einer verbreiteten Konfliktmalaise bezeichnen. Sehr viele Menschen, die ich liebe oder sehr schätze oder wenigstens respektiere oder einfach nur kenne, habe ich in Konflikten nämlich als nicht sonderlich streitschlau erlebt. Sie schweigen zu lange oder brüllen zu schnell, sie hören nicht richtig zu, sondern glauben schon immer zu wissen, was der andere gleich sagt. Sie greifen an oder rennen weg, aber selten gelingt es ihnen, ehrlich zu sagen, was sie stört, wie ihnen zumute ist oder warum sie eine Sache anders sehen als ihr Gegenüber. Sie wissen, dass sie es tun sollten – aber sie wollen oder können es nicht.

Allerdings prägt Widersprüchlichkeit das Thema Streit in der gesamten Gesellschaft. Unser politisches System hat den hervorgehobenen Anspruch, Konflikte gewaltfrei zu lösen – so sie denn in Einhaltung demokratischer Spielregeln artikuliert werden. Doch es gibt da drei Probleme: Erstens wissen viele von uns diese Eigenschaft der Demokratie nicht wirklich zu schätzen. Das zeigte sich zum Beispiel deutlich, als 2017 die Sondierungsgespräche und Koalitionsverhandlungen zur Bildung einer neuen Bundesregierung das Objekt dauernder öffentlicher Gereiztheit und Genervtheit wurden: Was diskutieren die so lange? Wie sollen die denn jemals einen Konsens finden? Wieso zum Teufel einigen sie sich nicht endlich? Man kann das aber auch allerorten beobachten, wo Demokratie im Kleinen geübt wird, in Vereinen oder an Elternabenden zum Beispiel. Sobald in einer Diskussion zu viele unterschiedliche Standpunkte und Tonfälle auftauchen, steigt der Reizpegel, und es heißt, die Diskussion arte jetzt aus.

Damit kommen wir auch schon zum zweiten Problem: Die demokratischen Spielregeln und Grundsätze werden in öffentlichen und halböffentlichen Debatten teils nur halbherzig eingehalten und manchmal sogar bewusst missachtet. Insbesondere, aber nicht nur, in den sozialen Medien verwenden Teilnehmer allzu oft verletzende Sprache, sie beschimpfen ihre Mitmenschen, vergreifen sich gewohnheitsmäßig im Tonfall, generalisieren oder nutzen Gruppendynamiken, um einzuschüchtern. Erschwerend kommt seit einigen Jahren hinzu, insbesondere ausgehend von der Partei Alternative für Deutschland, dass auch Berufspolitiker und Mandatsträger in einer Art und Weise Meinung und Stimmung machen, die sich mitunter an den Grenzen der Verfassungskonformität bewegt. Immer wieder werden gezielt verbale Tabus gebrochen, ein Sprachstil der Aggression etabliert sich inner- und außerhalb parlamentarischer Debatten. Selbstverständlich setzen auch die linken und linksliberalen Kommunikationsmilieus Sprachnormen durch und betreiben Sprachpolitik – sich abgegrenzt wird überall. Wenn Sprache Brücken baut, werden unsere kommunikativen Brücken derzeit immer morscher und wackeliger. Zu oft herrscht eisiges Schweigen, wo weitergeredet werden müsste, und aufgeregtes Geschrei, wo es zuzuhören gilt. Zu oft wird mutwillig Kontroverse gefordert, wo erst einmal sondiert werden müsste. Meinungsverschiedenheiten werden zu Grundsatzproblemen hochgeredet und Grundsatzprobleme als Kommunikationsschwierigkeiten heruntergespielt.

Das dritte Problem, vor das uns das Primat der verbalen Auseinandersetzung in unserer Gesellschaftsordnung stellt, ist: Während andauernd Normen und Spielregeln im Namen der Meinungsfreiheit verletzt werden, artikulieren und begründen zu wenige Bürger ihren politischen Willen in einer ernsthaft streitbaren Form. Sich auf die Straße zu stellen und »Abschieben! Abschieben!« zu brüllen, ist eben kein Argument und auch keine Meinung, man trägt dabei einfach nur den eigenen Fremdenhass zur Schau. Anders als mit einem ähnlich simplen Gegenstatement wie »Nazis raus!«, wird da kaum jemand mit anderer Meinung reagieren – und nichts anderes ist intendiert.

Diese Art von Austausch ist kein Streit, sondern verbale Schubserei. Gewaltbereitschaft ist eben nicht die Steigerung von Streitlust – sondern deren Feind. Die Zahl der politisch motivierten Straftaten ist über die letzten zehn Jahre insgesamt gestiegen, dazu gehören Brandanschläge auf Sammelunterkünfte und regelmäßig stattfindende Anschläge auf linke, grüne oder sozialdemokratische Politiker und deren Büros. Gewalt hört nicht zu – sie macht Angst und verhindert Streitbarkeit. Auf Gewalt gibt es verschiedene Antworten – die andere Wange hinhalten, den passiven Widerstand, die aktive Gegengewalt –, aber keine davon befördert gesellschaftlichen Fortschritt. Die Unfähigkeit, sich politisch auszudrücken, den Konflikt und den Widerstand des Gegners zu ertragen, hat bittere Folgen, die unser aller Freiheit beeinträchtigen.

Total konfliktgesättigt

Es gibt, wenn es um Streit als gesellschaftliches Phänomen geht, eine seltsame Gleichzeitigkeit von zu viel und zu wenig. Denn einerseits wird in Auseinandersetzungen laufend Meinung gemacht: Konflikte beherrschen das mediale Narrativ. Inzwischen findet sich jede Woche irgendjemand, der eine öffentliche Debatte über das eine oder andere Thema vom Zaun bricht, gern auch zur Frage, warum öffentliche Debatten mittlerweile so verpönt seien. Fast jeden Abend setzen sich Öffentlichkeitsakteure unserer Republik in Talkshowstudios und agieren ihre Positionen vor laufenden Kameras aus. Dabei werden sie öffentlich begleitet von einem Kommentariat, das in den sozialen Medien ihre Debattenperformance und ihre Positionen analysiert und kritisiert.

Aber nicht nur in der – auch in diesem Buch – sehr präsenten Medienöffentlichkeit ist Konflikt das dominante Narrativ. Fronten werden immer seltener verhandelt, sondern mit teilweise rabiater Härte überall errichtet. In dem Jahr, in dem ich dieses Buch schreibe, ist die deutsche Bundesregierung nach nur wenigen Monaten durch einen sogenannten »Asylstreit« mehr oder weniger handlungsunfähig. Damit hat die Politik des destruktiven Gegeneinanders auch die höchste Ebene erreicht. Vielerorts ist das Alltag: Überall wird gekämpft und gestritten, überall treffen gegensätzliche Interessen mit wachsender Härte aufeinander. Diese Konflikte finden auf den Straßen der Städte statt und in den Feuergefechten der weltweiten Bürgerkriegsschauplätze. Multinationale Konzerne, die in Rohstoffen, Saatgut oder Wasser machen, kämpfen in Großbritannien, North Dakota, Argentinien oder Indonesien mit den dort ansässigen Bewohnern um die Kontrolle über Landstriche und deren Ressourcen. Tag für Tag begegnet man, sofern man aktuelle Medien konsumiert, Nachrichten von Grundsatzproblemen in diversen Parteien und Institutionen über Verteilungskämpfe und Sozialabbau. Die Europäische Union scheint kaum noch ein gemeinsames Projekt neben der Regelung von Differenzen zwischen den Mitgliedsstaaten zu haben. In immer mehr Ländern wie Russland, der Türkei oder Ungarn regieren autoritäre Pseudo-Demokraten, die politischen Pluralismus brutal zunichtemachen und die Pressefreiheit zerstören, während in freiheitlichen Gesellschaften wie Deutschland ein schwelendes Misstrauen gegenüber Journalisten herrscht – kleinste Fehler werden immer häufiger auch von gemäßigten Lesern als Belege für »Lügenpresse« gewertet. Und an sich herkömmliche republikanische Vorgänge wie Richtungsstreits in Parteien treffen auf eine tiefsitzende Aversion der Wähler. Der Umgang der Öffentlichkeit mit den Debatten in der SPD um die Verlängerung der Großen Koalition im Jahr 2017 zeigten das ganze Elend der Erwartungen: Einerseits war da die massive Forderung nach belebter Diskussion und Veränderung. Und andererseits wurden die Zustimmungswerte der Partei immer schlechter, je länger sie sich mit Diskussion und Veränderung beschäftigte. Sie galt als »zerstritten« – und daher unzuverlässig, statt als streitbar und damit lebendig.

In immer mehr Ländern kommen Politiker allein deshalb an die Macht, weil sie versprechen, besonders brachial über gesellschaftliche Konflikte hinwegzuregieren. Weil ihre Wähler glauben, die eigene Wut durch sie in eine Wirksamkeit kanalisieren zu können. In den sozialen Medien treffen jede Minute Meinungen und Weltanschauungen aufeinander, die unterschiedlich bis konträr sind. Plattformen wie Facebook, Twitter oder auch YouTube fungieren – nicht nur, aber auch – als Foren, in denen man sich permanent positioniert und abgrenzt, und wo das harsche Statement der Onlinepersönlichkeit die individuelle Note verleiht. Und überall herrscht eine fatale Unlust daran, auf Gegenmeinungen einzugehen oder sie auch nur anzuhören. Die Menschen gehen sich mit ihren Differenzen immer intensiver auf die Nerven, und moderierende oder ausgleichende Elemente fehlen. So gerät der Frieden unter Druck.

Der öffentliche Diskurs ist all dem Gegeneinander offenbar nicht gewachsen. Es fehlt teilweise der Wille, sich gut zu streiten. Es fehlt aber auch schlichtweg die Kompetenz. »Wo wird denn noch gestritten, ohne dass der andere dabei abgewertet wird?«, fragte mich Katharina Schulze, die Fraktionsvorsitzende der Grünen im Bayerischen Landtag, als ich mich mit ihr über das Thema unterhielt. »Zivilisiert streiten«, wie es die Philosophin Marie Luisa Frick in ihrem gleichnamigen Essay fordert, ist etwas, das wir in der Tat nicht einfach können, sondern das wir lernen müssen – aber wer kann es uns beibringen? Es gibt Menschen, die diese Kunst beherrschen – weil es ihre Berufung ist oder weil ihr Alltag oder ihre Profession sie darin zu Experten gemacht hat. In Gesprächen mit solchen Menschen habe ich bald verstanden, dass ein guter Streit von der Wertschätzung abhängt, die die Streitenden aufbringen: für sich selbst, für den anderen und für den Vorgang des Streitens an sich.

Warum wir lernen sollten, besser zu streiten

Dem guten Streit geht es in unserer Gesellschaft in etwa wie der Müllvermeidung: Irgendwie ist klar, dass es wichtig ist – aber dieses Wissen in die Realität umzusetzen, ist dann doch oft zu anstrengend. Und warum sollten wir es auch tun? Streit ist, anders als Müllvermeidung, nicht einfach nur umständlich. Weil er oft schlecht läuft, sorgt er auch für miese Laune. Und er hat einen miserablen Ruf. Wer Müll vermeidet, erhält immerhin eine direkte Belohnung: Er gilt als guter Mensch und macht die Welt angenehmer und besser. Wer auf seiner Meinung beharrt, Streit anfängt oder den bestehenden Konsens einer Gruppe in Frage stellt, gilt als schwierig. Konflikte findet man als Entertainment vielleicht bereichernd oder reizvoll, das ist auch der Grund, warum Menschen Talkshows gucken oder Diskussionsveranstaltungen besuchen. Doch die Behauptung, Streit mache die Welt ein Stückchen besser, widerspricht allem, was die meisten von uns damit verbinden: Unruhe, Stress, Verwerfungen, Probleme.

Trotzdem stimmt es: Streit kann schön sein – und klüger machen. Wer würde schließlich leugnen, dass die Einführung der Demokratie unsere Welt grundsätzlich – wenn auch, worauf wir noch zu sprechen kommen, nicht in jeder Hinsicht – verbessert hat? Und Demokratie ist ohne Auseinandersetzung nicht zu haben. Ralf Dahrendorf definierte sie schon 1967 als »institutionalisierten Streit«. Damit gemeint war nicht, dass Konflikte innerhalb einer Demokratie nur von Institutionen ausgetragen werden. Gemeint war, dass Demokratie die Auseinandersetzung ermöglicht und sublimiert. Dass es in einer Gesellschaft der Freien und Gleichen, die nicht auseinanderfallen will, ein Gebot zum Streit gibt, dass jeder Einzelne zur Auseinandersetzung mit anderen bereit sein sollte.

Eine Gesellschaft, in der sich alle immer einig sind, ist eine, die es gar nicht geben kann, das muss man niemandem erklären. Dahrendorf ging sogar noch weiter: Jeder Gesellschaftsentwurf, der die absolute Harmonie der Menschen vorsehe – also die meisten klassischen Utopien –, sei nicht einfach realitätsfern, sondern geradezu totalitär: »In Wirklichkeit gibt es diese Bedingungen nicht. In Wirklichkeit geschieht es daher mit der schrecklichen Dialektik des Nicht-Rationalen, dass die Utopie die Unterdrückung zuerst fordert und alsdann verherrlicht. … Konflikt ist Freiheit, weil durch ihn allein die Vielfalt und Unvereinbarkeit menschlicher Interessen und Wünsche in einer Welt notorischer Ungewissheit angemessenen Ausdruck finden kann.«

Das ist natürlich einerseits schön und richtig. Andererseits weiß jeder von uns ganz genau, wie unangenehm sich dieser angemessene Ausdruck der Unvereinbarkeit bisweilen anfühlen kann. Wer streitet schon gern? Ich kann das von mir nicht behaupten.

Es ist ja auch schrecklich, oder? Der rasende Puls, der unangenehme Klang der eigenen Stimme, die je nach Gemüt und Gegenüber zu zittrig, zu leise, zu laut wird. Der unangenehme Klang der gereizten Stimme des anderen. Die latente Angst vor Kontrollverlust und Eskalation. Die Unsicherheit darüber, sich in Gesellschaft eines Menschen zu befinden, mit dem man sich – manchmal im wahrsten Sinne des Wortes – nicht versteht. Dem man immer nur widersprechen möchte. Die Mühe, immer wieder widersprechen zu müssen, wo es doch so viel angenehmer wäre, sich einfach einig zu sein. Oder die Differenzen zu beschweigen. Was genau sollte an einem Streit angenehm sein oder auch nur routiniert?

Nur: Wir können es als Menschen mit den unterschiedlichsten Persönlichkeiten und Interessen nicht vermeiden, ab und an in Konflikte mit anderen zu geraten. Erst recht nicht als Bürger, Arbeitnehmer, politische Subjekte. Diese simple Tatsache sollte jeden Einzelnen von uns dazu ermutigen, den Streit nicht einfach zu umgehen oder auszuhalten, sondern darin so gut, stark und gelassen zu werden wie nur möglich. Der Druck, den der Arbeitsmarkt auf den Einzelnen ausübt, die gefühlte Gewissheit, dass Politik ohne Partizipation stattfindet, sodass man – im wörtlichen und übertragenen Sinn – schreien muss, um überhaupt wahrgenommen zu werden, die stagnierende Geschlechterungerechtigkeit und die zähe Kultur der Herkunftsdiskriminierung und überhaupt die grundsätzliche Frage, wie wir eine gerechte und lebenswerte Gegenwart und Zukunft gestalten können: All das sind Gründe dafür, besser zu werden darin, für unsere Rechte, Bedürfnisse und Ideen einzustehen.

Wie Streit zu Stress wird

Mir ist klar, dass die Dringlichkeit, die ich hier beschwöre, nicht sehr entspannend wirkt. Doch genau darin muss heute nun mal die Kunst bestehen: Die Dringlichkeit von Klimawandel, Rechtsruck oder Abstiegsangst ernst zu nehmen und sich gleichzeitig locker zu machen, zuversichtlich in den Kampf für eine bessere Welt zu gehen. Der Druck, unter dem sich alle fühlen, ist natürlich ein wichtiger Grund für den schlechten Streit. Eltern kennen das: Ein Beziehungsstreit verschärft sich tendenziell, wenn man nur noch eine Stunde Zeit hat, sich halbwegs einzukriegen, bis die Kinder von der Betreuung abgeholt werden müssen. Noch schlimmer ist es, wenn die Kleinen im Nebenraum spielen und man nur darauf wartet, dass eins reinkommt und verwirrt guckt. Wenn ständig irgendeine weitere Frage darauf drängt, beantwortet zu werden, kann man sich schlechter auf das konzentrieren, was vor einem liegt. Damit verwandt ist das Problem, dass so viel gesellschaftlich relevanter Streit an die Öffentlichkeit gekoppelt ist. Es macht einen ungeheuren Unterschied, ob ich im Streit einfach nur meinen Kontrahenten überzeugen will, oder ob ich ihn an die Wand reden will, oder ob ich gleichzeitig ein Publikum sowohl von meinen Ansichten überzeugen als auch den Eindruck vermitteln möchte, dass ich meinen Kontrahenten an die Wand geredet habe. Es macht einen Unterschied für mein Gefühl in der Sache, es macht einen Unterschied in meinem Stil – und es macht natürlich auch einen ungeheuren Unterschied für den Kontrahenten.

Schon im relativ überschaubaren Privatleben ist der Konflikt eine Quelle von Stress und Überforderung. Manche meiner Freunde oder Kollegen verstummen bei bestimmten Themen in größerer Runde automatisch, weil sie wissen, dass ihre Meinung keinen Anklang finden wird und sie keine Lust haben, sich verteidigen zu müssen. Ich kenne Menschen, die mit ihren Eltern seit Jahren kein ernsthaftes Gespräch mehr geführt haben, weil alles zwischen ihnen so vollgestellt ist mit ungeklärten Zwistigkeiten. Ich kenne Männer, die mit ihren Schwestern kein Wort mehr wechseln, aber auch nicht recht erklären können, warum, außer, dass es einst Streit gab. Ich kenne Frauen, die am Rande des Vereinbarkeitszusammenbruchs vegetieren, aber zu große Angst haben, ihrem Mann die Wahrheit ihrer geballten Unzufriedenheit zuzumuten. Einige meiner privat schlimmsten Niederlagen sind der Tatsache geschuldet, dass ich mich erbärmlich schlecht mit Menschen stritt: Der Kontakt zu Kolleginnen, mit denen ich ein wichtiges Stück meiner Laufbahn gegangen war, brach ab, weil unsere Meinungen zu weit auseinanderdrifteten. Eine dieser Frauen, mit der ich jahrelang aufs Engste gearbeitet hatte, mit der ich auch befreundet war, wechselte plötzlich die Straßenseite, wenn sie mich sah. Dabei haben wir uns eigentlich nichts angetan. Wir haben uns noch nicht einmal richtig gestritten – weil wir es nicht konnten. Von einem anderen hochgeschätzten Kollegen fühlte ich mich vor einigen Jahren so übervorteilt, dass ich nie wieder normal mit ihm umgehen konnte. Nur gesagt habe ich ihm das nie – weil ich Angst vor der Auseinandersetzung hatte. Es gibt immer wieder Fälle, in denen der Streit nichts rettet, aber trotzdem sein muss, einfach um die eigene Integrität zu wahren. Wer solch einen Streit vermeidet, verliert auch immer ein Stück von sich selbst.

Um die Streitkultur in Familien und Beziehungen soll es in diesem Buch allerdings nur am Rande gehen, also nur, wenn sie einen Bezug zu Politik und Gesellschaft hat. Ich glaube, dass die Streitkultur, die in Familien herrscht, einiges zu tun hat mit der, die außerhalb der Familien gepflegt wird. Trotzdem spielen im privaten Bereich so viele individuelle Eigenschaften, Geschichten und Beziehungen eine Rolle, dass ich als Nicht-Psychologin nur die Wahl zwischen psychologischer Oberflächlichkeit und grenzwertigen Tiefenbohrungen in meinem eigenen Leben hätte. Beides tendenziell unbefriedigend. Und doch möchte ich in diesem Buch nicht immer nur abstrakt von »der Gesellschaft« schreiben – denn wen sollte ich ansprechen, wenn ich mich dabei nicht auch selbst meinen würde. Familiäre und persönliche Erlebnisse werden in diesem Buch also gelegentlich eine Rolle spielen – aber nicht grundsätzlich.

Hinzu kommt: Im privaten Leben gelten moralische Prinzipien für den Umgang mit anderen, die aus meiner

Sicht im öffentlichen Umgang nichts verloren haben. Sprich: Jedes Individuum hat als solches das Recht, den Kontakt zu einer Freundin abzubrechen, die ihr zu sehr auf die Pelle rückt. Als Bürgerinnen und Bürger und politische Subjekte hingegen haben wir nicht das Recht, die Verbindung zu unseren Mitbürgern aufzukündigen. Wir müssen uns arrangieren, wir müssen einander aushalten, und wenn wir das tun, kommen wir nicht darum herum, uns ab und zu ordentlich zu streiten.

Ob es politische Meinungsverschiedenheiten in der Familie sind, ob es schmerzhafte bis ungerechte Umstrukturierungen am Arbeitsplatz sind, ob es der Braunkohleabbau in der Heimatregion ist oder der Kampf um einen Kinderbetreuungsplatz – durch unsere Zeit kommt man nicht, ohne von den großen politischen Konfliktthemen in irgendeiner Weise berührt zu werden. Wenn das Spektrum der Zwischenmenschlichkeit von engster Nahbeziehung (»ich liebe dich«) bis Wahrnehmungsperipherie (»ich weiß, dass es dich gibt«) reicht, dann ist die Konfliktkultur interessanterweise an genau diesen beiden Polen besonders schlecht. Mit irgendwelchen Leuten im Internet nicht reden zu können oder zu wollen, weil man sonst ausrastet, stellt wohl niemanden vor existenzielle Probleme. Aber wenn es mit denen, die man liebt, nicht geht, tut es wirklich weh. Ich weiß nicht, wie oft ich im letzten Jahr den Satz »Bei uns gilt mittlerweile die Regel, dass über Politik nicht gesprochen wird« gehört habe, wenn die Rede auf Familienbesuche und Feiertagsdebatten kam. Konfliktlinien verlaufen auch durch Freundeskreise und Nachbarschaften – und werden trotzdem selten angesprochen. Ich erinnere mich noch an Partys meiner Eltern in den Neunzigerjahren, auf denen mindestens ein laut und leidenschaftlich ausgetragener Vollstreit über die Grünen oder die amerikanische Außenpolitik zum Programm gehörte. Niemand fühlte sich davon gestört, weder die Gastgeber noch die Gäste und schon gar nicht wir Kinder. Im Gegenteil, ich wuchs in dem Glauben auf, ein geselliger Abend ohne mindestens einen guten Streit wäre ein verlorener Abend.

Dabei ging es meinen Eltern und ihrem Umfeld nicht einmal darum, mit ihren Diskussionen die Welt zu verändern. Es gab da ein paar Leute, die Parteien angehörten. Aber die meisten von ihnen waren nicht mal besonders bürgerschaftlich engagiert. Die Wirtschaftsordnung und das politische System zu hinterfragen, die Medien kritisch zu lesen und bestimmte Konventionen zu diskutieren, das war eher eine geistige Gewohnheit – und die Auseinandersetzung darüber eine Art Identifikationsübung und ein netter Zeitvertreib. Das Streiten gehörte zum Austausch dazu.

Heute gilt ein Streit unter Freunden – selbst einer, der von abstrakten Fragen oder von ferner Politik handelt – schnell als Störung im Betrieb. Das hängt natürlich ein wenig von dem Umfeld ab, in dem man sich bewegt. Ich kann es zumindest über mein Umfeld sagen, in dem sich viele Menschen finden, die einerseits sehr gut informiert sind, aber andererseits keinen Bock auf Stress haben. Wenn ich heute mit Freunden zusammen bin, was in dem relativ dicht gedrängten Lebensabschnitt mit kleinen Kindern und Berufstätigkeit selten genug vorkommt, dann streiten wir uns praktisch nie. Wir wollen ja eine nette Zeit miteinander haben. Dabei kann es gar nicht sein, dass stets Konsens herrschen würde – denn wo zwei Menschen sind, werden die Ansichten und Einschätzungen immer mal auseinanderdriften. Doch selbst wenn die Abende länger werden oder sogar ein gemeinsames Wochenende gelingt, nimmt die Debattierfreude nicht so leicht zu. Ab und an kann ich gar nicht anders, als mich über irgendeine Sache zu echauffieren – nehmen wir sexistische Strukturen in der Berichterstattung zu irgendeinem Thema, darüber kann ich mich nämlich immer aufregen, oder das Hartz-IV-System oder die Gewaltstruktur innerhalb der Bundeswehr: Ich ereifere mich also und wenn ich Pech habe, dann widerspricht mir niemand. Obwohl das doch eigentlich die natürliche und notwendige Reaktion auf jedes Geschimpfe sein müsste! Das liegt nicht daran, dass ich immer so grandiose Argumente hätte oder niemand anderen zu Wort kommen ließe (das hoffe ich zumindest) – und ganz sicher liegt es nicht an der Einstimmigkeit der Meinungen. Es herrscht einfach in geselligen Kreisen der Mittelschicht oft eine wahnsinnige Unlust gegenüber dem Konflikt – kein Wunder, wenn Selbstoptimierung, Disziplin und Stilsicherheit die dominanten Werte sind. Wir scheinen vergessen zu haben, wie gut und richtig sich eine harte Diskussion anfühlen kann. Und ich meine wirklich nicht den Beziehungsstreit oder irgendwelche pseudo-kathartischen Wutausbrüche. Ich meine den guten alten Streit um die Sache, der nicht unbedingt eine Einigung bringt, wohl aber eine Klarheit, die durchaus das eigene Denken und Dasein beflügeln kann.

Wozu dieses Buch

Dieses Buch ist nicht als Ratgeber gedacht. Ich möchte den Streit als Zeitvertreib rehabilitieren. Und ich versuche, all denen Hilfe zur Selbsthilfe zu geben, denen am Frieden so viel gelegen ist, dass sie für ihn streiten wollen. Um den Wert des Streits wiederzuentdecken, um zu ergründen, warum er uns so schwerfällt und wie sich das ändern lässt, habe ich dieses Buch geschrieben. Ich glaube, dass es keine Freiheit ohne Dissens geben kann, und dass Dissens nur innerhalb einer kompetenten, respektvollen und intelligenten Streitkultur Bedeutung gewinnt. Streiten erlaubt uns aber nicht nur, uns für die Dinge stark zu machen, die uns selbst wichtig sind, oder uns für die Rechte derjenigen einzusetzen, die es selbst nicht können. Es erlaubt uns auch, Dinge über unsere Mitmenschen und uns selbst zu erfahren, die wir nicht wussten – wenn wir denn lernen, richtig zuzuhören.

Warum das Streiten so schwer ist, dafür gibt es evolutionsbiologische wie kulturtraditionelle Gründe, es gibt einen Zeitgeist, der lange auf Konsensbildung und Produktivität fixiert war. Dieser Zeitgeist wird zwar gerade von einer neuen Angriffslust überholt, hat aber die Fähigkeit zum aktiven und passiven Umgang mit Kritik nachhaltig beeinträchtigt. Auch die Dominanz der Leistungsideologie trägt zu dem Problem bei. Wer stets leistungsbereit ist, der kann sich nicht mit Konflikten aufhalten, die ihn möglicherweise, quel horreur, nicht weiterbringen.

Grundsätzlich glaube ich, dass sich die Ziele und Anliegen des kapitalistischen Systems mit den Ansprüchen einer gerechten und freien Existenz nur bis zu einem gewissen Punkt vereinbaren lassen. Ich glaube, dass wir diesen Punkt längst passiert haben, und dass daraus ein ständiges Auseinanderklaffen von Wunsch und Wirklichkeit in unserer Gesellschaft resultiert. Dieser Zustand sorgt für Verunsicherung, Prekarität und Angst. Und noch schlechter als unter den Augen der Öffentlichkeit, wie im Internet, streitet es sich nur in Angst. Der miserable Zustand der Streitkultur unserer Zeit ist dafür ein perfektes Beispiel.

Die Gesellschaftsdiagnose Konfliktunfähigkeit ist dabei übrigens nicht einmal neu: Schon Ralf Dahrendorf bescheinigte den Deutschen in den Siebzigerjahren eine ausgeprägte Konfliktaversion, die eine besondere Aggressivität mit sich bringe. Schlechtes Streiten ist eine globale

Gewohnheit, das weiß jeder, der über einen Internetanschluss verfügt oder ab und zu Nachrichten guckt, das hat unterschiedliche historische und kulturelle Gründe. Der schlechte Streit hat viele Sprachen und Spielarten. Auch wenn es ein Klischee ist: Wer jemals in einem Land der südlichen Hemisphäre gelebt hat, weiß, dass in Italien oder Chile mit deutlich mehr Leidenschaft gestritten wird – in den Familien, aber auch in der Öffentlichkeit – als in nördlichen Gefilden. Allerdings führt das keineswegs zu gerechteren oder angenehmeren Lebensbedingungen. In den USA wurden Fernsehsender wie Fox News oder MSNBC gegründet, damit professionelle Meinungsmacher, die sogenannten »Pundits«, den ganzen Tag live vor der Kamera ihren Gegnern und Zuschauern teilweise reichlich radikale Statements um die Ohren hauen können. In skandinavischen Ländern wie Schweden oder Dänemark wiederum ist Konsens König – und hier in Mitteleuropa bewegen wir uns geografisch und klimatisch passend in einem halbherzigen, überreizten Mittel dieser Extreme.

Der Streit, der zugleich halbherzig und super angespannt geführt wird, könnte aber besonders gefährlich sein – auch weil er jederzeit in Konsenszwang oder Konflikteskalation mutieren kann. Um Wege aus dieser unentschlossenen Aggro-Kultur zu finden oder zumindest einen neuen Blick auf den Streit als Praxis zu gewinnen, habe ich begonnen, meine Streitfähigkeit zu erproben – offline wie online. Ich habe mich um die

Ausweitung meiner Schmerzgrenzen bemüht, habe mich aktiv und konzentriert mit Menschen auseinandergesetzt, deren Meinung ich früher nicht der Rede wert oder sehr ärgerlich gefunden hätte; ich habe versucht, meine private Konfliktscheu im Berufsleben und auch im persönlichen Gespräch zu überwinden. Vor allem aber habe ich mit Menschen gesprochen, die sich aus professionellen oder persönlichen Gründen mit Konflikten auskennen, weil sie sich in der Politik, in der Soziologie, im Journalismus oder im politischen Aktivismus bewegen. Dabei habe ich drei Dinge festgestellt: Nämlich erstens, dass die Ängste und Vorbehalte gegenüber dem Thema so ziemlich jedem bekannt sind. Zweitens, dass für das Streiten dasselbe gilt wie für alle menschlichen Tätigkeiten: Ein bisschen darüber nachdenken, warum man das tut, was man tut, schadet nie. Und drittens: Man kann darin wirklich besser werden, wenn man sich ein bisschen anstrengt.

Wir müssen streiten. Wir kommen nicht darum herum. Aber nervös muss das niemanden machen. Es kann ja nur besser werden.

Was der Streit wert ist

Fast unvermeidlich flicht sich ein Element von
Gemeinsamkeit in die Feindseligkeit, wo das
Stadium der offenen Gewalt irgendeinem
anderen Verhältnis gewichen ist, das vielleicht
eine völlig unverminderte Feindseligkeitssumme
zwischen den Parteien aufweist.
Georg Simmel.

Der Widerspruch, die Auseinandersetzung, die Wut über politische »Deppen« (Patrick Bahners) und der Stress, ihnen die Meinung sagen zu müssen, oder es eben auch mal nicht zu können – das ist der Preis, den Bürger einer Demokratie dafür bezahlen, mitmachen zu können. »Der Demokrat ist Schmerzkünstler«, schreibt der Autor Volker Kitz. Manchen fällt das leichter – aufgrund von Prägung, Umfeld, Neigung –, anderen graut es. Aber Persönlichkeit hin oder her, erspart bleibt die Auseinandersetzung niemandem, der sich als lebendiges Mitglied einer Demokratie begreift.

Unser politisches System basiert nicht zuletzt auf der »Chance zum Dissens«, wie es der Politikwissenschaftler Heinrich Oberreuter formulierte. Damit es funktioniert, muss diese Chance aber auch als gesellschaftliche Verpflichtung verstanden werden. Eine Gesellschaft ist nur dann offen, wenn es in ihr Raum für Widerspruch gibt – und wenn ihre Mitglieder fähig sind, mit Widersprüchen und Widersprüchlichkeiten umzugehen.

Manche Menschen, man trifft sie in Kommentarforen bei ›Spiegel Online‹, in Spartenparteien oder auf Montagsdemonstrationen, nehmen diese Verpflichtung so dermaßen ernst, dass sie den Widerspruch zu einem Intensivhobby machen. Der Drang zum Dissens nimmt immer radikalere Formen an, dafür stehen auch die vielen regionalen Separatismus-Bewegungen Europas, die in den letzten Jahren breite Anhängerschaft finden. Hier scheint Spaltung die einzige Möglichkeit, Differenz noch zu ertragen. Andere sehen in dieser Verpflichtung dagegenzuhalten, allerdings auch eine sinnlose Bürde. Sie haben gelernt, dass ein gelingendes Miteinander immer auf Konsens hinausläuft. Ungewiss erscheint außerdem, welche positive Chance im Dissens überhaupt noch liegt.

Man könnte sagen: Das postdemokratische Subjekt muss einerseits mit einem gesteigerten Handlungsbedarf und andererseits mit verengten Handlungsspielräumen klarkommen. Es steht in einem Spannungsfeld zwischen den polaren Imperativen »So laut schreien wie möglich!« und »Kopf runter, Ohren zu!«. Irgendwo dazwischen liegt er aber, der angemessene Umgang mit politischen, sozialen und kulturellen Konflikten.

Der Zusammenhang zwischen Konflikt und Demokratie ist so komplex, dass man sich schon sehr darüber wundern kann, wie stiefmütterlich das Thema in der politischen Grundbildung behandelt wird. Würde das demokratische Ideal von Bürgern, die aufgeklärt und kompetent an der Gesellschaft partizipieren, ernst genommen, müssten Einspruch und Widerspruch viel häufiger und genauer in allen Phasen des Lebens immer wieder geübt werden. Doch an dieser Übung mangelt es leider oft schon in der Kindererziehung.

Was Streit wert ist, lernen wir schon als kleine Kinder, wir lernen es von unseren Eltern, mit anderen Kindern und nicht zuletzt innerhalb der Institutionen, in denen wir groß werden. Das politische System und die Kultur, in der jemand aufwächst, prägen also das Konfliktverhalten des Einzelnen immer mit. Deswegen ist die Geschichte der politischen Systeme auch immer eine der Streitkultur: Die römische Republik zerbrach unter anderem deshalb, weil militärische Gewalt in der Innenpolitik zum Einsatz kam. Vereinfacht gesagt, wurden innenpolitische Konflikte nicht mehr mit der Macht des Wortes entschieden, sondern mit dem Schwert. In der hierarchischen und von Gewalt geprägten Ordnung des Mittelalters waren die königlichen Höfe der Ort, an dem Streitkultur entwickelt und vorgegeben wurde. Gemäß den Prinzipien von Erbmonarchie und Gottesgnadentum verfügte die Person des Herrschers über das Instrumentarium, für Gerechtigkeit und Ausgleich zu sorgen, die

Konflikthoheit lag bei ihm. Streit durfte ausgetragen werden, aber er war streng formalisiert. Ein Streit wurde von oben entschieden, so wie es schon in der Bibel bei Salomon und David der Fall ist. Mit dem Buchdruck kam Bewegung in diese Hierarchie. Widerspruch konnte nun den Massen kundgetan und weitergegeben werden. Die Aufklärung dann war ein einziges, teilweise auch verbal außerordentlich grobes Ringen zwischen weltlichen und geistlichen Kräften, eine immense Grundsatzanstrengung, die Verhältnisse zwischen Staat und Mensch auf ein neues, streitbares Fundament zu stellen.

Wer in einer Diktatur lebt, wie es im 20. Jahrhundert Millionen von Menschen taten und wie es heute wieder viele tun, kann keine Kritik am Staat üben, ohne Repressalien zu fürchten. Das hemmt die Fähigkeit, Dissens auch nur zu denken – umso bemerkenswerter erscheint jede Form von Widerstand gegen derartige Regimes. Wer in einer Monarchie lebt, ist daran gewöhnt, dass man bestimmte Dinge über das Staatsoberhaupt nicht sagen darf, und es so etwas wie Majestätsbeleidigung gibt. Kritik ist hier etwas, das bestimmte Personen nur sehr schonend erfahren – in einer Demokratie ist das anders.

Dass wir heute einen besonders schwierigen Moment in unserer Streitkultur erleben, hat auch historische Gründe. Mit der Studentenbewegung von 1968 drangen Formen des öffentlichen Dissenses auch abseits von Parteien oder Gewerkschaften in die Gesellschaften. Weltweit formierten sich Bürgerbewegungen und unterschiedlichste Spielarten des individuellen und kollektiven Widerspruchs gegen die bürgerliche Gesellschaft und die Staatsräson. Streiten wurde als absolut notwendig verstanden, das ist in zahlreichen Protokollen und Filmaufnahmen dokumentiert, und wer die Zeit erlebt hat, erzählt davon. Widerspruchsgeist wurde gehegt und gepflegt, um autoritäres Denken zu überwinden. Diese streitfreudige Stimmung hielt bis in die späten Achtziger, wurde aber in den Neunzigerjahren relativ jäh beendet mit einer weltweit um sich greifenden Vorstellung von der liberalen Demokratie als dem »Ende der Geschichte«. Marxismus oder Kommunismus galten als obsolete Ideologien, deren Unbrauchbarkeit sich mit dem Ende der Sowjetunion gezeigt hatte; an ein Widererstarken faschistischer Ideologien glaubte niemand wirklich. Auch wenn schon damals Globalisierungskritiker gegen die zerstörerische Ausbreitung des westlichen Kapitals weltweit auf die Straße gingen, wiegte sich die Allgemeinheit in einem Alles-wird-gut-Gefühl.

Was nach den islamistischen Terroranschlägen vom 11. September 2001 geschah, kann man aus heutiger Sicht als autoritäre Wende begreifen: Mit Terrorgesetzen und der Aufrüstung von staatlichen Überwachungsapparaten weltweit geriet nicht nur der Islam ganz allgemein, sondern auch jeglicher politischer Widerstand gegenüber staatlichen Interessen unter Generalverdacht. Sicherheitsbehörden verschärften ihre Taktiken und Mittel. Gleichzeitig schraubte sich der Marktfundamentalismus der

Politik weltweit in bislang ungekannte Höhen. Konsum – ethisch oder auch nicht – als stabilisierende und erlösende Praxis. Das politische und mediale Szenario der Nullerjahre wurde von Angstdebatten und Konsensfixierung beherrscht. Der eigene politische Rahmen galt jetzt als ideal und unhinterfragbar. Der Fundamentalismus, der in ihm gedieh, wurde kulturell exterritorialisiert: Wer hier Fundamentalist ist, lehnt »unsere« Freiheit ab. Ein kultur- und identitätszentrierter Blick auf das Individuum gewann zunehmend an Bedeutung. Das Reden über Politik kam immer besser damit zurecht, von kollektiven Interessen oder Ökonomie zu schweigen.

Inzwischen hat sich herumgesprochen, dass sich in vielen Regionen der Welt liberale Demokratien dem Ende zuneigen oder von politischen Kräften auf ihr Ende hingetrieben werden. Hinzukommt, dass Öffentlichkeit in den letzten Jahren mit der Verbreitung digitaler »Hand-held«-Medien eine neue Dimension gewonnen hat. Neu sind die Stimmen, die in ihr laut werden. Neu ist die Geschwindigkeit, in der Informationen und Meinungen dort verbreitet werden. Der Widerspruch zwischen der historischen Sozialisierung, den neuen Technologien und einer wachsenden Unzufriedenheit mit den Umständen, unter denen politische Entscheidungen in liberalen Demokratien gefällt werden, hat uns in einer ohnehin krisengezeichneten Zeit eine ziemliche Konfliktbewältigungskrise beschert.

Dass wir uns überhaupt fragen, wie man Konflikte als

Gesellschaft am besten löst, ist Jahrzehnten demokratischer Sozialisierung zu verdanken. Das macht dieses System zum Geschenk – und natürlich auch zur Belastung. Denn nur, weil man etwas tun darf, bedeutet es nicht automatisch, dass man es auch will. Beim politischen Streit ist das offensichtlich. Doch sämtliche Demokratietheorie und politische Geschichte sagen uns, dass wir dranbleiben müssen: Denn wenn wir die Übung und damit die Fähigkeit verlieren zu streiten, haben wir auch ein politisches Problem. Eine Gesellschaft, die ihr demokratisches Potenzial verwirklicht, muss eine sein, die keine Angst vor und kein Problem mit Streit hat. Wir sind zwar schon weit vorangekommen. Aber in Anbetracht der gewaltigen Herausforderungen und Grundsatzentscheidungen, die anstehen, müssten wir eigentlich weiter sein.

Streit als Bindemittel

Was genau ist Streit, politisch gesehen? Was er leider sehr oft ist, erzählt ein sehr lustiger Monty-Python-Sketch aus dem Jahr 1976, er heißt »The Argument Clinic«. Ein Mann kommt in eine Klinik und sagt: »I would like to have an argument«, also: »Ich hätte gern einen Streit.« Dafür muss er dann fünf Pfund zahlen und kommt in einen Raum, in dem ein Mann (John Cleese) sitzt. Der

Patient sagt: »Ich wollte mich mit Ihnen streiten!«, Cleese antwortet: »Nein, wollten Sie nicht.« Das sei doch jetzt nicht streiten, sondern rein mechanisches Widersprechen, was er da betreibe, wendet der Kunde ein. »Nein, ist es nicht!«, antwortet der Mann. So geht das minutenlang, bis der Patient entnervt in den nächsten Raum läuft, nur um dort eins mit dem Holzhammer übergebraten zu bekommen. »Das ganze Internet in einem Video!«, kommentierte ein Nutzer unter dem YouTube-Clip.

Wer Kinder zu Hause hat, kennt diese Art von Pseudodiskussion, die meist rasant von »Ich hatte das Buch zuerst!« – »Aber das ist meins, deshalb darf ich es haben, wann ich will« – zu einem gebrüllten »Nö!« – »Doch!« degeneriert. Wer ab und zu im Internet ist, kennt sie aus der Erwachsenenwelt leider auch. Der Grat zwischen dem wenig sinnvollen Dauerwiderspruch und der wertvollen Auseinandersetzung ist schmal.

Streit gilt zu Unrecht als »Sprengsatz guter sozialer Beziehungen«, wie Claus Leggewie es ausdrückt. Tatsächlich ist er sogar ein wichtiges Bindemittel. Der Soziologe Georg Simmel schrieb schon 1908, dass die maßgebliche Wirkung des Streites die Vergesellschaftung sei. Die Aversion, »das gegenseitige Gefühl von Fremdheit und Abstoßung«, die wir fremden Mitmenschen gegenüber bisweilen entwickeln, sah Simmel als Überlebenshilfe in einer Moderne an, in der wir vor den Mitmenschen kein Entkommen haben: »Ohne diese Aversion würde das großstädtische Leben gar keine ausdenkbare Form haben« – sie hilft uns, einander aus dem Weg zu gehen und unserer Differenz Geltung zu verschaffen.

Streit ist bei Simmel die Chance, das Miteinander auszuhalten, ohne irgendwann entweder vor dem anderen fliehen zu müssen oder ihn beseitigen zu wollen. Der Mensch verfüge nun mal über einen »abstrakten Oppositionstrieb«, und wenn man das in Simmels Worten liest, weiß man sofort, was gemeint ist: »Der leise, oft kaum bewusste, oft sogleich verfliegende Anreiz, eine Behauptung oder Anforderung, namentlich wenn sie uns in kategorischer Form entgegentritt, die Verneinung entgegenzusetzen.« Eltern beobachten diesen Trieb bei ihren kleinen Kindern beinahe täglich; wer Internet nutzt, Zeitung liest oder Talkshows guckt, bemerkt ihn in sich allerdings auch.

Laut Simmel ist dieser Trieb nicht so problematisch, wie er oft behandelt wird. Er ist grundmenschlich, ja, er macht menschliche Gesellschaft überhaupt möglich: Indem wir uns anderen entgegenstellen, setzen wir uns auch zu ihnen in Beziehung. Indem ich meinem Kollegen in seinem Urteil über ein Buch widerspreche, teile ich ihm mit, dass mich seine Bewertung interessiert und angeht. Indem ich einem Kommentar auf Facebook widerspreche, teile ich dem Kommentierenden mit, dass mich das, was er schreibt, beschäftigt – dass wir vielleicht nicht in einem Boot sitzen, aber doch im selben Wasser treiben. Streit ist einfach nur ein Ausdruck von Beziehung –

man kann ihn durchaus als einen Akt gegenseitiger Anerkennung verstehen.

Es lohnt, sich in Erinnerung zu rufen, dass Simmel seine Beobachtungen noch im Kaiserreich machte, in einer Ära also, in der Hierarchie und Gewaltbeziehungen in allen sozialen Milieus präsent waren, und der Streit ein ganz anderes Risiko mit sich brachte als heute. »Die Gewaltbereitschaft der real ebenso wie mental militarisierten Gesellschaft nach dem Ersten Weltkrieg war immens – vor allem auf der extremen Rechten, aber auch ganz links. Die Friedfertigkeit der bundesdeutschen Gesellschaft, ihre Zivilität, ihre Toleranz ist eine Errungenschaft, ebenso wie die Demokratisierung der Eliten«, sagte der Historiker Paul Nolte in einem Interview. Bis in die Fünfzigerjahre waren die Wege vom Streit zur Straßenschlacht noch deutlich kürzer, als man es sich heute vorstellen kann. Die verhältnismäßig gewaltarme Gegenwart ist ein Produkt der letzten Jahrzehnte, die Gewaltraten in Familien, unter Jugendlichen und im Politischen sind – trotz gegenteiliger Wahrnehmung – insgesamt immer weiter zurückgegangen. Umso erstaunlicher, dass Simmels prädemokratische Reflexionen auch heute noch so zutreffend erscheinen: Streit kann, wenn er denn nicht zerstörerisch wird oder in Gewalt mündet, für das soziale Leben und in dem, was man »Miteinander« nennt, sehr viel wert sein.

Eine Grundannahme der Demokratie ist, dass Streit unter Bürgern die Mühe wert ist. Und dass Formen gefunden werden müssen, in denen er zu Entscheidungen führt. In einer der ältesten Demokratien der Welt – das nach heutigen Standards nicht gerade pluralistische Athen – gab es für jeden Bürger die Möglichkeit, sich an Versammlungen zu beteiligen und seine Stimme abzugeben. Rede und Gegenrede waren Zeitvertreib und Wert an sich. Der Politikwissenschaftler Leggewie schreibt: »Demokratischer Streit heißt, politische Meinungen und Überzeugungen ungehindert aufeinandertreffen zu lassen, damit sich politische Urteile bilden können.« Dafür braucht man eine gemeinsame Grundlage: Das grundsätzliche Bekenntnis zum Pluralismus etwa, die Anerkennung der gemeinsamen Verfassung und die Verbindlichkeit der Menschenrechtskonvention sind dafür eine gute Basis. Und man braucht eine gewisse äußere Struktur: In der attischen Demokratie gab es dafür, wie später in der römischen Republik, Regelwerke für die Versammlungen. An die musste man sich halten, wenn man mitreden wollte. Und es gab rhetorische Ideale, die ein ernstzunehmender Beitrag erfüllen musste. Immer ging es dabei weniger darum, den politischen Gegner zu überzeugen, als das Publikum mitzureißen, diejenigen zu gewinnen, die noch keine Meinung hatten oder kein Eigeninteresse in der Sache. Und nicht zuletzt ging es darum, einem simplen, lebenswichtigen Aspekt Rechnung zu tragen, den Simmel viel später »abstrakten Oppositionstrieb« nennen sollte. Diese Faktoren spielen seit Tausenden Jahren eine Rolle, auch wenn heute nicht mehr auf der Agora oder dem Forum Romanum, sondern in Parlamenten,

Gremien oder Ausschüssen gestritten wird. Die Grünen-Politikerin Katharina Schulze sagte mir, dass sie gelegentlich in politischen Debatten an den Punkt komme, an dem sie merke: Hier geht es nicht mehr weiter, wir schreien uns nur noch an oder reden aneinander vorbei. Das sei für sie der Moment, eine Diskussion abzubrechen – außer wenn Publikum dabei sei. »Denn dann muss ich weiterreden – für die anderen.«

Eine wichtige Funktion des Streits in der Demokratie ist also immer Öffentlichkeitswirksamkeit – und daher sind der Umgang und die Vermittlung durch Medien in dieser Sache auch so entscheidend. Wenn das Publikum von Meinungsäußerungen überfordert, belästigt oder angewidert ist, wird das zum Problem –, weil es im Endeffekt darüber mitentscheidet, wer sprechen darf. Dem Publikum kommt also eine Rolle zu, die den demokratischen Prozess sowohl stabilisieren als auch unterminieren kann.

Wann gelingt eine Auseinandersetzung?

In einer liberalen Demokratie gibt es politiktheoretisch zwei Dimensionen des Konflikts: Einerseits liefert sie natürlich den Rahmen, die Spielregeln für Streit. Andererseits ist demokratisches Miteinander essenziell immer auch ein Gegeneinander. Demokratie gibt also dem Konflikt die Form, sie besteht aber auch aus Konflikten. Dazu kommt, dass Demokratie selbst einigen Konfliktstoff liefert, die sogenannten »rahmenden Zielkonflikte«, wie Marie-Luisa Frick schreibt. Bei ihnen geht es um politische Grundsatzfragen: Was dürfen und müssen wir von einer demokratisch gewählten Regierung erwarten? Was ist Repräsentation wert? Ab wann muss ich mit anderen ins Gespräch kommen? Wie regelt man demokratische Kollaboration? Was darf man alles sagen in einer Demokratie – und wie lange muss man seinem Gegner zuhören?

Sind all diese Probleme geklärt, entstehen die »gerahmten Zielkonflikte«: Was wollen wir innerhalb unserer Demokratie gemeinsam erreichen? Die Philosophin Rahel Jaeggi schreibt: »Gesellschaften haben kein Ziel. Sie finden Lösungen.« Man kann es auch anders sagen: Lösungen zu finden ist das einzige Ziel, das sich eine Gesellschaft wirklich setzen kann. Und wenn sie so verfasst ist, dass die Lösungen für möglichst viele Menschen gut sein sollen, müssen ihre Mitglieder eben auch wahnsinnig viel Zeit und Energie darauf verwenden, sich darüber zu streiten. Im Streit wie im Leben ist der Weg das Ziel.

Aus politikwissenschaftlicher Sicht gibt es zwei grundsätzlich verschiedene Ansichten darüber, was eine gelungene Auseinandersetzung in der Demokratie ausmacht. Im Prinzip geht es den einen um die Einhegung des politischen Streits. Die anderen wollen ihn eher aufwerten und umdeuten. Das deliberative Modell, das von Jürgen Habermas entwickelt wurde, ist besonders verbreitet und prägt das moderne Demokratieverständnis vieler, ohne dass es ihnen bewusst ist. Hier soll politischer Konflikt ein rationaler, stets abwägender Austausch sein, bei dem am Ende das bessere Argument siegt. Für Habermas sind politische Entscheidungen legitimiert, wenn »alle möglicherweise Betroffenen als Teilnehmer eines rationalen Diskurses zustimmen könnten«. Die Vorstellung ist also, dass unter idealen Bedingungen – vernünftige, informierte Diskursteilnehmer, freie Rede – der freie Diskurs immer zu einer bestmöglichen, rationalen Entscheidung im Sinne der Mehrheit führt. Fair ist das Verfahren in dieser Lesart, wenn potenziell jedem die Möglichkeit gegeben wurde zuzustimmen.

Der Silberstreif am Horizont ist eine Gesellschaft, in der sich alle rationalen Mitglieder früher oder später einfach einig werden. Konflikt wird als behebbares Problem gesehen. Wobei das Stichwort Rationalität auch zum Problem des deliberativen Streitmodells führt: Denn was macht man mit den irrationalen Kräften, die in jedem politischen Konflikt mitschwingen? Und kann man Rationalität absolut setzen? An diese Grenze stoßen insbesondere liberale Demokraten und Publizisten in den aktuellen Debatten immer wieder: Wenn es rational gesehen richtig ist, auf Windenergie umzustellen, aber die Menschen auf dem Land Windräder als Verschandelung ihres Lebensraums und Bedrohung ihrer lokalen Artenvielfalt wahrnehmen, ist der »zwanglose Zwang des besseren Arguments« nur ein Schein, weil er am Ende auch mit politischer Macht durchgesetzt wird. Ein Diskursprinzip, das sich auf Vernunft beruft, legt letztlich einen Vernunftbegriff zugrunde, der selbst Gegenstand eines Streits werden könnte. Das Diktum von der Alternativlosigkeit, mit dem seit etwa zwanzig Jahren andauernd extrem optionale politische Entscheidungen wie der umfassende Umbau des Sozialsystems, die Deregulierung von Arbeitsmärkten oder aber diskriminierende Maßnahmen gegen Minderheiten begründet werden, kann man auch als ungewolltes Kind des »rationalen Diskurses« betrachten.

Weil das, was vernünftig ist, auch immer als Frage der Werte gilt, besteht die Gefahr, dass politische Konflikte zu moralischen umgedeutet werden, wie die belgische Philosophin Chantal Mouffe schreibt: »Eine gut funktionierende Demokratie erfordert den Widerstreit demokratischer politischer Positionen. Mangelt es an diesem, so besteht die Gefahr, dass der demokratische Widerstreit durch eine Auseinandersetzung zwischen nicht verhandelbaren moralischen oder essentialistischen Formen der Identifikation ersetzt wird.« Mouffe plädiert für eine agonistische Sicht auf den Konflikt: Die ideale Gesellschaft ist hier nicht eine, in der sich alle einig werden, sondern in der unter fairen Wettbewerbsbedingungen verschiedene Positionen in den ebenbürtigen Streit gehen. Streit, nicht Konsens, wird als Normalzustand gesehen – Konsens als Ausnahme von der Regel. Differenzen gehen nicht in einem wohligen Bad der Vernunft auf, sondern sind als Gegenstand eines legitimen Wettkampfes zu betrachten. Kontrahenten betrachten sich nicht als Feinde, sondern als ebenbürtige und gleichwertige Gegner. Sie müssen sich nicht auf eine vernünftige Haltung einigen, sondern nur darauf, dass sich ihre Vorschläge im Rahmen der Demokratie und der Verfassung bewegen. Die Entscheidung wird nicht mit Gewalt herbeigeführt, sondern durch die Mehrheit.

Letztlich liefern weder das deliberative noch das agonistische Modell eine konkrete Anleitung dafür, wie politischer Streit optimal verlaufen sollte. Am Ende entscheidet immer die Mehrheit beziehungsweise deren Repräsentanten. Man kann also nicht sagen, deliberativ streitet es sich schlechter als agonistisch. Der entscheidende Unterschied liegt in der Bewertung des Vorgangs an sich, aus dem sich ein entsprechender Umgang ergibt. Ist Streit ein leider notwendiges Übel auf dem Pfad zur vernünftigen Entscheidung? Oder einfach das, was der Mensch tut, und die gegnerische Weltsicht eine, der ich mich widersetzen kann, aber nicht in der Annahme einer moralisch überlegenen Vernunft?

In einer Zeit, in der die Basis, auf der wir streiten, bröckelt, weil zum Beispiel über das Internet laufend falsche »Tatsachen« in die Welt gesetzt werden, oder weil der Konsens, was den Wert der Demokratie angeht, in Frage steht, lohnt es sich, mehr Agonistik, also Streitspiel, zu betreiben. Wir müssen uns damit abfinden, dass es zwar richtig und wichtig ist, in Diskussionen vernünftig zu bleiben. Aber dass es gut sein kann, dass wir im Streit keinen Konsens erreichen werden, der auf einer gemeinsamen Vernunfterkenntnis beruht. Politischer Streit sollte sich als Ziel keine absolute Einigkeit setzen.

Doch soll man überhaupt von Streit reden, wenn es um Politik geht, statt von Konflikt oder Diskussion? Ich finde, ja – weil es sich um unterschiedliche Phänomene mit unterschiedlichen Anforderungen handelt. Axel Honneth unterscheidet in seiner Theorie der Anerkennung zwischen öffentlichen Diskussionen und den tiefer liegenden sozialen Konflikten. Diese entstünden immer dort, wo Menschen glauben, in ihren Ansprüchen benachteiligt oder beschnitten zu werden, die sie aufgrund gesellschaftlicher Übereinkünfte für gerechtfertigt halten. Der Streit, den ich meine, findet an der Schnittstelle statt: Es ist uns ernst um die Sache, wir fühlen, dass es mit uns zu tun hat – und etwas auf dem Spiel steht. Aber wir sind noch nicht im Kampfmodus. Auch Nicht-Moslems streiten zum Beispiel über das muslimische Kopftuch und seine Bedeutung, weil es sie interessiert und bewegt, und weil sie glauben, dass die Haltung eines Menschen bei diesem Thema sehr viel über sein Weltbild verrät (was es auch tut). Diskussionen wiederum beziehen sich seltener auf Werte: Wir diskutieren darüber, wie man am besten vorgeht – welche Entscheidung die richtige wäre. Es gibt hier immer noch die Möglichkeit des inneren Abstandes zum Gegenstand. Die sachliche Diskussion ist das Leitbild der politischen Meinungsverschiedenheit, sie ist aber mitnichten die Norm. Streit ist das, was wir viel häufiger erleben, und zwar gerade in Bezug auf Politik: Die Art der Auseinandersetzung, in der es nicht mehr um ein Abwägen oder um Strategiefindung geht – ein guter Streit findet zwar nicht jenseits der Rationalität statt, aber in einer Grauzone zwischen Grundsatz, Vernunft und Gefühl. Besser wird es auf jeden Fall, wenn dies Gewicht auf der Sachlichkeit liegt.

Warum wir von Streit das Falsche erwarten

Instinktiv weiß jede und jeder, wann sie oder er sich mittendrin befindet, egal ob privat, politisch oder beruflich. Katharina Schulze wurde 2017 zur Fraktionsvorsitzenden der Grünen im bayerischen Landtag gewählt. Sie hat als Mitglied einer recht kleinen Opposition gegen eine große CSU-Mehrheit oft genug die Gelegenheit, Konflikte verbal auszufechten. Als junge Frau, die progressive Ansichten in einem Bundesland vertritt, das sozial nach wie vor von konservativen Herren geprägt wird, kommt ihr dabei eine Sonderrolle zu. Schulze scheint sich davon aber nicht beirren zu lassen. Das reiche Bayern ist eines der Bundesländer, das kein umfassendes Landesprogramm gegen Rechtsextremismus und zur Stärkung von Demokratie hat, obwohl die Zahl der rassistisch und antisemitisch motivierten Straf- und Gewalttaten seit Jahren anhaltend hoch ist und auch der sogenannte NSU hier aktiv gewesen ist. Schulze setzte sich seit Beginn ihrer Abgeordnetenzeit 2013 für eine Überarbeitung des Konzeptes ein, wurde und wird darin aber von der CSU ausgebremst. Nach drei Jahren Arbeit kam das Antragspaket zur Abstimmung im Landtag. Davor hielt Schulze eine Rede, eine mitreißende Mischung aus kalter Wut und sachlichen Argumenten. Sie stritt für eine Sache mit einem Gegner, den sie nicht umstimmen konnte. Natürlich habe sie gewusst, sagte mir Schulze, dass die CSU ihren Antrag ablehnen würde, weswegen sie ihre Rede nutzte, um ihre Kritik noch einmal beißend zu formulieren: »Mit der Abstimmung heute haben Sie die Gelegenheit, Ihre Fehler der Vergangenheit auszumerzen.« Auseinandersetzungen unter Berufspolitikern, sagte sie mir, hätten immer authentische Wurzeln und Showelemente, aber natürlich auch viele verschiedene Funktionen. In parlamentarischen Ausschüssen und Fraktionssitzungen streite man sich, weil man um Formulierungen und Beschlüsse ringe; im Parlament selbst wisse man, dass man in der Regel niemanden mehr von der eigenen Meinung überzeuge – hier sei es einfach die Aufgabe, die eigene Position zu vertreten und dem Gegner so gut wie möglich zu widersprechen. Schulze sagte: »Ich finde es zumindest in der Politik besser, von Diskussionskultur zu sprechen. Bei Streit denkt man so schnell an die Abwertung.«

Und es stimmt: Es ist wirklich kein Wort, das die Augen von irgendjemandem zum Leuchten bringt. Streit assoziiert man mit Unberechenbarkeit und Gegnerschaft, lauten Stimmen und der Gefahr, keine Versöhnung zu erreichen. Streithansel, Unruhestifter, Störenfried, Kratzbürste, die deutsche Sprache hat viele Worte für Leute, die nicht einfach mitmachen wollen, und seien wir ehrlich: Keines davon will sagen, dass es sich um einen Hansel oder eine Bürste handelt, die notwendigen Dissens artikuliert und damit für einen positiven Austausch sorgt. Die Abwertung des Streitenden ist die Abwertung des Streits. Doch wer ernsthaft, fair und aufrichtig streiten will, muss in der ganzen Unternehmung auch einen Wert sehen.

Was Streit ist und was er wert ist, hängt unter anderem davon ab, was wir von ihm erwarten. Das ist oft schon die erste Hürde für eine gute Auseinandersetzung – wir erwarten entweder zu viel, nämlich die Lösung des Konfliktes, oder zu wenig, nämlich nichts weiter als Stress. Es gilt als ausgemacht, dass Streit zum Leben in Haushalten und Familien gehört: Wer Familie hat, hat auch mindestens ein Thema, bei dem es immer kracht, sobald es aufkommt. In jeder Partnerschaft und jeder Wohngemeinschaft kommt Unmut an diesen ganz bestimmten Sollbruchstellen zum Vorschein: der Spülmaschinenordnung, dem Treuebegriff, der Aufgabenverteilung. Im Umgang damit haben viele nur zwei Strategien: meiden oder meckern. In dem einen Fall unterdrückt man sämtliche Bedürfnisse, den strittigen

Punkt anzusprechen: Eine Freundin redet grundsätzlich nicht über ihr Berufsleben, wenn sie ihre Eltern besucht, weil die als Alt-Hippies ihren Managerjob verachten. Während ein Freund seinem Vater verboten hat, das Wort Obergrenze zu erwähnen, wenn sie abends zusammensitzen. Im anderen Fall verfällt man in ein ungutes Dauer-Scharmützel: Wieso mache immer ich die Wäsche? Äh, willst du dich dann zur Abwechslung mal um die Kindergeburtstage kümmern? Wieso müssen wir immer da Urlaub machen, wo du Rennrad fahren kannst? Dann sag doch mal, was DU eigentlich unternehmen willst.

Auseinandersetzungen gelten als zwischenmenschlich unvermeidbar, als natürliches Beiprodukt jeder Gemeinschaft. Manchmal lassen sie sich lösen, manchmal handelt es sich um grundsätzliche Persönlichkeitskonflikte, die man nicht aufheben kann, weil Persönlichkeiten eben sind, was sie sind.

Doch Konflikte, so naturgemäß sie sein mögen, stehen auch im Widerspruch zu einem weiteren natürlichen Bedürfnis: dem nach Sicherheit. Dass Streit zu einer gesunden Partnerschaft gehört, wissen die meisten Menschen rational. Den Spruch »Was sich neckt, das liebt sich«, lernen wir ja schon früh. Stress löst er bei ihnen trotzdem aus, der Grund liegt auf der Hand: Die Nähe ist das Problem. Der Streit mit denjenigen, die uns nahe stehen, ist emotional anstrengender als mit denjenigen, mit denen wir uns nicht so stark verbunden fühlen. Zum einen wegen der Angst, isoliert zu werden von demjenigen, der uns wichtig ist. Zum anderen, weil in der Nähe oft eine Grundbedingung für einen guten und sinnvollen Streit schwer zu erfüllen ist, nämlich geistige Beweglichkeit: Man muss ab und zu die Perspektive wechseln und den Standpunkt des Gegenübers einnehmen. Und man muss ein klares Ziel vor Augen haben, das man bei Bedarf der Situation anpassen kann. Diese intellektuelle Empathie und Flexibilität ist paradoxerweise umso schwerer zu halten, je näher man sich ist. Je enger die Beziehung, desto starrer sind die Rollen, in denen wir uns selbst und den anderen wahrnehmen. Das erwachsene Kind von einst tut sich schwer, in der eigenen Mutter nicht mehr die Übermacht zu sehen, die sie viele Jahre lang gewesen ist. Ein Mann, der sich ein bestimmtes Bild von sich und seiner Partnerin oder seinem Partner gebastelt hat, wird umso mehr an dieser Vorstellung festhalten, wenn er sich unter Druck gesetzt fühlt.

Je enger das Verhältnis, desto schwerer der Streit, das Prinzip gilt auch für berufliche, soziale oder politische Lebensbereiche. Noch mehr Stress als Probleme im Privatleben lösen bei vielen ja nur Probleme im sozialen Umfeld aus, in der Schule oder im Job. Gerade Schulen sind Brutstätten für komplexe Konflikte, weil in ihnen so viele Menschen aus unterschiedlichsten Bereichen, mit unterschiedlichster Sozialisation und Erfahrung täglich miteinander zu tun haben. »Die ganze Gesellschaft kommt hier in einem ziemlich engen Rahmen zusammen, in dem es auch noch ziemlich stark um Leistung geht«, sagt die Mediatorin Juliane Wünschmann, die seit Jahren Schulen in und um München beim Konfliktmanagement unterstützt. Diese Mischung aus physischer Nähe bei oft starken persönlichen oder sozialen Unterschieden ist auch im Job häufig ein Konfliktherd. Wie jede und jeder weiß, ist es deutlich schwieriger, einer Kollegin, mit der man ein Büro teilt, zu sagen, dass man ihre Arbeit nicht gut genug findet, als einem externen Mitarbeiter zu verkünden, dass man unzufrieden ist.

Dissens lässt sich über die Distanz oft direkter ausdrücken als in der Nähe. Das gilt sowohl für physische und emotionale Nähe als auch für die inhaltliche. Es ist deutlich einfacher, jemandem seine Meinung per Mail zu geigen als ins Gesicht zu sagen. Und es ist noch einfacher, jemandem eine solche Mail zu schicken, von dem man ohnehin nicht viel hält, als jemandem, dessen Meinung einem etwas bedeutet. Deshalb sind Meinungsverschiedenheiten unter politisch Gleichgesinnten oft ungleich anstrengender auszuhalten, deshalb irritiert es, wenn sich die aufgeklärte, antirassistische Freundin plötzlich als leidenschaftliche Islamkritikerin entpuppt. Das empfinden auch erfahrene Aktivisten oder Politprofis so. Die Kommunikationsberaterin und Publizistin Anne Wizorek ist seit Jahren in verschiedenen Bereichen als Feministin aktiv, ihr Schwerpunkt liegt darin, auf Veranstaltungen, aber auch online über Frauenrechte zu reden. Sie sagte mir: »Mit Feministinnen zu streiten, fällt mir deutlich schwerer als mit Anti-Feministen. Denn von denen will ich ja nichts, da geht es einfach darum, Widerspruch zu leisten. Aber mit meinen Mitstreiterinnen möchte ich immer auch an den Punkt kommen, wo wir wieder zusammenarbeiten können.« Das ist ein Gedanke, der zu jedem guten Streit gehört: Wir befassen uns jetzt mit dem, was uns trennt, auch wenn es weh tut. Weil es uns der Mühe wert ist, um danach wieder gemeinsam weitermachen zu können.

Balance zwischen Nähe und Distanz

Der richtige Abstand – innerlich und äußerlich – ist für jede Kommunikation entscheidend. Auch zu viel Distanz zum Gegenüber kann zum Problem werden. Die sozialen Medien sind für alles Mögliche gut, aber die Kombination aus extremer Direktheit bei gleichzeitig oft riesiger physischer Distanz, die dort zwischen Menschen entsteht, ist Gift für Streitkultur. Wenn man kein Mitglied der Bundesregierung ist oder einer der Parteien, die sie stellt, was hindert einen daran, eine persönliche oder politische Kritik an ihr zum Beispiel auf Twitter so harsch und kompromisslos zu formulieren, dass es darauf keine gute Antwort geben kann? Zumal Regierungsminister selbst mittlerweile offen die Koalitionspartner attackieren, wenn sie glauben, es diene der eigenen Partei. Und was hindert das Ziel dieser Kritik, entweder ebenfalls harsch oder aber gar nicht zu reagieren?

Der Wert so einer Kommunikation ist äußerst gering, lässt sich aber seit einiger Zeit jeden Tag beobachten. Einzelne Politiker – es fallen einem auf Anhieb etwa der 2018 amtierende Gesundheitsminister Jens Spahn ein oder der SPD-Politiker Heiko Maas in seiner Zeit als Justizminister – werden regelmäßig von sehr vielen Menschen für das, was sie sagen, fordern und teilweise auch tun, überaus scharf angegriffen. Sie werden in der Vorstellung zu übermächtigen Feindbildern, die man online anschreit, die aber davon völlig ungerührt wirken. Das heißt nicht, dass sie es sind. Aber diese Asymmetrie des Ausdrucks ist auch ein Problem für die Demokratie. Die Bürde der Distanz spürt jede und jeder, die häufiger Debatten in den verschiedenen Online-Sozialmedien verfolgen oder an ihnen teilnehmen. Wie schnell die Wortwechsel dort zu Gefechten werden, wie unangenehm der Ton oft ist: Das liegt ja nicht daran, dass Twitter- oder Facebook-Nutzer ein besonders hohes Aggressionspotenzial hätten. Es ist vor allem der Tatsache geschuldet, dass wir hier allzu oft auf Menschen treffen, deren einzige Verbindung zu uns aus digitalen Daten besteht.

Die schlechte Qualität, die öffentliche und persönliche Auseinandersetzungen haben, und die negativen Effekte auf das individuelle und allgemeine Wohlbefinden lenken von der positiven Funktion ab, die der Streit hat: Er markiert Distanz, wo zu viel Nähe ist. Er schafft aber auch Nähe, wo großer Abstand ist: Wer sich streitet, hat zumindest schon mal etwas gemeinsam, nämlich das Interesse am Thema. Und auch gemeinsame Themen sind etwas, das Gesellschaft ausmacht.

Nun sollte ich zwischendurch vielleicht etwas klarstellen: Dieses Buch ist nicht als pädagogisches Plädoyer für Demokratiebegeisterung gedacht. Die demokratische Realität ist widersprüchlich. Nicht ohne Grund sprechen Politikwissenschaftler und Soziologen schon seit geraumer Zeit von der Postdemokratie, also der Volkssouveränität, zu der das eigentliche Volk kaum Zugang hat. Die postdemokratische Mentalität mindert den Impetus zum gesellschaftlichen Streit und raubt ihm den Sinn. Gleichzeitig können postdemokratische Tendenzen wohl nur überwunden werden, wenn genügend Menschen dafür streiten.

Der Hinweis, eine bestimmte Haltung oder ein bestimmtes Verhalten sei gut oder schlecht für die Demokratie, ist in der politischen Publizistik und im Journalismus nicht unüblich. Ich glaube aber, dass genau das ein perfektes Beispiel für eine schwache Streitkultur ist. Wir geben uns doch heutzutage auch sonst nicht mehr gern mit »Weil man das so macht«-Begründungen zufrieden.

Ich schreibe das nicht, weil ich die demokratische Ordnung für relativ halte – das wäre fahrlässig in Anbetracht der Entwicklungen der letzten Jahre in Europa, USA, der Türkei oder Indien. Aber gerade darum sollte jeder,

der an den Freiheiten und der sozialen und kulturellen Gerechtigkeit interessiert ist, die sich – jedenfalls potenziell – nur in Demokratien verwirklichen lassen, überlegen, was genau für sie spricht und warum wir bereit sein sollten, für sie zu streiten.

Die Wechselwirkungen von Demokratie und Streitkultur sind komplex, und wer in unserer Zeit über das eine nachdenkt, darf das andere nicht vernachlässigen. Die Sache ist: Nicht nur die Demokratie braucht Bürger, die zu streiten bereit sind. Wer gut und sicher streiten will, braucht auch Demokratie – zumindest wenn der Streit eine politische Wirksamkeit haben soll, ohne Angst davor, dass der Konflikt in Gewalt mündet. In den letzten Jahren kommt es in ganz Deutschland fast jede Woche zu Demonstrationen von rechtsnational und einwanderungsfeindlich gesinnten Gruppen: Sie fordern einen Einwanderungsstopp, sie fordern Massenabschiebungen, sie fordern den Rücktritt der Kanzlerin, sie verunglimpfen Minderheiten. Sie sind der Ansicht, dass die finanzielle Unterstützung, die Nicht-Deutsche in diesem Land erhalten, nur ihnen zustehe. Sie wollen lieber einer geflüchteten Familie das bisschen Sozialhilfe absprechen als beispielsweise einem Milliardär das Recht, sein Vermögen im Ausland zu parken. Sie dürfen das, weil wir Demokratie haben. Und weil wir Demokratie haben, stellen sich Menschen, die anderer Meinung sind, ihnen vielerorts entgegen, fordern ein Ende der Hassreden, kritisieren die rassistischen Parolen, zeigen sich offen und empathisch gegenüber Flüchtlingen und Einwanderern. Die Fronten verlaufen nicht einfach zwischen Ost und West, Links und Rechts und sie beschränken sich nicht auf Brennpunkte, wo soziale Vernachlässigung auf Integrationsprobleme trifft. Längst geht es hier nicht mehr um frustrierte Grüppchen in ostdeutschen Kleinstädten oder westdeutschen Nazi-Nestern; die Vorstellung, dass sich das wieder legt, können wir begraben. Immer öfter entstehen aus Konfrontationen zwischen politischen Feinden auch gewalttätige Auseinandersetzungen: Ein im Internet sehr beliebter Clip zeigt, wie ein notorischer amerikanischer Neonazi mitten in einer Hassrede von einem Antifa mit einem Kinnhaken unterbrochen wird. Ab wann Gewalt gegenüber denjenigen angebracht ist, die selbst Gewalt ausüben und propagieren, ist unter überzeugten Demokraten (und auch unter überzeugten Anarchisten) eine ebenfalls hochinteressante Streitfrage.

Mir fällt trotzdem kein gutes Argument gegen die grundsätzliche Garantie in der Demokratie ein, dass die Vielfalt von Stimmen und Meinungen anerkannt und akzeptiert wird. Auch wenn dazu gehört, dass man gerade diejenigen, die diese Vielfalt verhindern wollen, anhören muss. Demokratisches, zivilisiertes Streiten ist eine Kompetenz, die man im Umgang mit dieser mehr oder weniger angenehmen Vielfalt beherrschen muss.

Demokratie bedeutet nicht Gewaltfreiheit. Der Philosoph Achille Mbembe schreibt: »Die Vorstellung, wonach das Leben in Demokratien grundlegend friedlich, geordnet und frei von Gewalt (...) sei, vermag einer Überprüfung kaum standzuhalten.« Aber es gibt in der Demokratie das grundsätzliche Recht darauf, miteinander verbal zu ringen, ohne sich davor fürchten zu müssen, dass jemand einen körperlich attackiert, weil man ihn gerade nervt. Unser bestehendes politisches System ist – offensichtlich – nicht alternativlos, und es ist auch nicht das gerechteste. Allerdings ist es sehr wohl das beste, das wir derzeit haben, um widersprüchliche Interessen, Ansprüche und Vorstellungen innerhalb einer Gesellschaft zu organisieren. Es ist das einzige, das – neben der Anarchie – auf Streiten-Können basiert, und uns deshalb laufend vor politische, moralische und organisatorische Herausforderungen stellt. Die Demokratie im Sinne der Streitbarkeit weiterzuentwickeln, funktioniert aber nur, wenn alle mitmachen. Welche ungeheure Freiheit im Streiten-Können und im Streiten-Dürfen liegt, ist zu vielen Menschen, insbesondere denen, die zu meiner Generation gehören, nicht wirklich bewusst.

Das hängt nicht nur, aber auch mit der Demokratieerfahrung der letzten Jahrzehnte zusammen. Im ersten Jahrzehnt meiner Wahlberechtigung wurde die Hoffnung vieler meiner Mitmenschen auf friedliche und gerechte Politik von demokratisch gewählten Regierungen nicht erfüllt, ja, sie wurde geradezu aktiv untergraben. Die Selbstmarginalisierung sozialdemokratischer Parteien als Kräfte der sozialen Gerechtigkeit und das Verschwinden des politischen Sozialliberalismus gehen ebenfalls auf die Neunzigerjahre zurück. Ich denke an die sieben Jahre rot-grüne Bundesregierung, während der das soziale Sicherungssystem der Republik ausgehöhlt und in ein System aus Sanktionen, Strafen und Stigmatisierung umgewandelt wurde – und ein Militäreinsatz im Kosovo von einer Partei unterstützt wurde, die insbesondere von Jüngeren auch für ihre Kritik an staatlicher Gewalt im In-und Ausland gewählt worden war. Ich denke an den sozialdemokratischen José Luis Zapatero, der auf die Banken- und Immobilienkrise in Spanien mit demselben menschenfeindlichen Arsenal aus Austeritätspolitik bei gleichzeitigem Bankenauskauf reagierte, wie es ein radikalliberaler Präsident auch getan hätte. Ich denke natürlich auch an den ehemaligen US-Präsidenten Barack Obama, der sich als Überwinder von Rassenhass und Irrationalität gerierte, während dessen Amtszeit aber die bewaffneten Einsätze Amerikas in Südostasien und Afrika zugenommen haben, eine Rekordzahl an illegalen Einwanderern abgeschoben wurde und der Boden bereitet wurde für die anti-rationalste amerikanische Regierung aller Zeiten. Ich denke aber auch an jemanden wie den früheren brasilianischen Präsidenten Ignacio »Lula« da Silva, der als sozialistischer Superreformer seines Landes galt und sich nach einigen Jahren als ebenso korrupt wie seine Amtsvorgänger entpuppte.

Bis heute werden im Demokratiediskurs immer wieder Wünsche nach einem neuen politischen Leuchtkörper laut, wie oft habe ich die Sehnsucht nach »einem wie Macron« gehört! Die Hoffnung ist, dass so jemand politische Energie harmonisieren und hinter sich bündeln könnte. Die Wahrheit ist, dass solche Gestalten nichts von dem besser machen, was grundsätzlich schiefläuft. Und zu dem, was schiefläuft in unserer demokratischen Gegenwart, gehört die ungute Gleichzeitigkeit einer, wie Claus Leggewie schon 1990 schrieb, »gesteigerten Harmoniesucht bei hoher Bereitschaft zur Polarisierung«. Man könnte hinzufügen: eine resignative Enttäuschung bei gleichzeitig übersteigerten Erwartungen. Albrecht von Lucke, streitfreudiger Politikwissenschafler und Redakteur der ›Blätter für deutsche und internationale Politik‹, diagnostiziert eine immense Sehnsucht, »sich sicher geführt zu wissen«, die sich auch in dem fast spirituellen Vertrauen in die langjährige Bundeskanzlerin Angela Merkel äußere, das erst 2015 durch den harten Einschnitt der Fluchtkrise einen massiven Dämpfer erfahren habe. Es ist aber auch schwierig, sich politisch zu ordnen und zu positionieren, wenn diejenigen, die man eigentlich unterstützen will, sich als Durchsetzer einer Politik entpuppen, für die man sie ja eben nicht gewählt hat. Auch hier sehen viele die Wurzel einer gewissen inhaltlichen Desorientierung, die dazu beiträgt, dass wir heute schlecht miteinander und für bestimmte gemeinsame Ziele zu streiten in der Lage sind.

Nun möchte ich hier keiner diffusen Demokratiemüdigkeit das Wort reden. Verdrießender als Politikverdrossenheit ist nichts. Ich möchte aber dem Umstand Rechnung tragen, dass »XY ist wichtig für unsere Demokratie« zwar ein richtiges und wichtiges Argument sein kann, aber nur, wenn wir uns dabei klarmachen, wozu die Demokratie gut ist. Und über diese Klarheit verfügen, das legen Umfragen und Studien zum Thema nahe, bei Weitem nicht alle Bürger unseres Landes. Eine Studie der ›Zeit‹ ergab, dass nur 62 Prozent der Befragten der Meinung waren, Menschen mit anderen politischen Meinungen sollten »dazugehören«. Toleranz war etwas, das nur 52 Prozent der Befragten für diejenigen übrig hatten, die eine andere politische Meinung als sie vertraten. Rein emotional ist das sogar teilweise nachvollziehbar. Ich erinnere mich an einen charmanten Jungen, den ich als 16-Jährige kennenlernte und sofort in den Wind schoss, als er mir berichtete, er freue sich schon darauf, bei der nächsten Wahl endlich für die CSU stimmen zu dürfen. Ich hatte nämlich keine Lust auf einen Freund, mit dem ich mich die ganze Zeit über Politik streiten müsste. Heute bin ich älter und in vieler Hinsicht gelassener, aber ein bisschen Verständnis habe ich trotzdem für mein 16-jähriges Ich.

Eine Demokratie besteht nicht einfach nur aus Pluralismus-Erfüllern und Wählern, sondern eben auch aus politischen Menschen. Deshalb funktioniert »XY ist wichtig für die Demokratie« so schlecht als Argument, mehr noch: Der Satz schwächt jeden Streit. Es soll nämlich nicht dauernd um den Erhalt der Demokratie gehen, sondern um das Beste, was wir mit der Demokratie erreichen können. Der Demokratiediskurs verliert sich in Tautologien, wenn ihre Praktiken oder Prinzipien nur noch damit begründet werden, dass sie demokratisch wertvoll sind. Demokratische Notwendigkeiten mit der Notwendigkeit von Demokratie zu begründen, ist die Art von Faulheit, mit der man nette Appelle formuliert, aber nichts bewegt.

Man muss sich nicht mit der Demokratie identifizieren, um sich an ihr zu beteiligen. Warum sollte man – hallo abstrakter Oppositionstrieb – mit dem politischen System, in dem man lebt, seine eigenen Handlungen begründen? Demokratie ist kein Wert an sich – sondern der beste bekannte Rahmen, um Werte wie Gerechtigkeit, Fairness, Gleichberechtigung, Offenheit oder Meinungsfreiheit zu verwirklichen. Enttäuschung über eine bestimmte Politik – die kann jeder nachvollziehen. Aber das System an sich hält grundsätzlich, was es verspricht. Doch weil dauernd das System mit einem Wert gleichgesetzt wird, werden die Symptome mit dem System verwechselt. Auch das ist ein Grund, weshalb das Austragen dieser Konflikte derzeit so dermaßen beschwerlich ist.

Demokratie wichtig zu finden, ist längst nicht dasselbe, wie Demokratie zu praktizieren. Und Demokratie zu praktizieren, bedeutet nicht automatisch, das auch gerne oder aus voller Überzeugung oder gar aus Liebe zur Demokratie an sich zu tun. Nur: Eine Gesellschaft, die ihre Konflikte friedlich gelöst haben möchte, in der es faire Chancen und einen freien Austausch der Ideen geben soll, die muss den Streit nicht als notwendiges Übel begreifen. Sondern als legitime Tätigkeit. Dazu gehört, den Gegner nicht als Feind zu begreifen und den Kampf nicht als Krieg. Zumindest, solange dieser Gegner sich demokratisch legitimer Mittel bedient und nicht die psychologische oder physische Schädigung oder Zerstörung anstrebt. Wer stark im Streit sein will, muss seinem Gegenüber erst einmal Stärke zugestehen und ein legitimes Interesse. Der politische Streit ist nicht nur dann etwas wert, wenn wir uns durchsetzen können und ihn für uns entscheiden – sondern auch, wenn wir etwas vom Gegner verstanden haben.

Wohin mit meiner Wut?

Vergiss nicht: Das Beherrschen der Aggression
lernen wir nicht durch das Verlieren der
Beherrschung.

Jack Nicholson in ›Die Wutprobe‹

Am Anfang ist immer der Körper. Maschinen kennen ja keine Konflikte. Sie legen sich nicht an mit ihren dämlichen Nutzern, die immer wieder dieselbe Facebook-App öffnen, obwohl da in den letzten 120 Sekunden garantiert nichts Interessantes passiert sein kann. Sie begehren nicht auf, wenn ihre Besitzer ihnen die Updates verwehren, die sie bräuchten, aus lauter Bequemlichkeit. Sie haben keine Gefühle dabei, wenn ihnen jemand gegen die Stoßstange tritt, wenn sie verrosten oder zweckentfremdet werden. Maschinen ärgern sich nicht, wenn ihnen jemand vorwirft, dass sie nicht gut genug funktionieren. Maschinen streiten nicht. Das macht sie zu einer praktischen, aber auch etwas unterkühlten Gesellschaft.

Es braucht Sinnesorgane, Hormone, Neuronen, Blutbahnen und Muskeln, um ein Wesen in Angriffsbereitschaft oder Abwehrhaltung zu versetzen. Und es braucht Sprache, um den Unterschied zwischen Kampf und Streit herstellen zu können. Wie nah Körper und Sprache beieinander liegen, kann man bei kleinen Kindern beobachten, die ihre Missbilligung einer Situation zwar schon auch nach Möglichkeit verbalisieren – meine Tochter begann zum Beispiel mit zweieinhalb, alles, was sie ärgerte, als »dumm und gemein« zu bezeichnen, egal ob es der falsche Schuh oder ein strenger Elternteil war. Vor allem aber leisten sie körperlichen Widerstand. Sie werfen sich auf den Boden, sie reißen anderen Leuten Dinge aus der Hand, sie drehen sich von der Quelle des Widerstandes weg oder hauen vor ihr ab.

Der menschliche Körper mit seinen Reaktionen auf Übergriffe, Schmerzen oder andere unangenehme Reize ist der Grund für unsere Fähigkeit, uns auf eine ganz spezifische Weise mit unserer Umwelt anzulegen und sie nicht einfach über uns ergehen zu lassen. Die Tatsache, dass wir eine Sprache entwickelt haben, sorgt dafür, dass wir nicht ständig fliehen, angreifen oder um Leben oder Tod kämpfen müssen, wie Tiere. Definitiv aber setzt uns der Körper hier immer wieder eindeutige Grenzen. Wenn wir in Streit geraten, sind Fluchtreflexe oder Angriffslust gelegentlich stärker als jedes rationale Argument. Wenn der Körper nicht will, dann ist es für den klügsten Kopf fast unmöglich, sich ordentlich zu streiten.

Einer der wichtigsten Auslöser dafür, dass wir uns überhaupt streiten, ist, dass uns Situationen, Verhaltensweisen, Geräusche oder Gerüche wütend machen. Einer der wichtigsten Gründe dafür, dass wir uns so oft schlecht streiten, ist, dass wir es tun, wenn wir wütend sind. Wir glauben, Streit sei der beste und eigentlich einzig richtige Umgang mit unserem Ärger. Streit und Wut gelten als Geschwister – und darin liegt ein großer Irrtum.

Was Philosophen und Psychologen sagen

Was Wut ist und wohin wir mit ihr sollen, gehört zu den ältesten Fragen der Philosophie. Aristoteles bezeichnet sie in der Affektenlehre als eines der elf menschlichen Gefühle, wobei wir für das, was er beschreibt, heute mindestens zwei Worte haben: Wut tobt, Zorn glüht. Wut ist eine Reaktion auf eine unmittelbare Verletzung, eine Steigerung des Ärgers. Wütend wird man, wenn jemand etwas Unfreundliches sagt, eine Lüge erzählt oder einem den Weg abschneidet. Zorn ist damit sozial verhärtete Wut, die Wut, die Vergeltung fordert und nicht so leicht verpufft: weil der andere ständig unfreundlich ist oder lügt, oder weil der Verkehr jeden Morgen zum Kotzen ist.

Wut, schreibt die Psychiaterin Heidi Kastner, sei im Gegensatz zum Zorn ein »persönliches Gefühl«. Wütend wird man also, weil man sich selbst angegriffen oder in irgendeiner Form verletzt fühlt. Insofern ist Wut hilfreich und oftmals sogar lebensnotwendig, denn sie veranlasst den Menschen, sich zu wehren, einzugreifen, seine Situation zu verändern, wenn ihm geschadet wird.

Wütend kann man auch auf sich selbst sein oder auf einen dummen Gegenstand oder eine Situation – eine störrische Maschine oder einen Stau. Wut ist ein Gefühl, das im besten Fall schnell aufgelöst werden kann. Zorn, den die Römer mit dem Wort *ira* von der *rabies* (Wut, Raserei) unterschieden, hat immer einen sozialen Kontext, er kann nur durch Konsequenzen besänftigt werden. Wut ist also kurzlebig, kann sich aber im Verhalten zu einer cholerischen Art chronifizieren, wenn sie immer nur abebbt, aber nie verpufft. In Wut handelt man kurzfristig destruktiv, entwickelt jedoch keine langfristige Strategie. Zorn wiederum muss über die Zeit wachsen und ist getragen von einer Art übersteigertem Gerechtigkeitssinn, der durchaus in die Selbstgerechtigkeit kippen kann. Zorn chronifiziert sich zu Groll und Ressentiment.

Wut kennt jeder, sie lässt sich in einem regulären Leben nicht vermeiden. Sie lässt sich aber auch leichter beschwichtigen oder überwinden. Zorn jedoch muss man kennen wollen. Zorn ist auch das, was passiert, wenn Wut über längere Zeit ohne Ergebnis oder Resonanz bleibt, er kann sich vererben und er ist nicht ohne einen gewissen Aufwand zu besänftigen.

Beim Nachdenken über Sozialaggression scheint diese begriffliche Unterscheidung allerdings nicht entscheidend. Folgt man den deutschen Übersetzungen antiker Texte, ist Wut der gängigere, weil umfassendere Begriff. So viel ist klar: ohne Wut kein Zorn.

Die Philosophin Martha Nussbaum jedenfalls benutzt

in ihrer Theorie der Gefühle den weniger eindeutigen Ausdruck *anger* (Wut) statt dem anschaulicheren *fury (*Zorn, Raserei*)*, und bezeichnet sie als »eine dumme Art, sein Leben zu führen«. Ein wütendes Leben gebe seinen Sinn preis, schreibt sie. Denn Wut strebe immer nach Wiedergutmachung einer empfundenen Verletzung. Daraus erwachse aber niemals wirksames Handeln in irgendeinem normativ akzeptablen Sinn.

Körperlich gibt es ohnehin keinen Unterschied, außer dass Zorn möglicherweise eher zu Magengeschwüren führt und Wut – tatsächlich! – das Risiko von Herz-Kreislauf-Erkrankungen steigert. Es geht immer los mit dem, was in der Sozialpsychologie als »rudimentärer Ärger« bezeichnet wird. Irgendetwas irritiert uns und wir reagieren darauf mit negativen Gefühlen. Ich halte mich zum Beispiel grundsätzlich – wie wahrscheinlich viele andere Menschen das auch tun – für eine offene, umgängliche und lernbereite Person. In meinem Beruf, der größtenteils daraus besteht, zu recherchieren, Texte zu schreiben und Texte anderer für die Veröffentlichung zu bearbeiten und auszustatten, ist es üblich, dass ich regelmäßig Anmerkungen und Kritik von Kollegen oder Chefs erhalte. Das gehört dazu, das weiß ich schon lange. Ich habe also nach anfänglichen Schwierigkeiten gelernt, dass mein Kritiker nicht automatisch mein Feind ist. Ich habe die Erfahrung gemacht, dass ich in der Regel nicht viel zu befürchten habe, wenn jemand mir Verbesserungsvorschläge zu meiner Arbeit unterbreitet, oder etwas nicht versteht, das ich geschrieben habe. Sondern dass ich dabei gewinnen kann, diese Überlegungen anzuhören und gegebenenfalls zu berücksichtigen.

Trotzdem ist Kritik nichts, was ich besonders gerne höre, und bei aller Offenheit löst sie definitiv rudimentären Ärger in mir aus. Das sagt mir mein Körper: denn selbst bei der freundlichsten und fairsten Kritik werden meine Ohren warm. Wenn die Kritik nicht so freundlich oder fair vorgetragen wird, wird mein Brustkorb eng und ich verspüre die Notwendigkeit, meine Gesichtszüge zu kontrollieren. Aber selbst dann ist es nicht einmal für mich selbst vorhersehbar, wie ich reagiere. Es kann sein, dass ich einfach nur nicke, atme und mich an die Arbeit mache, ohne mich weiter mit Ärger aufzuhalten. Es kann sein, dass ich noch Stunden später so genervt von dem sogenannten Feedback bin, dass ich meiner Familie langweiligerweise beim Abendessen davon erzählen muss. Und es kann sein, dass ich mich während der Arbeit selbst um den Block schicken muss, um meine vermeintlich gerechte Empörung über diese Zumutung wieder loszuwerden.

Was ich aus meinen schlechten Gefühlen und meinem eigentlichen Bedürfnis mich zu wehren mache, liegt ein bisschen an meinem Gegenüber, aber sehr viel mehr an der Stimmung, in der ich ohnehin schon war, an dem, was Psychologen meinen »Grundaffekt« nennen würden.

Der amerikanische Psychologe James A. Russell etablierte diesen Begriff in einem Papier, das in der Emotionsforschung bahnbrechend war. Laut Russell und anderen Forschern wie Lisa Feldman Barrett sind Gefühle nicht etwas, was der Mensch einfach hat, sondern Ergebnis eines komplexen Zusammenspiels von Grundstimmungen, kulturellen Gewohnheiten und sprachlichen Fähigkeiten. Kurz gesagt: Körperlich haben wir gar kein besonders breites emotionales Spektrum. Wir denken nur, dass es so ist – weil wir gelernt haben, Gefühle zu kontextualisieren. Je mehr unterschiedliche Worte wir für Gefühle kennen, desto mehr unterschiedliche Gefühle können wir benennen und damit auch empfinden. Ein einjähriges Kind weint, egal ob es hungrig, traurig, müde oder wütend ist. Ein zweijähriges Kind sagt vielleicht schon »Ich bin müde!«, wenn es weint, und im nächsten Moment ist es »Echt sauer!«. Beim Anblick einer Kotzlache vor seiner Haustür denkt eine Frau etwas anderes (»Widerlich!«), als wenn jemand sie körperlich bedrängt (»Ätzender Typ!«), aber an sich ist die körperliche Reaktion recht ähnlich: Es wallt etwas in ihr auf, sie hat ein Fluchtbedürfnis und vielleicht wird ihr etwas schwindelig.

Während es also natürlich intellektuell möglich ist, zwischen Ekel, Zorn oder Hass zu unterscheiden, ist es das körperlich kaum. Vielmehr sind diese verschiedenen Emotionen Spielarten einer grundsätzlichen Stimmung. Der Mensch hat vermutlich nur zwei davon, eine positive und eine negative, die in ihrer Intensität variieren können – je nachdem, was um uns herum passiert. Meine Übermüdung (die rudimentäre schlechte Stimmung) am

Morgen schlägt schneller in schier uferlose Misanthropie um, wenn ich mich durch den mir verhassten Automobilverkehr bewegen muss; darf ich übermüdet zu Hause arbeiten, werde ich mich dabei ziemlich antriebslos und einsam fühlen; muss ich meine Kinder zur Eile drängen, erschöpft mich das unendlich. Wache ich wiederum erholt auf (gute Grundstimmung), rühren mich die lahmen Autofahrer und amüsieren mich die Drängler; genieße ich zu Hause die Ruhe und bin dankbar für meine kleinen Freiheiten; freue ich mich darüber, dass meine Kinder sich zwar heute nicht beeilen, aber doch immer angenehme Zeitgenossen sind. Oft genug wird mir aber erst Stunden später klar, dass meine ganze Perspektive nur von den Stunden abhängt, die ich ungestört im Bett verbracht habe. Alle Gefühle, die wir haben, von der Liebe bis zum Hass, von der Euphorie bis zur Depression, hängen an Grundstimmungen, zwischen denen wir uns bewegen.

Ist man generell in einer schlechteren Grundstimmung – also müde, gestresst oder man hat sich schon einmal am Tag geärgert –, dann kann das Adrenalin, mit dem unser Körper auf die Reizung reagiert, unsere Missstimmung noch verstärken: Der Blutdruck steigt, die Muskeln spannen sich an, und nun befinden wir uns in einem latent aggressiven Zustand. Die Miene verzieht sich: Wut hat ein hässliches Gesicht, sie schafft Abstand zu ihrem Gegenüber. Parallel dazu kommt aber auch die Angst ins Spiel, der Körper empfindet Fluchtreflexe. Mit einem Angriff, den wir jetzt potenziell starten könnten, bringen wir uns auch potenziell in Gefahr. Zum Glück haben wir noch unser Gehirn: Je nachdem, welche Ressourcen uns gerade zur Verfügung stehen – also ob wir uns gerade ausgeruht und kräftig fühlen zum Beispiel –, regulieren wir den Ärger so, dass wir einen Streit vermeiden oder ihn eben anfangen.

Mir jedenfalls leuchtet das Modell mit den Grundstimmungen vollkommen ein. Als ich einmal spätabends im Zug auf dem Weg zu meiner Schwester saß, betrat eine Gruppe von Jugendlichen den Wagen. Ich schlummerte gerade so vor mich hin, ein angenehmer Zustand, der jäh beendet wurde durch das extrem laute Gedudel irgendeines Punksongs, den diese Leute offenbar gut genug fanden, um ihn auf der halbstündigen Fahrt von Sankt Pölten nach Wien fünf Mal auf einem ihrer Handys abzuspielen. Jeder Mensch hat ja seine Aversionstrigger und zu meinen gehört rücksichtloses Verhalten in der Öffentlichkeit. Dementsprechend begeistert war ich von der nächtlichen Musikeinlage.

Hätte ich nun zum Beispiel eines meiner Kinder dabei gehabt, wäre ich besorgt gewesen, dass es aus dem Schlaf gerissen wird und in mir wäre ein aggressiver Beschützerinstinkt erwacht. Ich hätte die Jugendlichen angezischt, ihre Geräte leiser zu schalten, sie wären von der Mutti hinter ihnen genervt gewesen und es wäre ein Konflikt entstanden. Aber ich war alleine unterwegs, ich freute mich auf das Wochenende, ich wusste, ich würde am nächsten Tag lange schlafen können und außerdem habe ich eine Schwäche für kleine Punks. Statt wirklich wütend zu werden, blieb ich nur leicht genervt. Ich atmete tief durch und hob mir die Geschichte für das Glas Wein auf, das ich später mit meiner Schwester trinken würde. Ein paar Monate später wiederum saß ich im Bordbistro eines anderen Zuges, der nicht nur völlig überfüllt war, sondern in dem ich auch noch einen Text für ein Magazin fertig schreiben musste. Ein paar Tische weiter unterhielt sich eine Gruppe von Männern mittleren Alters, die sich zum Mittagessen mehrere Biere gönnten und dann anfingen, sich gegenseitig in brüllender Lautstärke auf ihrem Handy irgendwelche Promo-Clips zu zeigen, die ihre jeweiligen Agenturen offenbar verantwortetet hatten. Ich besitze leider keine Schwäche für angetrunkene, von sich selbst eingenommene mittelalte Werber. Auch jetzt war ich genervt, aber statt durchzuatmen und mich in Gelassenheit zu üben, ließ ich meiner Genervtheit viel Platz zum Wachsen. Von Stunde zu Stunde (es war eine lange Fahrt) wurde ich wütender. Irgendwann stand ich auf, marschierte zu dem Tisch und raunzte die Jungs an, dass sie mir und allen anderen hier jetzt bitte den Gefallen tun und sich ihre Videos woanders anschauen sollten. Ihren erstaunten Blicken nach zu urteilen waren sie überhaupt nicht auf die Idee gekommen, dass sie andere (oder jedenfalls mich) gestört hatten. Vielleicht waren sie es aber auch nur nicht gewohnt, dass sie jemand kritisierte.

Frustration und Erziehung

Ob ein Mensch dazu in der Lage ist, seine Wut in angemessener Form auszuleben – ob er zum Beispiel einschätzen kann, dass es der richtige Moment ist, einen Streit anzufangen –, hängt auch damit zusammen, wie er erzogen wurde. Hat er gelernt, Kritik als Angriff zu deuten oder als Möglichkeit, sich zu verbessern? Hat er somit gelernt, dass es wichtiger ist, an sich zu arbeiten oder aber nicht kritisierbar zu sein? Die Sozialpsychologin Barbara Krahé, die Vorsitzende der Internationalen Gesellschaft für Aggressionsforschung ist, sagt, dass zwar schon kleine Kinder aufgrund ihrer Persönlichkeit unterschiedlich mit Frustration umgehen: Die einen schlagen wütend auf das Bobbycar ein, das nicht von alleine fährt, die anderen rufen nach Hilfe, die Dritten probieren es einfach weiter. Aber alle kleinen Kinder erleben immer wieder Wutanfälle, und ob sie mit den Jahren verstehen, dass es bessere Möglichkeiten gibt, mit Unzufriedenheit umzugehen, als immer gleich loszustänkern oder mit Dingen zu schmeißen, das hängt sehr stark davon ab, wie ihre Eltern sich in solchen Situationen verhalten – ob sie also eher beruhigen, ihrerseits mit einem Tobsuchtsanfall reagieren oder ob sie panisch versuchen, es dem Kind recht zu machen. Wichtig ist außerdem, wie Eltern mit ihrem eigenen Ärger umgehen, welche Strategien sie also vorleben: Ob sie bei Frust sofort zu schimpfen beginnen, ob sie beleidigt schweigen, wenn es nicht nach ihrem Willen läuft, oder ob sie sich ab und zu herzhaft mit anderen streiten und dann wieder versöhnen.

Hier den richtigen Weg zu finden, ist allerdings eine Kunst für sich. Denn erstens sind Eltern ja auch nur die erwachsenen Kinder ihrer eigenen Eltern. Und zweitens erklingen, wenn es um den Wert und den Platz der Wut in der Gesellschaft geht, ziemlich widersprüchliche Botschaften.

Das fällt besonders auf, wenn man sich mit den Erziehungsratgebern unserer Zeit beschäftigt. Die Sendung ›Die Super Nanny‹ popularisierte vor einigen Jahren im Privatfernsehen den »Stillen Stuhl«, auf den ausrastende Kinder gesetzt wurden. Im anglophonen Raum ist das »time out« eine weit verbreitete pädagogische Methode: Wer sich aufführt, wird für einige Zeit räumlich isoliert, um dort wieder runterzukommen. Die Botschaft dahinter lautet: Wenn du so bist, kannst du nicht bei uns sein.

Der dänische Erziehungspapst Jesper Juul wiederum kritisiert den modernen Umgang mit der Aggression als tabuisierend und reaktionär. Schläge, Schreie, Bisse und Streit sieht er als Verhaltensweisen, die aus guten Gründen zur Klaviatur des kindlichen Verhaltens gehören, deren Unterdrückung aber in der Moderne Tradition hat. Kinder wurden lange Zeit mit erwachsener Gegengewalt hart bestraft, wenn sie ihre schlechten Gefühle körperlich ausdrückten – und lernten damit wiederum, dass sich schlechte Gefühle eigentlich nur durch Gewalt mitteilen lassen. Nun wird von ihnen stattdessen mit einem betont harmonischen »Wir-wollen-uns-doch-vertragen«-Gestus die Selbstbeherrschung erwartet, die Erwachsene im Alltag normalerweise an den Tag legen. Damit lernen sie wiederum, dass sämtliche körperlichen Abreaktionen unerwünscht sind.

Alles andere als freundliche Begleitung bei einem Wutanfall – dem Kind Raum zu geben, damit es seine Gefühle selbst verarbeiten kann und dabei immer Unterstützung anzubieten –, ist aus Juuls Perspektive verkehrt. Damit hat er wahrscheinlich recht, viel verlangt ist das trotzdem. Wer schon mehr als einmal am Tag Zielscheibe von so einer Kinderattacke war, weiß, dass höchstens ein buddhistischer Mönch in der Lage wäre, dabei immer gelassen zu bleiben, und die bekommen nun mal eher selten Kinder.

Wohin mit unserer Wut?

Tatsächlich beginnt die Ratlosigkeit vieler Erwachsenen bei diesem Thema schon bei ihnen selbst: Wohin mit unserer Wut, wenn wir sie mal haben? Kann das raus oder muss das weg?

Nachdem Wut einmal aufgekommen ist, findet im nächsten Schritt eine Kalkulation statt: Lohnt es sich, mich zu beschweren, möglicherweise Unmut bei meinem Gegenüber zu provozieren und damit einen Streit zu beginnen? Schade ich mir, wenn ich das tue, oder schade ich mir eher, wenn ich es lasse? Das Ergebnis einer solchen Kalkulation hängt zum einen von der sozialen Position und damit sehr oft auch vom Geschlecht ab: Frauen wird ein Wutausbruch eher übel genommen als Männern, weibliche Wut gilt als besonders unfein. Ein tobender Chef macht Angst und flößt Respekt ein, eine motzende Chefin nervt. Verärgerte Frauen heißen schnell Furien, eine erhobene Frauenstimme klingt in den Ohren vieler unangenehm hysterisch; verärgerte Männer gelten als – verärgerte Männer. Aber auch geschlechterunabhängig spielen Faktoren wie Herkunft oder sozialer Rang eine Rolle – man kann sich vorstellen, dass ein dunkelhäutiger oder asiatisch aussehender Mitarbeiter in einem deutschen Unternehmen andere Umgangsstandards erfüllen muss als ein weißer.

Hinzu kommen dann auch die Lebenserfahrungen des Einzelnen: Wer in einer Familie aufwächst, in der leidenschaftliche Diskussionen über Politik zum Alltag gehören und eine gewisse Meinungsvielfalt toleriert wird, wird sich später nicht scheuen, seine Positionen zu äußern. Ein Kind, das in der Schule nur durchkommt, wenn es ständig kampfbereit ist, wird sich in der größeren Welt schwertun, diese Haltung abzulegen. Ein Kind, das von seinen Bezugspersonen regelmäßig was auf den Deckel bekommt, wenn es aufbegehrt, lernt, seine Wut in sich zu vergraben – oder selbst anderen was auf den Deckel zu geben, wenn es sich ärgert.

In eine solche Kalkulation werden aber immer auch die Spielräume eingehen, die für irgendeine wütende Äußerung – sei sie verbal oder handgreiflich – zur Verfügung stehen. Und diese Spielräume sind in dem gesellschaftlichen Miteinander, wie wir es heute haben, nicht gerade groß. Einerseits häufen sich in unserer Gesellschaftsordnung die Anlässe von Frust, Ohnmacht, Enttäuschung und also Wut. In vielen Branchen verschlechtern sich die Arbeitsbedingungen. Die Verkehrssituation wird in den Städten schlimmer, die Vermögenskluft wird größer, die Frauen machen immer noch die meiste unbezahlte Arbeit, an Schulen und Ämtern und anderen Einrichtungen des öffentlichen Lebens wird gespart, die Mieten steigen überall und Wohnungsnot wird zu einer Art Epidemie. Andererseits gibt es im Alltag eines Bürgers in einer spätkapitalistischen Demokratie nur wenige Möglichkeiten, selbst darauf einzuwirken, dass sich die Kluft zwischen Anspruch und Wirklichkeit schließt.

Die soziale Unerwünschtheit der Aggression hat bereits ein Geschäftsmodell hervorgebracht: In sogenannten Wuträumen, die es in vielen Ländern Europas gibt, bezahlen Menschen Geld dafür, einen Baseballschläger in die Hand zu nehmen und eine Einrichtung kaputtzuschlagen. Andere wiederum pilgern in Meditationskurse und Achtsamkeitsseminare, um zu weniger bewertenden und damit auch weniger unfreundlichen Menschen zu werden. Trotzdem sind überall, wo man hinschaut – insbesondere wenn man in der Stadt lebt –, geladene, aufgeregte, kampfbereite Individuen unterwegs, die allerdings eher selten miteinander in die Auseinandersetzung gehen, sondern meistens nur vor sich hin zu grollen scheinen, die Lippen fest gegen die Welt zusammengepresst.

Die bereits zitierte Psychologin Heidi Kastner muss sich als Gerichtsgutachterin beruflich immer wieder mit Tätern auseinandersetzen, die irgendwann ausgerastet sind, mit Missbrauchstätern und Mördern. Dass Wut in unserer Gesellschaft »verpönt« ist, hält sie für psychosozial gefährlich. Kastner glaubt, dass Höflichkeitsdiktate und Umgänglichkeitsgebote ein verkorkstes Verhältnis zu den unangenehmeren Seiten der Zwischenmenschlichkeit bewirkt haben. Wenn die ganz normale Aggression keinen Platz im Alltag bekommt, findet sie ihre Nischen, wo sie sich umso extremer entlädt. Kastner plädiert dafür, Negativität zuzulassen, nicht nur im Selbstgespräch mit den eigenen Dämonen, sondern auch mit den Mitmenschen: Ein herzhaftes »Du Trottel« habe schließlich noch keinem geschadet.

In allen möglichen Bereichen des Lebens ist der moderne Mensch also einerseits gefordert, sich den Ansprüchen der Gesellschaft anzupassen – und gleichzeitig Kontakt zu den eigenen Bedürfnissen und den eigenen Gefühlen zu halten. Kein Wunder, dass er dauernd sauer und aggro ist! Unterdrückung oder Verdrängung von Gefühlen hält unsere therapeutische Kultur für schädlich, nicht nur im Hinblick auf die eigene Psyche, sondern auch auf das Miteinander. Das gilt insbesondere für negative Gefühle: Wer unzufrieden oder wütend ist, soll das bitteschön auch zeigen. Gleichzeitig soll er aber nicht die Abläufe, die Harmonie oder den Konsens stören oder unverantwortliches Zeug von sich geben.

Doch genau das müssen wir tun, wenn wir wütend sind. Die Forderung, authentisch mit den eigenen Gefühlen umzugehen – also immer dazu zu stehen, wie einem gerade ist –, ist über die letzten Jahre in alle Bereiche des Miteinanders vorgedrungen. Nur leider ist in unserer durch und durch rationalen, von Konventionen durchdrungenen Gesellschaft wenig Raum für authentische Bedürfnisse, die größer oder weniger wirtschaftlich nützlich sind als die nach einer guten Karriere, einem netten Partner oder einem neuen Paar Schuhe. So bleibt uns im Alltag wenig anderes übrig, als das Gefühl von Wut eben doch so gut wie möglich zu unterdrücken.

Egal wie gerechtfertigt die Wut sein mag, sie gehört zu den irrationalen Trieben, für die der Markt keine gute Verwendung findet (Wut-Raum-Besuche sind keine Massenveranstaltungen). Sie zählt zu den Anwandlungen, denen eigentlich niemand etwas Positives abgewinnen kann. Wer wütend diskutiert, dem hört keiner mehr richtig zu.

Schon seit der Antike tun sich Zivilisationen schwer mit kaum kontrollierbaren Anwandlungen wie der Wut – das ist in den asiatischen Gesellschaften sogar noch stärker ausgeprägt als hierzulande. Doch zu den Anforderungen des Lebens in der spätkapitalistischen Moderne passt sie scheinbar gar nicht mehr. Wut lässt sich nicht in eine App verwandeln, aus Wut macht man keine Ich-AG, wer wütend ist, geht nicht gerne arbeiten oder einkaufen oder ins Spa. Von Wut kann man sich nichts kaufen. Aber weil sie trotzdem aufkommt, sitzen aufgebrachte Fahrer im Auto und brüllen den Verkehr an, der sie nicht hören kann. Indignierte Internetnutzer sitzen hinter Computerbildschirmen und TROLLEN IN GROSSBUCHSTABEN gegen jeden, der ihr Weltbild stört. Aggressive Machtmenschen bewerben sich um politische Ämter und haben damit sogar Erfolg.

Im Alltag wollen wir mit unbeherrschten Menschen lieber nichts zu tun haben – und überhöhen sie doch zugleich. Kein Gefühl außer der Liebe hat in unserer Kultur einen annähernd hohen Unterhaltungswert wie die Wut. Nichts fasziniert, erschreckt und beschäftigt uns so wie ein zorniger Mensch – zumindest aus der Ferne. Auch das ist eine Erklärung dafür, dass die größte Demokratie der Welt im 21. Jahrhundert einen Mann zum Präsidenten wählte, der für seine Unbeherrschtheit bekannt ist, der sein Gesicht regelmäßig zu einer Wutfratze verzieht, dessen Vokabular zu einem guten Teil aus Drohformeln besteht.

Vor vielen Jahren, als die Videoplattform YouTube noch neu war, zeigten mir Freunde einen Clip, in dem der Schauspieler Klaus Kinski bei Dreharbeiten mit Werner Herzog auf dem Set von ›Fitzcarraldo‹ zu sehen ist. Kinski dreht völlig durch, beschimpft einen Produktionsassistenten wegen einer Lappalie als »Arschloch« und springt ihm beinahe an die Gurgel, während im Hintergrund die indigenen Statisten scheinbar ungerührt beobachten, was da vor sich geht. Mit seinen hervortretenden Augen, seinen gefletschten Zähnen wurde Kinski in den Achtzigerjahren Kult, wenn er auf Tour ging, kam das Publikum in Strömen, um sich beschimpfen zu lassen. Man kann sich heute eine so ungebändigte Figur in der Entertainmentbranche kaum vorstellen – der Marktwert der Wut kann nun höchstens von jemandem wie dem Fußballtrainer Jürgen Klopp eingelöst werden. Der wurde vom Publikum jahrelang für seine Drohgebärden auf dem Platz gefeiert, aber er hielt sich auch an geltende Erfolgsparameter der Fußballbranche. Donald Trump, mit seiner überdrehten Rhetorik, seiner Kleinlichkeit und der Rachsucht gegenüber Kritikern ist eine Art Wut-Schausteller unserer Zeit. Seinen Erfolg verdankt er auch dem merkwürdigen Umstand, dass seine Charaktermischung aus Selbstüberschätzung, Gefall- und Rachsucht beim Publikum so einen Anklang fand. Andererseits haben seine Anwandlungen eine dermaßen große Tragweite für die Welt, dass er in dieser Reihe nicht wirklich etwas verloren hat.

Der Komiker Hans-Joachim Heist verkörpert mit seiner Kunstfigur »Gernot Hassknecht« in der ›heute-show‹ der ARD das sonderbar gleichzeitige Unterhaltungs- und Abschreckungspotenzial der Wut. Sein ganzes Programm besteht darin, über die Stränge zu schlagen und sich in

Raserei zu steigern. Dass er dabei oft inhaltlich scharfe und auch treffende Kritik an der tagesaktuellen Politik formuliert, macht natürlich einerseits die Qualität seiner Arbeit aus – andererseits geht alles, was er sagt, in seinem Geschrei unter.

Wut und Zorn sind Emotionen, die Aufmerksamkeit erzeugen, die aber wahrhaftig keine Tür zum Gespräch öffnen. Selbst wenn wir einen wütenden Menschen gerne ernst nehmen würden, so ist es kaum möglich, sich auf ihn einzulassen. Wir können ihm nur zusehen, ihn faszinierend oder abstoßend finden, uns vor ihm fürchten oder über ihn lachen. Wer angebrüllt wird, hat eigentlich nur zwei Möglichkeiten: Sich still zu verhalten oder zurückzubrüllen. Zorn spricht vielleicht. Aber Zorn hört nicht zu. Mit Zorn kann man nicht streiten und erst recht nicht verhandeln.

Wohin also damit?

Gar nicht erst so sauer zu werden ist ja keine Option, zumindest wenn man sein Leben unter ganz normalen Umständen führt und für Meditationen keinen Sinn hat. Ja, Wut – oder Zorn – verunsichert, wie es Seneca in seiner berühmten Schrift beschreibt: »Da ist ein Knacken der Gelenke, die sich selbst verdrehen, ein Stöhnen und stumpfes Brüllen und ein abgehacktes Stammeln nicht richtig artikulierter Wörter. (...) Ein abstoßender Anblick ist das Gesicht solcher Leute (...) und man weiß nicht recht, was diese Störung eher ist: verdammenswürdig oder entstellend.« Doch Wut kann die Welt auch verbessern, nämlich dann, wenn sie Erregung über Ungerechtigkeit, das Bestehen auf den Regeln des Zusammenlebens, das Aufbegehren gegen Unterdrückung ist. Auch wenn sie in unserer Gesellschaft nicht wirklich Platz findet: Sie ist ein Teil von ihr. Die älteste Geschichte der westlichen Zivilisation und zugleich eine ihrer wichtigsten, die ›Ilias‹ von Homer, beginnt mit dem »Zorn des Achilles«, der ihn letztlich das Leben kostet. Sie erzählt somit vom Wert der Wut. Aristoteles behandelte das Thema vor allem in seiner sozialen Funktion: »Wer da zürnt, wo der Anlass und die Personen den Zorn rechtfertigen, wer in der rechten Weise, zur rechten Zeit und die rechte Zeitdauer hindurch zürnt, dessen Verhalten findet Billigung. Das Zurückbleiben hinter der rechten Mitte aber, sei es aus einer Art von Temperamentlosigkeit, sei es aus irgendeinem anderen Grunde, ist Gegenstand der Missbilligung.« Die Wut ist also immer so viel wert, wie sie einen angemessenen Anlass hat und einen maßvollen Ausdruck findet. Der Stoiker Seneca – gleichfalls definitiv kein Fan des Gefühls – plädierte für Überwindung: »Oft kommt die Wut zu uns, öfter wir zu ihr; rufen sollte man sie nie; auch wenn sie kommt, sollte man sie abweisen. Niemand sagt zu sich selbst: Das, worüber ich zürne, habe ich wohl auch selbst getan, oder ich wäre dazu wenigstens fähig gewesen.«

Damit liegt die antike Philosophie auf einer Linie mit modernen Sozialpsychologen, die im Gegensatz zum pseudotherapeutischen Konsens sagen: Es gibt kein wissenschaftlich belegbares Argument dafür, dass es gesund sei, seine Wut auszuleben. Im Gegenteil, es spricht sogar einiges dafür, es nicht zu tun, wie Barbara Krahé in einem Interview sagte: »Mit dem Ärger verhält es sich wie mit anderen Emotionen auch: Wenn nichts weiter geschieht, wird er mit der Zeit schwächer.« Wuträume und ähnliche Dampf-Ablass-Ritualchen funktionieren nicht. Es mag sich vielleicht kurz gut anfühlen, einmal laut in den Wald zu brüllen, wie das Leute in Filmen tun. Aber mittelfristig hilft es nicht weiter. Wer das Bedürfnis hat, Dinge kurz und klein zu schlagen, sollte sich darüber klar werden, dass er sein Problem lösen muss – und dass das Problem nicht in irgendwelchem Geschirr liegt.

Allerdings kann es selbstverständlich nicht die Lösung sein, Missbilligung und Widerwillen zu unterdrücken. Denn Gefühle, die man nicht auslebt, hat man ja trotzdem. Damit aus ihr kein Groll oder gar rachsüchtiger Zorn wird, muss Wut etwas tun, das ihr schwerfällt: denken. Einatmen, ausatmen, überlegen, worum es geht und was die Situation besser machen könnte.

Im Prinzip kann man daraus sogar eine erste kleine Regel ableiten für den Streit: Wenn die Wut auftaucht – und jeder von uns weiß genau, wann sie das tut, schließlich gehört sie zu den Grundeinstellungen unserer Spezies –, dann gibt es nur eine Lösung: Pause machen! Und jetzt bloß keinen Streit anfangen. Denn wer das wütend tut, kann es auch gleich bleiben lassen. Wütende Leute überzeugen andere nicht und sie können – es handelt sich eben um ein dummes Gefühl – nicht einmal selbst klar sagen, was sie eigentlich wollen. Wut ist notwendig, sie ist beschämend, sie ist furchteinflößend und sie ist, wenn man ihr ein bisschen Raum zum Verpuffen lässt, auch manchmal zum Lachen. Wer wütend ist, mag in der Sache vielleicht Recht haben – er wird aber in diesem Moment niemanden davon ernsthaft überzeugen können, dass es so ist. Denn durch die Wut führt kein Weg zum anderen. Wer in der Wut ist, ist viel zu sehr mit sich und den Wogen beschäftigt, die durch ihn hindurchrollen – da sieht man nicht einmal, wenn jemand auf einen zugeht. Deshalb ist der erste Schritt, den wir tun müssen, wenn uns etwas wütend genug macht, dass wir deshalb Streit suchen: Verstehen, warum uns etwas wütend macht und überlegen, was das ändern würde.

WARUM STREIT SCHWER IST

Politik als Fight Club

Je mehr sie mich angreifen, desto schwächer werden sie, und nur die Schwäche, die noch zunehmen kann, erhält sie. Es ist jene verzweifelte Spielart, die ich so oft erlebt habe: einer ruft ein unartikuliertes Schimpfwort und stellt bloß dadurch, dass er auf mich zeigt, die Verbindung mit mir her, die von ihm doch wollüstig ersehnte Verbindung. (…) Der Grund des Ausbruches ist nie, dass sie von mir nichts halten, sondern immer, dass ich von ihnen nichts halte.

Karl Kraus

Irgendwann nachdem ich im Museum wieder nicht genau genug erklären konnte, auf welchem Weg Maria geflüchtet und wie Jesus am Ende doch wieder in Judäa gelandet war, begannen mein Sohn und ich, ein bisschen die Bibel zu lesen. Wir fingen bei Genesis an und es dauerte nicht lange, da fragte er mich, warum Gott eigentlich dauernd so sauer sei? Da fiel es mir auch auf: Was die Geschichten im Alten Testament antreibt, ist vor allem Eifersucht, Rachedurst und Zorn. Alles Schlimme geschieht, weil Gott nicht einverstanden ist mit dem, was der Mensch tut. Gott und Mensch machen sich andauernd Vorhaltungen. Gott streitet sich mit Adam, mit Kain, mit Esau, mit Abraham und auch mit Moses. Nicht, dass die biblischen Menschen die göttlichen Vorhaltungen immer widerspruchslos über sich ergehen ließen. Doch im gesamten Alten Testament gibt es nur einen, der ungestraft seine schlechten Gefühle gegen andere ausleben darf, und das ist der sogenannte Herr. Alle anderen zahlen dafür einen saftigen Preis. Kain, der seinen Bruder Abel aus Neid erschlägt, wird verstoßen. Die Flut, mit der Noah und seine Leute zu tun haben, ist auch eine Vergeltung Gottes für das aggressive Benehmen der Menschen untereinander. Der Zorn ist in keiner der Weltreligionen besonders wohl gelitten, es sei denn, er kommt von oben, das war auch bei den Vielgötter-Religionen der Antike so. Im Christentum ist er gar eine der sieben Todsünden. Allerdings hat das weder Christen noch Muslime, Juden, Hindus oder Buddhisten jemals daran gehindert, ihren Aggressionen gegen Andersgläubige immer wieder freien Lauf zu lassen.

Zorn ist auch jenseits der Religionen lange ein Vorrecht der Herrschenden gewesen. Gesellschaften haben immer ein großes Interesse daran gehabt, die Wut, unkontrollierte Rachsucht, Mordlust des Individuums einzuhegen. In der römischen Republik waren Soldaten und Waffen aus der Stadt verbannt, damit sich im Zweifel nicht die Macht des stärker Bewehrten durchsetzte. Als die Feldherren begannen, sich für die besseren Politiker zu halten, richtete sich die Öffentlichkeit immer mehr auf Einzelherrscher aus. Auch die gewaltvolle ständische Gesellschaft kannte ein Waffenrecht. Die absolutistischen Herrscher versuchten, Unzufriedenheit und politischen Widerstand mit Repression zu bekämpfen, was schließlich in die teilweise schauerlichen Vergeltungsexzesse der Revolutionen mündete.

In der Demokratie ist das Volk der Souverän und lagert seine Racheansprüche an Institutionen aus: Das Gewaltmonopol des Staates und die Verrechtlichung von Rache sind Grundsteine moderner Gesellschaften. Das Recht, unsere schlechten Gefühle körperlich zu artikulieren, ist begrenzt. Dafür haben wir aber auch das Recht auf physische Sicherheit vor der schlechten Laune, den verletzten Gefühlen, der Verachtung anderer. Doch die Rolle der öffentlichen Wut ist ambivalent: Sie soll eigentlich möglichst gering bleiben, gleichzeitig wird sie auch in modernen Gesellschaften laufend gerechtfertigt. Männer, die ihre Partnerinnen misshandeln, werden immer noch damit entschuldigt, dass die Frauen sie enttäuscht hätten. In islamischen Gesellschaften ist die verletzte Familienehre eine akzeptierte Begründung für destruktive Racheforderungen. Aber auch Angehörigenzorn oder

der Volkszorn der Unterdrückten findet kulturellen Beifall – zumindest wenn er sich gegen Täter oder Unterdrücker richtet, die von der Allgemeinheit als solche gesehen werden.

Historiker analysieren die Geschichte eher selten nach Gefühlen, die sind nämlich schwer zu belegen und waren lange Zeit nicht einmal für die vergleichsweise weichen Geisteswissenschaften besonders interessant. Obwohl sich das langsam ändert – in der Soziologie und der Philosophie vor allem, und sogar in den Wirtschaftswissenschaften wird die Vorstellung vom *homo oeonomicus* immer obsoleter –, ist die Vorstellung, dass es getrennte menschliche Sphären von Gefühl und Wirksamkeit gibt immer noch verbreitet. Am Anfang des 21. Jahrhunderts soll jede Entscheidung genau geplant und durchgerechnet werden; Maschinen helfen uns durch den Alltag; manch einer misst mit seinem Handy die Zahl seiner Schritte am Tag, und die Qualität seines Schlafes in der Nacht. Babys können ohne Sex entstehen, und für das Töten von Feinden setzen Staaten nun immer öfter Drohnen ein. Es sieht so aus, als seien wir an einem vorläufigen Höhepunkt der technisch-rationalen Organisation angelangt. Aber es ist sehr offensichtlich, dass zutiefst menschliche Anwandlungen von Sensibilität und Verletzung, aber auch Herrschsucht und Geltungsdrang eine gewaltige Rolle in der Tagespolitik und dem dazu laufenden Diskurs spielen.

Wut macht Politik. Nicht, dass das grundsätzlich jemals anders gewesen wäre. Aber es gibt eine neue Selbstverständlichkeit, Politik aus Gefühlslagen zu speisen, und das Aufkommen populistischer Parteien und Initiativen weltweit zeigt, dass negative Gefühle gegen andere derzeit besonders erfolgreich sind. Auch die Demonstration der subjektiven Gefühlslage hat in der politischen Kommunikation zugenommen: von Beleidigungen unter Parteifreunden bis zum aufgebrachten »ÄNDERT DIE GESETZE«-Tweets des amerikanischen Präsidenten. Der indische Publizist Pankaj Mishra spricht von einem »Zeitalter des Zorns«, in dem »autoritäre Führer zynisch die Unzufriedenheit der Massen manipulieren« und es eine »laute öffentliche Kultur des Niedermachens und der Ermahnung« gebe. Völlig unverhohlen schüren insbesondere Parteien rechts der Mitte Lagerdenken und das, was der Soziologe Wilhelm Heitmeyer als gruppenbezogene Menschenfeindlichkeit bezeichnet. Nach allem, was wir über die Wut und ihren Effekt auf den Menschen wissen, ist das für unsere demokratischen Grundfähigkeiten ein ziemlich schlechtes Zeichen.

Wobei man natürlich einschränken muss: Die Wut junger Amerikaner auf schlechte Waffengesetze und Politiker, die nichts daran ändern, hat zuletzt eine gewaltige Protestwelle ausgelöst. Die Wut vieler Frauen gegen das Geflecht des Sexismus, das so ziemlich jede Gesellschaft der Welt durchzieht, trägt die historische Frauenbewegung #MeToo. Die Wut zahlreicher Bürger auf die Ausweitung polizeilicher Befugnisse in Bayern erweckt ein neues Bürgerrechtsbewusstsein. Unser Zeitalter ist also nicht nur von schlechten Gefühlen gebeutelt, sondern wird gleichzeitig von Gerechtigkeitskämpfen, Solidaritätswellen und offenem Austausch zusammengehalten. Aus der Negativität heraus, aus verletztem Gerechtigkeitsempfinden, kollektiver Wut auf einen Aggressor oder der gemeinsamen Ablehnung eines Systems entstehen demokratische Protestbewegungen.

Abgesehen davon, dass sie unvermeidbar ist, ist Wut für eine Gesellschaft also keineswegs grundsätzlich schlecht, auf alle Fälle aber eine erhebliche Kraft: Revolutionen haben sich meist aus der wütenden Ablehnung der herrschenden Verhältnisse entwickelt. Reaktionäre Gegenbewegungen allerdings auch.

Es gibt die Vorstellung von Politik als einem Feld, in dem Wut nichts verloren hat – aber man fragt sich doch, wie sie sich so lange gehalten hat. Mit der Realität hat sie nämlich wenig zu tun. Man sollte zwar nicht wütend streiten, man tut es aber dauernd und insbesondere, wenn es um Politik geht. Überzeugungen entstehen eher selten aus reinem Faktenwissen, sondern immer im Zusammenspiel mit Gefühlslagen und Persönlichkeit. Warum sollte man etwas hinterfragen, neu denken, anders machen, wenn es einen nicht wirklich bewegt? Und wie sollte man Rechte, Freiheiten, die Körper anderer Menschen verteidigen, wenn sie einen nicht kümmern?

Fight: Der große Zorn

Die Philosophin Isolde Charim schreibt, es sei »an der Zeit, über politische Emotionen zu sprechen«. Politik darf und soll sogar Gefühle auslösen, diese seien, so Charim, »der zentrale Rohstoff des Politischen«. Und, ja: Gute Politik tut also nicht so, als gäbe es nur »richtige« oder »falsche« Entscheidungen, die man mit Hilfe einer großen Menge von Daten treffen kann. Gute Politik drückt Gefühle aus, sie erkennt die Gefühle auch derjenigen an, deren Interessen sie nicht vertritt. Sie »nimmt die Sorgen der Menschen ernst«, wie es praktisch jeden zweiten Tag irgendwo heißt. Gute Politik überlässt allerdings nicht jedem artikulierten Gefühl die Deutungshoheit über sich selbst. Das ist der Unterschied zwischen politisch und privat: Zu Hause und unter Freunden müssen wir einander ab einem gewissen Alter die Verantwortung für unsere eigenen Gefühle zugestehen, und für das, was aus ihnen folgt. Es geht uns hier am besten, wenn einigermaßen emotionale Ausdrucksfreiheit herrscht. In der Öffentlichkeit muss ein gewisser Abstand bestehen zwischen Anerkennung von Gefühlen und deren Geltendmachung: Nur weil ich mir stark wünsche, dass ein Baum nicht gefällt wird und mich das sehr traurig und verzweifelt machen würde, habe ich noch keinen Auftrag, diesen Baum zu schützen. Dafür brauche ich Argumente. Oder: Nur weil ich als Politiker glaube, dass viele Bürger von

Ängsten vor dem Islam geleitet werden, darf ich nicht einfach Gesetze beschließen, die Muslime wie potenzielle Täter behandeln. Natürlich haben Gefühle eine Legitimität, aber eine, die hinterfragt werden darf. Und zur Aufgabe von Politikern gehört es, genau das zu tun.

Medial immer präsenter ist seit einiger Zeit eine Wut, die sich gegen bestimmte Personengruppen, insbesondere geflüchtete Menschen und Menschen muslimischen Glaubens richtet. In Städten wie Leipzig, Cottbus oder Chemnitz marschieren Aufgebrachte durch die Straßen und fordern ein islamfreies Deutschland. In Onlineforen rotten sie sich zusammen, um gemeinsam in sozialen Netzwerken gegen diverse Feinde zu hetzen – mal ist das der öffentlich-rechtliche Rundfunk, der einen angeblich zu flüchtlingsfreundlichen Film zeigte, mal ist es eine türkischstämmige Politikerin, die eine andere Meinung zum Thema »Heimat« hat als der durchschnittliche deutsche Nationalist.

Niemand hat vor, diesen Leuten etwas wegzunehmen oder sie zu unterdrücken – aber sie empfinden es offenbar aus verschiedenen Gründen so. Ihren Methoden fehlt jegliches Ziel außer dem, Missfallen zu bekunden und andere Menschen für unerwünscht zu erklären. Im Wahlkampf des Jahres 2017 wurden Politiker wie der heutige Außenminister Heiko Maas oder auch die Bundeskanzlerin bei Veranstaltungen von Gruppen empfangen, die ihnen einiges zu sagen hatten. Doch das, was sie sagten, artikulierte sich nur mehr in gellenden Schreien: Maas wurde als Volksverräter beschimpft und von seiner eigenen Bühne vertrieben. Es gibt viele Berichte von der offenen, wütenden Ablehnung, die Angela Merkel insbesondere im Osten des Landes vor der Wahl entgegenschlug. Die Autorin Jana Hensel beschreibt in einem Artikel einen Auftritt in Finsterwalde, bei dem der Kanzlerin von einem Teil des Publikums ein ohrenbetäubendes: »Hau ab! Hau ab!« ins Gesicht gebrüllt wurde: »Da war sie, diese Wut und Brutalität, die man sonst hinter den schönen Fassaden nur vermuten kann, plötzlich war sie mit Händen zu greifen.« Diese Leute hatten stundenlang darauf gewartet, dass die Kanzlerin kam, nur um ihr ins Gesicht zu schmettern, sie solle wieder gehen. Aggression aber ist keine politische Willensbekundung und wird das auch nicht mehr.

Immer wieder kommt es in unserem angespannten politischen Umgang zu genau dieser Art von Begegnung: So, als würden manche Leute nur darauf warten, dass andere etwas sagen, sich zeigen, eine Forderung stellen – um sie endlich niedermachen zu können. Man muss dafür nur den Twitter-Account des Präsidenten Trump, der leider der mächtigste Mann der Welt ist, lesen. Er ist der Prototyp eines lauernden Schreihalses, dem offenbar nur eine verbale Taktik zur Verfügung steht: sich selbst riesengroß reden und den anderen klein. Die Niedermacher sind Feinde (nicht die Gegner!) der zivilisierten Auseinandersetzung. Sie sind besonders gefährlich, weil es ihnen an so viel mangelt: an Bewusstsein, an Empathie, an Sicherheit und Selbstkontrolle. Weil ihnen alles andere als niedermachen vielleicht zu riskant erscheint. Weil sie zutiefst unsicher sind. Und weil ihnen die Sprache einer politischen Gegnerschaft fehlt.

Im Film ›Fight Club‹ begegnen sich Männer, die nach außen zwar funktionieren, ohne aber in irgendeiner sinnvollen Weise an der Gesellschaft zu partizipieren. Sie sind einsam, verängstigt und aggro, sie haben aber auch keine Vorstellung davon, wie sie lieber leben würden. Also treffen sie sich heimlich, um an blutigen Kämpfen teilzunehmen, um die Spannung irgendwie loszuwerden.

Die politische Debatte, wie sie derzeit in der Öffentlichkeit stattfindet, wirkt in gewisser Weise wie eine Art Fight Club zur Abreaktion von gesellschaftlich bedingter Anspannung. Die öffentlichen Auseinandersetzungen mutieren zu oft zu Spektakeln der Abgrenzung, Gegnerschaft und Machtdemonstration. Man erinnere sich nur an das Twitter-Duell zwischen dem amerikanischen Präsidenten Trump und dem nordkoreanischen Staatsoberhaupt Kim Jong-un. Oder, auf deutlich niedrigerer Flamme, den großen Streit der SPD, bevor sie in die nächste Große Koalition eintrat. Zutritt zum Fight Club haben grundsätzlich alle. Frauen haben es aber – aufgrund misogyner Hassrede und geschlechterspezifischer Gewalt – deutlich schwerer darin als Männer. Mit Wut über weibliche Gleichberechtigung, Widerwillen gegen feministischen Aktivismus wird derzeit besonders gern Aufmerksamkeit reklamiert. Frauen, die sich politisch äußern, werden nach einer Studie von Amnesty International überproportional häufig zu Zielscheiben von Gewaltdrohungen. Auf Emanzipationsforderungen folgt zuverlässig wie ein Mondzyklus der männliche »Backlash«; Frauen, die sich öffentlich wütend äußern, werden lächerlich gemacht, für verantwortungslos und insgesamt völlig übertrieben erklärt. Der Fight Club ist nicht fair. Auch Rassismus spielt eine Rolle in der Abwertung mancher Wut: Als Mensch mit Migrationshintergrund öffentlich Wut zu artikulieren, als Geflüchteter gegen eine Abschiebung zu protestieren, sich als schwarze Frau über die Polizei zu beschweren, birgt ein deutlich höheres Risiko für gesellschaftliche Sanktionen. Wütende Moslems, aufgebrachte Schwarze, das sind für Polizei, Politik und viele Medien häufig Mobs, die die öffentliche Ordnung gefährden – man erinnere sich an die Kölner Polizei, die an Silvester sogenannte »Nafris« systematisch kontrollierte, oder an die angeblich lebensgefährlichen Angriffe auf Polizisten in einer Geflüchtetenunterkunft in Ellwangen. Zorn zu zeigen ist auch ein Vorrecht, worauf bestimmte gesellschaftliche Gruppen nach wie vor bestehen.

Die Verzornung der Politik hält natürlich die Zuschauer bei der Stange – sie ist ja unterhaltsam, solange man nicht selbst davon betroffen ist –, aber sie lässt auch gesellschaftliche Übereinkünfte verlorengehen. Am schwersten wiegt dabei der Verlust dessen, was uns als Mitmenschen ausmacht: Der Konsens darüber, auf welcher Basis wir uns miteinander austauschen dürfen und können, und wie wir in welchen Konfliktsituationen miteinander reden können und sollen.

»Um sich zu streiten, muss man einiges gemeinsam haben«, schreibt der Historiker Uffa Jensen in seinem Buch ›Zornpolitik‹. Eine Gemeinsamkeit, die für einen Streit etabliert werden müsse, sei die Bedeutung, die man Gefühlen im politischen Diskurs zugesteht. Doch in zu vielen politischen Debatten wirkt es, als hätten ihre Teilnehmer nicht einmal eine gemeinsame Realitätswahrnehmung. Wenn da zum Beispiel im Kontext von der Flüchtlingspolitik Willkommenskultur gegen »Umvolkungs«-Fantasmen steht, gibt es keine gemeinsame Basis, sondern nur: Fight! Wenn unter Feministinnen über die Rechte von Schwangeren diskutiert wird und einige nicht möchten, dass dabei von »Frauen« gesprochen wird, weil das Trans*Menschen ausschließe, die sich nicht als Frau identifizieren, aber unter Umständen auch schwanger werden können, dann gibt es keine Grundlage, auf der man reden kann, sondern nur: Fight! Wenn man darüber diskutiert, ob die Abschaffung der Wehrpflicht eine gute Idee war und man sich noch nicht einmal darauf einigen kann, ob das Militär eine moralisch gute Institution ist oder nicht, dann wird die Debatte kompliziert und dann bleibt nur: Fight!

Viel Geschrei

Beim Fighten geht es ums Gewinnen. Ist doch klar. Gibt auch nichts daran auszusetzen. Nur ist es ein Problem, wenn man jeden Konflikt und jede Grundsatzdebatte zu einem entscheidenden Kampf stilisiert. Wenn wir besser politisch streiten wollen, müssen wir uns den Gedanken abgewöhnen, dass es beim Streit darum geht, sich durchzusetzen, gerade in der Politik. Wer Fight und Streit verwechselt, wird automatisch weniger Rücksicht auf Verluste nehmen, schneller laut werden. Selbst wenn man seinen politischen Gegner zutiefst verachtet – und das kann schon mal vorkommen –, ist es wichtig, Meinungen oder Positionen gelten zu lassen, auch wenn sie der eigenen widersprechen. Und schreien verschafft einem vielleicht kurzfristige Erleichterung, aber es hilft nicht.

Woran liegt es dann, dass im Zusammenhang mit Politik wörtlich und im übertragenen Sinn ziemlich viel Geschrei stattfindet?

Vielleicht ist es so: Nachdem erst die Liebe, der Sexualtrieb und die Eitelkeit als Emotionen befreit wurden, erlauben es sich die Menschen immer mehr, auch die Kontrolle über ihre Wut zu lockern oder ganz aufzugeben. Doch Feelings sollen dem liberalen Ideal nach lieber im Privatleben stattfinden und in Konsumentscheidungen kanalisiert werden statt in Wahlen. Wer Fust hat, kann sich mit Yoga und einer Onlinebestellung beruhigen, oder wenn es ganz schlimm ist, mit einer Onlinepetition Wind machen. Der liberale Mainstream ist sehr lange gut damit gefahren, politische Gefühle als »Gedöns« abzutun und politischen Unmut als Vernunftsversagen zu interpretieren.

In gewisser Weise ist das auch nachvollziehbar: Denn Gefühle sind nun mal unzuverlässig, und mit Gruppengefühlen kann man schlecht argumentieren. Was passiert, wenn sich immer mehr Menschen ihren schlechten politischen Gefühlen nicht nur hingeben, sondern auch ihr Handeln danach ausrichten, sieht man heute: Längst hat sich die Protestmentalität über das politische Spektrum ausgebreitet und damit auch eine Verachtung für Informationen, die der eigenen Sicht widersprechen. Die AfD konnte ja unter anderem nur deshalb so erfolgreich sein, weil sie sich als stehende Leitung der Empörung des Volkes in die Parlamente darstellt.

Innerhalb kürzester Zeit hat sich von links bis rechts eine Umwertung der Wut ereignet, die wir nun ständig spüren. Man merkt das im Alltag: Der aggressive Stil, also eine Sprache, die von direkt bis verletzend changiert, hat seinen Schrecken verloren. Es gilt selbst unter abgeklärten Hipstern nicht mehr als uncool, wütend zu sein, Feindbilder zu schaffen, zu pauschalisieren. Der Zorn, den Seneca so hässlich und unheimlich fand, ist als Habitus der politischen Kommunikation inzwischen immer mehr akzeptiert.

Ende 2017 erschien ein Essay der amerikanischen Autorin Leslie Jamison, die eine Art neue Ära der weiblichen Entrüstung postulierte. Sie habe früher gedacht, sie dürfe nur Trauer und Enttäuschung, aber bloß keine Wut empfinden, wenn sie oder andere Unrecht erlitten. Mit Anfang 30 habe sie entdeckt, dass ihr Zorn zu ihr gehöre, dass er nichts sei, wofür sie sich schämen müsse. Wütend zu werden, sei kein Zeichen der Schwäche oder gar Unberechenbarkeit, sondern schütze den Einzelnen vor der eigenen Passivität. Also: Wir werden wütend, weil wir wütend werden müssen, um handeln zu können.

In diesem schönen Aufruf, sich nicht alles gefallen zu lassen, steckt natürlich wieder die Vorstellung, gerechter Zorn könne Veränderung bewirken. Er passt in eine Zeit, in der Zorn und Empörung nicht nur Rohstoff und Antrieb politischen Geschehens sind, sondern auch zunehmend zu einem Thema der Politik werden, als legitime Begründung von politischem Handeln. Man denkt also darüber nach, warum der kleine Mann so wütend auf die Frauen ist, warum die Weißen so wütend auf die nichtweißen Einwanderer sind, warum die Leute auf den Straßen und in den Internetforen so brutal laut herumschreien, und man kommt stets zu dem Ergebnis, dass sie Angst haben. Und die einzige Antwort auf diese Angst, die Politik von links bis rechts zu finden scheint, ist immer häufiger: Dann sollten wir dieses Gefühl wohl ernst nehmen, solange es niemanden etwas kostet (außer vielleicht die Frauen oder die Einwanderer). Wenn es ein Privileg ist, die eigene Wut ungestraft zu artikulieren, dann ist es erst recht eines, dass die eigenen Ängste ernst genommen werden.

Derzeit bekommt vor allem der Zorn von rechts unglaublich viel Raum. Der Erfolg von populistischen Bewegungen und anti-pluralistischen Parteien in vielen Ländern hängt auch damit zusammen, dass überall die Hemmungen sinken, die eigenen niederen Instinkte politisch von der Leine zu lassen und sich in Misstrauen und Ablehnung aller möglichen Gruppen zu versenken. Die Belagerungsmentalität verschärft sich, insbesondere unter Rechten und Konservativen. Währenddessen und genau deshalb nimmt die Bereitschaft zu, sich verbal – und immer wieder auch physisch – in Aggressionen zu versteigen. Die Bedingungen für Dialog verschlechtern sich, der Kampfmodus wird zum Normalzustand der Auseinandersetzung.

In den parlamentarischen Institutionen moderner Demokratien geht es bisweilen robust und lautstark zu, doch gerade im Deutschen Bundestag herrschte traditionell und gerade in den letzten Jahren ein recht zivilisierter und routinierter Tonfall, der in der Regel höchstens von den frustrierten Abgeordneten der Linkspartei und der Grünen durchbrochen wurde. Man kann das langweilig finden – Tatsache ist aber, dass hier zumindest Meinungen präsentiert und gehört wurden, dass ein Mindestmaß an Höflichkeit und Respekt untereinander gewahrt wurde. Seitdem die AfD in den Bundestag gezogen ist, hat sich das geändert. Parlamentskorrespondenten berichten, dass die Fraktion Redebeiträge anderer Fraktionen routinemäßig mit destruktiven Zwischenrufen und hämischem Gelächter unterbricht. Immer wieder macht sie mit perfiden Anfragen von sich reden: So forderte die AfD-Fraktion eine Aussage der Bundesregierung dazu, ob sie die Entwicklung der Zahl behinderter Menschen seit 2012 auf Abhängigkeit von Inzest untersucht habe. Damit suggerierte sie bösartig einen Zusammenhang zwischen Behinderung, Einwanderung und Inzest. Sie stellt regelmäßig Anträge, die gegen die Verfassung verstoßen und blockiert damit den Betrieb. Ihre Mitglieder fragen nach »Umvolkung« und der Einführung der Scharia, wovon nichts zur Debatte steht. Damit spiegelt offizielle Politik einen Stil, der in sozialen und anderen Medien, aber auch an Stammtischen bedauerlicherweise längst normal ist. Es ist in unsere Zeit eine überaus gereizte Grundhaltung eingezogen. Diese Gereiztheit und Ungeduld mit Missständen oder Fehlverhalten wird von den jeweiligen Kommentatoren, Aktivisten oder Politikern kein bisschen verbrämt oder beschönigt, im Gegenteil. Es ist eine stolze Gereiztheit, eine selbstgefällige Ungeduld, der in Demonstrationen, Leserbriefen, Tweets, Leitartikeln oder Fernseh-Talkshows Geltung verschafft wird.

Je anstrengender und beschränkter ein freier Austausch der Meinungen und Positionen ist, desto verlockender wird es, sich hinter Schweigen zu verschanzen. Das Schweigen lässt aber einen immer größeren Abstand zur Welt wachsen: Wer mit seinen Nachbarn nicht spricht, kann schnell beginnen, sie unsympathisch zu finden. Schweigen bewirkt eben nicht den vergesellschaftenden Abstand, den Simmel meinte. Sondern den Abstand, bei dem jeglicher Bezug zu den anderen abhandenkommt und damit auch deren pauschale Ablehnung erleichtert. Wer einen Gegner nur aus der Ferne wahrnimmt, kann ihn oft nicht genau erkennen und gibt sich leichter mit einem undefinierten Feindbild zufrieden. »Streit ist immer auch eine Form des Kontaktes«, sagte mir die Mediatorin Juliane Wünschmann. Solange wir miteinander streiten, reden wir auch miteinander. Wenn das nicht mehr stattfindet, so liegt es nicht daran, dass wir nichts mehr zu streiten hätten. Sondern dass wir uns erlauben, den Kontakt zu verlieren und damit härter, uneinsichtiger, unnachgiebiger und ja, unvernünftiger in der Sache werden können. Je weniger Kontakt wir pflegen, desto mehr wird Wut zum Problem – weil sie sich als Hass artikuliert.

In gewisser Weise begann das Wutproblem in Deutschland, als eine Figur das Diskurstheater betrat, erschaffen von dem ›Spiegel‹-Journalisten Dirk Kurbjuweit: »Eine neue Gestalt macht sich breit in Deutschland: Das ist der Wutbürger«, schrieb er. Gemeint war der in Gerechtigkeitsfuror entfachte Mittel- und Wohlstandsbürger, finanziell und sozial wunderbar gestellt und doch von Entmachtungsängsten und Abstiegspanik getrieben und entschlossen zum Kampf gegen die Kräfte der Veränderung. Kurbjuweits Wutbürger protestierte gegen Stuttgart 21 und tummelte sich kopfnickend auf Veranstaltungen des Ressentiment-Bauchladenbetreibers Thilo Sarrazin, der damals seinen ersten großen Erfolg feierte. Am Wutbürger entzündete sich die Debatte, die wir bis heute darüber führen, wie viel Raum Politik lassen muss für Irrationalität, Angst und Frust.

Sein Schöpfer stand dem »Wutbürger« extrem kritisch gegenüber, sah in ihm vor allem den Reaktionär. Doch an dieser Interpretation schieden sich schnell die Geister: Gab es ihn so überhaupt? Die Protestforschung meldete da Zweifel an. Und wenn doch: War da nicht endlich die Bewegung, die die Demokratie brauchte? War da nicht bitter nötige Kontroverse? Und tat man den schwäbischen Stadtparkschützern nicht massiv Unrecht, wenn man sie mit Einwanderungsparanoikern in einen Topf warf? Ja, war es nicht eine seltsame journalistische Obrigkeitshörigkeit, das Protestlertum gegen einen Bahnhofsbau als reaktionär zu verurteilen?

Die »Wutbürger« wurden jedenfalls rasch zu einem geflügelten Wort und in den Medien zu einer Chiffre für die uneinsichtige »Wir da unten gegen die da oben«-Logik eines veränderungsfeindlichen Bürgertums. Damit sind die Wutbürger letztlich auch ein gutes Beispiel für eine politische Kampfsprache, die zu dem bereits beschriebenen Auseinanderdriften der Realitäten beiträgt, und damit viele Anlässe für Ärger und Frust, aber keine Basis für eine gute Konfliktkultur liefert. Teilnehmer des öffentlichen Diskurses, die nicht etwa durch beruflichen und parteibedingten Alltag aneinander gebunden sind, koppeln sich zunehmend von einer gemeinsamen Sphäre der Kommunikation ab – deshalb ist immer die Rede von sozialen »Blasen«, in denen sich alle ähnlich genug sind, um ihre Ruhe zu haben. Moralische und sprachliche Barrieren entstehen selbst zwischen Menschen, die sich vom Grundsatz her wahrscheinlich einigen könnten. Das »Zeitalter des Zorns« ist in vielerlei Hinsicht eins der wortgewaltigen Spracharmut.

»Wer schreit, lügt«

… pflegt der Mann, mit dem ich lebe, zu sagen, wenn ich mir in einer Meinungsverschiedenheit mit ihm nicht anders helfen kann, als laut zu werden. Er sagt es trocken, mit einem tückischen Grinsen. Er weiß genau, dass es funktionieren wird: Obwohl ich diesen Satz über die Jahre, die wir uns kennen, schon ein paarmal gehört habe, tappe ich immer wieder in die Falle, die er mir stellt. Manchmal schaffe ich es zwar, einfach nur abzuwinken, aber leiser und meiner Sache weniger sicher werde ich dabei trotzdem. Meistens bewirkt der Satz, dass ich mich in rhetorischen Verteidigungsmanövern verheddere: Das war nicht laut! Überhaupt nicht lüge ich! Ohnehin ist das völliger Quatsch, es gibt keinen Zusammenhang zwischen der Wahrheit einer Aussage und der Lautstärke, in der sie getätigt wird. Mich regt es einfach auf, was du da behauptest! Und, äh, was wollte ich gerade noch sagen?

Der Satz ist eine echte Geheimwaffe. Und wie das bei mächtigen Waffen oft der Fall ist, hat mein Mann sie geerbt. Sein Vater sagte »Wer schreit, lügt«, immer dann, wenn sich jemand zu ausgiebig aufregte. Als Kind, erzählte mir mein Mann, machte ihn das nur noch wilder. Wie ich bezeugen kann, hat es aber irgendwann angefangen zu wirken: In Diskussionen zeigt er so wenige Gefühle wie möglich, bleibt stets betont ruhig und gelassen und wirkt dadurch selbst mit gelegentlich schlechten Argumenten immer enorm kompetent. (Der Einzige, der ihn so richtig zur Weißglut bringen kann, ist immer noch mein Schwiegervater.)

Ich wünschte, mehr Menschen wären mit diesem Satz aufgewachsen. Denn wenn man von der Unhaltbarkeit der Aussage an sich absieht, ist »Wer schreit, lügt« keine schlechte Regel. Sie könnte unser politisches Klima durchaus verbessern.

»Wer schreit, lügt« heißt ja letztlich nichts weiter als: Wütende Leute überzeugen nur sich selbst. Anschluss finden sie höchstens bei anderen, die ihre Wut teilen. Aber ein Argument kauft ihnen keiner ernsthaft ab. Dass das so ist, zeigt die Erfahrung – wer lässt sich schon gerne anschreien, und wer kann beim Schreien so gut denken, dass er sein Gegenüber zum Mitdenken bringt? Die Konfliktforschung zeigt, wie wir gesehen haben, dass man in Wut kein Problem löst. Und die Erfahrung zeigt es auch: Einen Menschen, der schreit, hören zwar alle – aber niemand hört ihm mehr richtig zu. Wenn er sich durchsetzt, dann vor allem deshalb, weil sein Streitpartner endlich seine Ruhe haben will – nicht etwa, weil er von der moralischen Überlegenheit oder den wohl durchdachten Positionen seine Gegenübers überzeugt wäre.

Es ist nicht lange her, da muffelte die Öffentlichkeit noch allzu friedfertig und träge vor sich hin. Da mussten noch Texte erscheinen wie der von Stéphane Hessel, einem damals 93-jährigen früheren Resistánce-Kämpfer. ›Empört Euch!‹ war der Titel eines Pamphletes, das Hessel im Jahr 2010 veröffentlichte, es wurde zu einem Bestseller. Hessel kritisierte die politische Apathie seiner Zeitgenossen, er forderte mehr gerechten Zorn der Bürger, mehr artikulierte Opposition, mehr Engagement, mehr Streitbarkeit. Er forderte Empörung über die wachsende soziale Ungleichheit auf der Erde, Empörung über die tagtägliche Verletzung von Menschenrechten im Namen der Sicherheit und zugunsten des Reichtums von wenigen. Empörung sei der wichtigste Motor des Widerstandes, schrieb Hessel, sie sei aber auch notwendig im Sinne einer besseren Welt: »Die Zukunft gehört der Gewaltlosigkeit und der Versöhnung der unterschiedlichen Kulturen.« Kein Jahrzehnt später ist unsere Debattenkultur so dermaßen empörungsgesättigt, dass man sich kaum vorstellen kann, dass jemand noch mal ein solches Buch schreiben würde – dennoch findet ›Empört Euch!‹ nach wie vor seine Leser. Die Sehnsucht, der Entrüstung Sinn zu geben, ist also groß. Der Blick auf sie hat sich aber geändert und das hängt damit zusammen, dass der Empörungsgestus eben nicht denjenigen vorbehalten ist, die wie Hessel für Gerechtigkeit und Menschlichkeit einstehen. Empörung lässt sich mobilisieren, um für das Gute zu kämpfen – aber in letzter Zeit eben wieder auch bestens dafür instrumentalisieren, um anderen Menschen aktiv zu schaden.

Heute erscheinen Bücher mit Titeln wie ›Politik der Feindschaft‹. Der politische Philosoph Achille Mbembe beschreibt darin eine Welt, in der Gesellschaften sich über Trennung und Abspaltung definieren. Diese Feindschaft wird von Staatsmächten mit ihrer einwandererfeindlichen Politik und Kalter-Krieg-Rhetorik genauso vertieft wie von Milizen, Mobs und Populisten: »Fast überall ist die Rede von Aufhebung, Einschränkung, Rücknahme oder schlicht Abschaffung – der Verfassung, des Rechts, der Freiheiten, der Staatsbürgerschaft, aller möglichen Schutzvorschriften und Garantien, die bis vor Kurzem noch als fraglos sicher galten.« Das Ergebnis sei mittelfristig ein Ordnungssystem, in dem Rechte wieder nach ethnischer Zugehörigkeit gewährt und verliehen, statt garantiert werden. Und eine Gesellschaft, in der alle Beziehungen brüchig gemacht werden. In der das Vertrauen und die Sicherheit, die man braucht, um sich mit anderen auseinanderzusetzen, absolut flöten gehen. Das beobachtet man nicht nur in der Normalbevölkerung, sondern auch auf der großen politischen Bühne, wo Diplomatie und Völkerfreundschaften immer seltener eine Rolle zu spielen scheinen.

Woher kommt die Feindseligkeit?

Es gibt da ein wild gewordenes Anspruchsdenken, dass wo Meinung ist, diese gefälligst auch gehört werden soll. Hat nicht jeder von uns eine Stimme und eine faire Chance verdient? Stattdessen klaffen Diskrepanzen in Macht und Möglichkeiten überall in den Gesellschaften und wirken immer weniger überbrückbar. Jedes Jahr stellen Sozialwissenschaftler wieder die wachsende Wohlstands- und Einkommenskluft fest, jedes Jahr wird das Bild einer ungerechten Zukunft drastischer. Soziale Sicherheit wird in immer mehr Ländern der Welt, auch in Deutschland, zu einer Art Luxusgut. Auch die Differenzen zwischen den Geschlechtern verursachen politische Schmerzen: Im 2017 gewählten Bundestag war nur ein knappes Drittel der Abgeordneten weiblich, und das in einer Zeit, in der Frauen eine ebenbürtige Rolle in der Gesellschaft beanspruchen.

Die Reaktion auf die Krise der Repräsentation verläuft unterschiedlich: Der große Anteil derjenigen, die von ihr betroffen sind, zieht sich zurück und verstummt politisch. Andere versuchen, ihre vermeintliche Ohnmacht zu kompensieren, indem sie maximale Aufmerksamkeit für ihre Anliegen einfordern. Die einen kapseln sich in ihrer Ohnmacht ab, die anderen in ihrem Lärm. Man stelle sich zwei streitende Paare vor, bei dem sich zwei anbrüllen und die anderen beiden stumm danebensitzen. Kann das gut gehen?

Pankaj Mishra vertritt die These, dass das Zeitalter der Aufklärung erst die Trennung und Gegenüberstellung von Vernunft und Irrationalität erfunden hat – und dass dieses falsche Gegeneinander uns in gewisser Weise noch heute plagt. Vor allem aber, schreibt Mishra, habe die Aufklärung einen engen, technokratischen, industriefreundlichen und teilweise menschenfeindlichen Fortschrittsbegriff geprägt. Von dem Fortschritt und Wohlstand, der dabei entstand, seien durch kapitalistische Macht- und Zerstörungsprozesse immer mehr Menschen ausgeschlossen und Gesellschaften in ihren nichtökonomischen Bindungsfähigkeiten gestört worden. Weil diese Kehrseite der Aufklärung nicht aufgefangen wurde, weil den Ausgeschlossenen suggeriert wird, es sei ihr persönliches Versagen, nicht mithalten zu können, wachsen Aggression und Frust: Und die entladen sich dann an vermeintlichen Gewinnern der Emanzipation – Frauen, Minderheiten, allen, die vom Zeitgeist angeblich bevorzugt werden und die man nun mit aller Macht dorthin zurückdrängen will, wo keine Konkurrenz oder Bedrohung des eigenen Status von ihnen zu erwarten ist.

Um Unzufriedenheit und Ängste zu bedienen, lancieren politische Verantwortungsträger auf der ganzen

Welt – von Macri in Argentinien über Trump in den USA bis Erdoğan in der Türkei und Orban in Ungarn – zur Mehrung ihres eigenen politischen Kapitals systematisch diskriminierende Behauptungen gegen verschiedene Bevölkerungsgruppen; oft sind es gerade solche Gruppen, die ohnehin über geringe politische, wirtschaftliche oder militärische Ressourcen verfügen. Sehr oft sind es Geflüchtete, Menschen, die nicht einmal mehr vertrauten Boden unter den Füßen haben. In vielen Regionen der Erde herrschen mehr oder weniger totalitäre Machthaber, die bei ihren Anhängern Ressentiments schüren und teilweise tödliche Levels der Feindschaft zwischen verschiedenen Bevölkerungsteilen anheizen. Die Macht von Staaten über den einzelnen Bürger wird auch in Demokratien stetig ausgebaut: Mit der Ausweitung von Überwachungsbefugnissen der Polizei in Deutschland; mit Abschiebegefängnissen in den USA; mit Beschneidung der Versammlungsfreiheit in Spanien; mit unbegrenzter Isolationshaft politischer Dissidenten in der Türkei, die zumindest nominell eine Demokratie ist.

Entfesselte Gegnerschaft

In vielen Ländern Europas sind rechtspopulistische Parteien im Aufstieg, die wenig anbieten neben einer Agenda der Ablehnung von Flüchtlingen, Frauenrechten und Fairness. In einigen Ländern wie Polen und Ungarn sind diese Parteien in diesem Jahrzehnt an die Macht gekommen. Hass, Feindseligkeit und Aggression werden dort nicht mehr als Plage und Belastung des politischen Diskurses wahrgenommen, sie gehören dazu und verlangen von Woche zu Woche mehr Aufmerksamkeit von der Öffentlichkeit.

Rassistische und menschenfeindliche Thesen sind auch hierzulande ihren Brutstätten in brutal-piefigen NPD-Ortsverbänden und abseitigen Onlinenischen entkommen und werden jetzt schon mal von Bundestagsabgeordneten verbreitet: Am Anfang des Jahres 2018 zum Beispiel beschimpfte ein Parlamentarier namens Jens Maier, der viele Jahre als Richter arbeitete und nun für die AfD im Bundestag sitzt, einen jungen Mann namens Noah Becker als »Halbneger«. In voller Öffentlichkeit auf Twitter. Becker hatte in einem Interview über seine Erfahrungen mit rassistischer Diskriminierung in Berlin gesprochen, seine Mutter ist eine dunkelhäutige Moderatorin, sein Vater ein weißer ehemaliger Tennisstar. Und Maier hatte mit einer verbalen Übergriffigkeit und Aggressivität reagiert, die offenbar ohne wahrnehmbare Reibungsverluste in Deutschland überwintert hat.

Dass wir unter dem Stress gesellschaftlicher Auseinandersetzungen leiden, dass konzertierte Kritik rasch als eine Form von Übergriff interpretiert wird, zeigen geläufige Ausdrücke wie »Bashing« und »Shitstorm«. Auf Deutsch heißt das ja: »Dresche« und »Kacksturm«. Wäre jedes Mal, sobald sich mehr als fünf Leute in den sozialen Medien über irgendetwas aufregen, die Rede von einem »Scheißesturm«, das käme einem doch verbal etwas unverhältnismäßig vor. Doch dieses Übertriebene lässt darauf schließen, wie solche Phänomene wirken: nämlich wie das absolute Gegenteil einer Bereicherung oder eines Fortschrittes. Dass wir im 21. Jahrhundert Begriffe für öffentlichkeitswirksame Kontroversen gefunden haben, die an fliegende Fäkalien und blutige Gewalt erinnern, zeigt: Erstens nehmen viele Menschen diese als eine schmutzige und schmerzhafte Angelegenheit wahr. Zweitens werden diejenigen, die sich in großen Zahlen daran beteiligen, als irgendwie militant eingestuft – daher auch historisch und sachlich fragwürdige Vergleiche mit »Hexenverbrennungen« (Dieter Nuhr) oder »Geschwadern« (Peter Kümmel). Und drittens entfaltet sich in ihnen wirklich eine rohe, brutale und entmachtende Wirkung auf die Zielobjekte ihres Hasses.

Natürlich ist die entfesselte Gegnerschaft, die sich in virtuellen Kritikkaskaden gegen Individuen, Institutionen oder Unternehmen so oft Bahn bricht, unangenehm und harsch. Sie ist aber darin auch nicht so anders als die üblichen staatspolitischen Methoden und Strategien, mit Widerstand und Opposition umzugehen. Unter den Bedingungen der Zornkultur kann es gar nicht schön sein, einen Streit zu haben; man muss ja immer damit rechnen, niedergewalzt zu werden auf die eine oder andere Weise.

Achille Mbembe schreibt über die Politik der Inneren Sicherheit: »Wenn Gesetze, Erlasse, Hausdurchsuchungen und Kontrollen darauf abzielen, eine Kategorie pauschal Verdächtiger zu produzieren, sorgt der Staat dann noch für Gerechtigkeit oder schon für Rache?« Wenn in Demokratien andauernd Anti-Terror-Kampf betrieben wird, also eine Feindseligkeit vermutet wird und dabei immer nur bestimmte Gruppen im Fokus stehen, dann produziert der Staat selbst die antagonistischen Strukturen, die sich in der politischen Debatte widerspiegeln. Dass sich Großbritannien in einem mühevollen, teuren und für Millionen Menschen äußerst schädigenden Prozess aus der Europäischen Union verabschiedet, ist ein weiteres handfestes Ergebnis der Zornpolitik unserer Zeit. Einer der Hauptantriebe für viele, die den Brexit befürworteten, war, so entnahm man es der Berichterstattung, eine diffuse Ablehnung von Einwanderern. Unmittelbar nach der Abstimmung wurde ein polnischer Mann in einer englischen Kleinstadt von einem wütenden Mob zu Tode geprügelt, viele Meldungen über rassistische Übergriffe gingen durch die Medien.

Der Brexit war das direkte Produkt einer unversöhnlichen Konfrontation zwischen einer demonstrativ rationalen, Fakten akkumulierenden und liberalen Logik einerseits und einer extrem risikobereiten, ressentimentgeladenen und sektiererischen Stimmung andererseits. Hier gab es kein gegenseitiges Überzeugen, hier gab es keine Versuche, die Logik der anderen zu verstehen. Sondern stattdessen migrantenfeindliche Sprache, Politiker-Hass und brutale Gewalt von rechts, die sich gegen Einwanderer und Politiker richtete. Die Labour-Politikerin Jo Cox wurde nicht nur Opfer eines rechtsradikalen Mörders, sondern auch einer entfesselten Kampfrhetorik. Dir passt die Europäische Union nicht, du hast ein Problem mit der Gegenwart: dann Fight! Egal was danach passieren könnte. Der Wutbürger hat – danach sieht es jedenfalls für einen längeren Moment aus – kulturell gewonnen. Das bedeutet aber nicht, dass an ihm die Kunst des politischen Streits in irgendeiner Form gedeihen würde. Ganz im Gegenteil: Alles deutet darauf hin, dass nichts schwieriger ist, als den Zorn der Bürgerschaft in einen Streit der Bürgerschaft zu verwandeln, der den Namen verdient hat.

Der Konflikt und die Angst

Das moderne Subjekt funktioniert nicht,
weil es sich etwas Positives davon erhofft,
sondern primär aus Angst.
Robert Misik

Wenn nicht gerade irgendwelche aufgeregten Politiker mit Maximaldrohungen die Welt in Aufruhr bringen, wenn nicht wieder ein fanatisierter Massenmörder einen Anschlag auf Zivilisten verübt, Leben zerstört und Traumata vertieft, dann haben wir Zeit, darüber nachzudenken, wie die Zivilisation sich selbst erledigt. Schließlich erzeugen unsere kapitalistische Wirtschaftsordnung, die Verknappung unserer planetaren Ressourcen und die vergleichsweise rasante Verschlechterung der Umweltbedingungen immer größere Konflikte zwischen verschiedenen Bevölkerungen und Interessensgruppen innerhalb derselben. Ganze Gesellschaften werden andernorts durch Krieg und materielle Not auseinandergerissen; in den europäischen Ländern höhlt eine Politik der sozialen Entsicherung und Fragmentierung Zugehörigkeitsgefühle aus und macht Zusammenhalt zu einer Form des Kampfes.

So entsteht eine globale äußere und internalisierte Struktur des Dauerkonfliktes. Zugleich wächst aber auch eine unsicherheitsgesteuerte Kultur der Überanpassung, die völlig ungeeignet ist für die Bewältigung dieser Konflikte. Der Soziologe Ulrich Beck entwickelte für das Lebensgefühl in einer individualisierten, leistungsbetonten und marktwirtschaftlich geprägten Gegenwart den Begriff der »Risikogesellschaft«. Der Preis von Modernisierung und technischem Fortschritt ist die Vergesellschaftung des (ökologischen, finanziellen, sozialen) Risikos, das dann in Individualisierungsprozessen von jedem und jeder Einzelnen verinnerlicht wird. Daraus hat sich, wenn man etwa dem populären Soziologen Heinz Bude folgt, mittlerweile eine »Gesellschaft der Angst« entwickelt. Angst, sagt Bude, sei das einzige Gefühl, das alle Menschen in den modernen spätkapitalistischen Gesellschaften verbindet. Sie sei sogar zu der wichtigsten Treibkraft des Handelns und Denkens geworden. Es geht teilweise um abstrakte Ängste, wie zum Beispiel die vor dem sozialen Abstieg; und teilweise um sehr konkrete Ängste, wie die, dass der sachgrundlos befristete Vertrag ohne Verlängerung ausläuft.

Diese dauerpräsente Angst gehört zu den wichtigsten Ursachen, warum das Gegeneinander so oft entweder extrem gehemmt oder völlig entfesselt daherkommt. Wer unsicher darüber ist, wo er steht, was aus ihm werden kann und welche Auswirkungen das, was er sagen möchte, für ihn haben wird, kann nicht frei denken. »Die

Sehnsucht nach Harmonie könnte man fast als Überlebensinstinkt beschreiben«, sagt Juliane Wünschmann. Denn in einem Konflikt besteht immer das Risiko, verletzt, überwältigt oder ausgegrenzt zu werden. »Der Mensch ist für seine Existenz auf andere angewiesen. Diese Beziehungen setzt er nur ungern aufs Spiel.« Eine Gesellschaft, die von Konkurrenz, ständigem Leistungsanspruch und einer »Jeder für sich«-Politik gezeichnet ist, erzeugt besonders große Angst davor, sich unbeliebt zu machen.

Unsere Arbeitswelt, Bildungsinstitutionen und auch Teile des Sozialstaates sowie die Machtverhältnisse, die dort herrschen, stehen in krassem Widerspruch zu dem, was eine demokratisch aktive Gesellschaft braucht. Wenn alles Wettbewerb ist, geht es ganz sicher nicht immer nur um das Dabeisein, sondern selbstverständlich darum zu siegen. Diese Mentalität hält zu viele davon ab, Konflikte mit vollem Einsatz auszutragen, wenn sie nicht sicher sein können, dass sie dabei gewinnen und davon profitieren (und das kann man in demokratischen Kämpfen ja nun nicht immer). Die Ideologie des Gewinnenmüssens ermuntert uns dazu, Probleme privat (bei uns selbst) statt politisch (in der Struktur) zu suchen und zu lösen. So als wäre jeder Mensch eine Art Leistungssportler seines Lebens, der selbst bei widrigster Witterung immer noch sein Trainingslevel abzurufen hat.

Konflikte am Arbeitsplatz

So viele Streits, die ich nie geführt habe, aus Angst vor den möglichen Konsequenzen: dem älteren Kollegen nicht gesagt, er könne sich die »süße Maus« sparen, weil was, wenn er sich weigern würde, künftig mit mir zu arbeiten? Dem Chef, der meine Idee als seine verkaufte, nicht mal im Nachhinein gesagt, wie unfair das war, weil was, wenn er mir daraufhin gekündigt hätte? Das absurde Honorar nicht verhandelt, weil ich dachte, dann fragen sie mich nie wieder, ob ich etwas für sie schreibe.

Ich erinnere mich an die Geschichte einer Freundin, die, ich wandle etwas ab, als freie Mitarbeiterin in einem Architektenbüro tätig war. Sie fuhr mit ihrem Rennrad jeden Tag zur Arbeit, bis eines Tages einer der Teamleiter eine Minute nach ihr ankam: »Ich hätte dich ja locker überholen können«, frotzelte er, »aber ich habe die Aussicht einfach zu sehr genossen.« Meine Freundin erzählte mir erst ein Jahr später von der Begebenheit. Und dass sie seitdem eine andere Strecke wählte. Vor Empörung und Scham sei ihr absolut nichts Diplomatisches eingefallen, was sie hätte entgegnen können. Und ihn direkt anzublaffen schien ihr zu riskant, schließlich wusste sie nicht, ob der Mann dann beleidigt wäre und bei nächster Gelegenheit die Zusammenarbeit aufkündigen würde.

Von früh an werden wir angehalten, uns als möglichst positive, brauchbare, humorvolle Zeitgenossen zu präsentieren. Die moderne Arbeitskultur fordert Leistungsbereitschaft, Enthusiasmus und Flexibilität. Über neue, zusätzliche Aufgaben sollen wir uns jedes Mal wieder freuen. Den Urlaub sollen wir bitte nehmen, aber nur so, dass dabei das Geschäft nicht erlahmt. Zögern gilt als Schwäche, Skepsis als Unentschlossenheit, Vorbehalte als Unbeweglichkeit. Dabei ist die Arbeitswelt natürlich eine Brutstätte kleiner und großer Konflikte. Hier verbringen wir mindestens ein Drittel unseres Tages. Hier treffen wir Menschen, mit denen wir zu tun haben müssen, weil es das Geschäft oder die Personalabteilung so will, nicht aber, weil wir uns unbedingt gut mit ihnen verstehen. Hier arbeiten wir für Menschen, die uns vielleicht die Anerkennung versagen, die wir erhoffen, oder die Bezahlung, die wir uns wünschen. Hier geraten wir an organisatorische und betriebliche Grenzen, die sich nicht so leicht verschieben lassen. In der Arbeitswelt geht es um Einfluss, Macht, Geld und Wertschätzung. Dass hier gestritten wird, sollte üblich sein.

Laut einer Studie der Unternehmensberatung PricewaterhouseCoopers zum Konfliktmanagement in Unternehmen entzünden sich Konflikte am Arbeitsplatz vor allem am Thema Arbeitsbelastung. Keine Überraschung: Arbeitnehmer in allen Branchen finden sie zu hoch. Die Arbeitssoziologin Sabine Pfeiffer untersucht die Entwicklung des Zeitaufkommens von Berufstätigen seit Jahren und sagt: »Wir arbeiten alle immer mehr, ohne Ausnahme.« Vom Paketträger bis zur Professorin, von der Bauingenieurin bis zum Büroleiter: Das Zeitaufkommen für Arbeit artet aus. In Deutschland werden jedes Jahr Milliarden unbezahlte Überstunden gemacht – und dazu kommen noch all die anderen unbezahlten Aufgaben, die wir in unserer Freizeit verrichten, Verwaltungs- und Buchhaltungstätigkeiten, Haus- und Pflegearbeit, Erziehungs- und Ehrenamtarbeit und nicht zu vergessen die Schönheits- und Imagearbeit, die sich viele auferlegen.

All diese Betätigung steigert aber weder die Anerkennung noch die soziale Sicherheit des Einzelnen. Im Gegenteil, sagt Pfeiffer: »Schon seit Ende der Achtzigerjahre werden Arbeitnehmer auf Standortkonkurrenz eingeschworen, die Botschaft hieß immer: Wenn wir nicht konkurrenzfähig mit den sogenannten Billigländern bleiben, verlieren wir hier die Arbeitsplätze.« Dadurch habe die Wirtschaft eine scheinbare Komplizenschaft zwischen Arbeitnehmern und Arbeitgebern hergestellt, bei der aber immer wieder Arbeitnehmer draufzahlten: mit Lohneinbußen, der Deregulierung des Arbeitsmarktes und schließlich mit dem tiefgreifenden Umbau der Arbeitslosenversicherung. »Die Hartz-IV-Reform hat eine gesellschaftliche Verunsicherung in Gang gesetzt«, sagt Pfeiffer. Heute könne sich niemand mit einem durchschnittlichen Einkommen sicher sein, seinen Status halten oder gar steigern zu können. Echte soziale Sicherheit – nicht im Sinne eines Jens Spahn, der ein Leben mit Hartz IV nicht als Armut klassifiziert sehen will, sondern im Sinne der Gewissheit, dass das Leben nicht zur Verlustrechnung wird – ist heute vielfach ein Privileg der gehobenen Schichten.

Es gibt also tausend Gründe, um mit Arbeitgebern und Branchenverbänden in die Auseinandersetzung zu gehen; und die meisten Arbeitnehmer kennen Vorgesetzte, die zu viel verlangen oder zu wenig von dem geben, was gebraucht wird. Da wir so dermaßen viel Zeit im Job verbringen, ergeben sich auch ständig sachliche oder organisatorische Konflikte in der Kollegenschaft – all das nicht auszuleben, kann nicht gut sein.

Doch für solche Auseinandersetzungen ist Abstand nötig. Der innere Abstand, der diskursiv immer mehr verringert wird, fehlt da. Aber auch der äußere Abstand ist in vielen Arbeitsverhältnissen nicht gegeben. Im Einzelhandel oder auch im modernen Büro gibt es kein Entkommen vor den anderen, es herrscht betriebsamer Toleranzzwang. Besonders auffällig ist das in Großraumbüros: Hier wird schnell gelästert, wenn die stressige Kollegin kurz beim Kaffeetrinken ist, weil man ihr ja nicht verbieten kann, den ganzen Tag laut brüllend zu telefonieren. Hier muss man sogar zum Augenrollen auf die Toilette gehen, wenn man nicht gefragt werden will, was eigentlich los sei. Jeder Disput hat hier Zuschauer – wer sich also mit der Teamleiterin anlegt, hat dabei immer im Kopf, dass alle anderen im Raum genau zuhören.

Manche Unternehmen und Organisationen stellen ihren Mitarbeitern im Großraum wenigstens Telefonkabinen für Gespräche zur Verfügung. Eigentlich müsste es auch so etwas wie freundlich eingerichtete Streiträume geben, in die man sich zurückziehen kann.

Wobei das vielleicht auch nicht helfen würde. Konflikt ist, so hat man den Eindruck, in vielen Betrieben selbst dann nicht besonders erwünscht, wenn er sich um »die Sache« dreht. Noch komplizierter wird es beim Umgang mit Kunden. Speziell im Dienstleistungsbereich geht es oft darum, sich den ganzen Tag lang NICHT zu streiten. Einmal war ich Zeugin eines Austauschs zwischen meiner Lieblingsbuchhändlerin und einem Stammkunden, der sie erst zehn Minuten lang fragte, welches Buch sie ihm zuletzt empfohlen hatte. Er habe es nämlich vergessen und wolle es jetzt kaufen. »Ich empfehle jeden Tag viele Bücher«, sagte sie. »Aber das muss Ihnen doch einfallen! Es war für ein Kind und handelt von Tieren«, insistierte er. Dann beklagte er sich weitere fünf Minuten darüber, dass ihr EC-Kartenlesegerät seine Karten nicht erkenne. »Nie klappt das! Nur bei euch passiert mir das«, zeterte er. »Jede Woche kommt er mit seinen Karten«, seufzte meine Buchhändlerin, als der Mann endlich gegangen war. »Der braucht das wohl. Aber er kauft auch jedes Mal ein Buch.«

Ein Bekannter erzählte mir, dass er immer wieder mit dem Gedanken spiele, als Friseur aufzuhören. Dabei liebe er das, was er tue: »Das Handwerk ist wunderschön. Aber ich ertrage die Kunden und ihre Ansprüche immer weniger.« Es gehe ja nicht einfach nur um einen guten Haarschnitt, er müsse ihre Launen und Unsicherheiten zu nehmen wissen, ihnen ein gutes Gefühl vermitteln und dafür sorgen, dass sie Lust hätten, wiederzukommen. Dabei würde er manchen Kunden am liebsten einfach nur klar sagen, dass ihr Haar das Problem sei und nicht er – oder sie einfach bitten zu gehen.

Ich zum Beispiel verlor meinen ersten Job in einem Café, weil ich nicht freundlich genug zu meinem Chef war – und weil mein Chef zu feige war, mir mitzuteilen, dass er ein Problem mit meinem Verhalten hatte. An einem Samstag, dem stressigsten Tag in der Woche, war er in unsere Filiale gekommen, um uns für ein paar Stunden zu beobachten. Es war Sommer, die Menschen standen Schlange für Smoothie und Latte on Ice. Ich litt unter schrecklichem Liebeskummer und einer mittelmäßigen Note, die ich in meinem Lieblingsfach kassiert hatte. Und nun schwirrte dieser Chef, der selbst noch nie hinter einer Theke gestanden hatte, um meine Kollegen und mich und fragte, warum wir eigentlich immer noch nicht den Aschenbecher an Tisch 12 ausgeleert hatten. Ich nahm das alles zur Kenntnis, dachte mir meinen Teil und das sah man mir wohl an. »Meredith, ich brauche dein Lächeln jetzt«, zischte mir der Chef zu. Ich bleckte eine Sekunde pseudofreundlich die Zähne und raunzte dann: »Ich habe aber nichts zu lächeln.« Ich dachte, das dürfe ich auch mal sagen, schließlich arbeitete ich schon seit zwei Jahren dort, wir duzten uns, der amerikanische Chef war immer super-friendly zu mir gewesen. Eine Woche später bekam ich keine Schicht mehr in dem Café, und –

Konfliktscheue aller Welt, ihr wisst, wer ihr seid – erst drei Wochen später rückte mein direkter Vorgesetzter mit der Wahrheit heraus: Für mich gab es dort künftig nichts mehr zu tun. Ich habe nie verstanden, warum mir niemand klar und deutlich sagte, dass ich mich jetzt zusammenreißen müsse. Dann hätte ich eine Chance gehabt, mich zu entscheiden. Stattdessen wurde ich wie Austauschware behandelt, und das war ich letztlich auch: eine Schülerjobberin unter vielen.

Die zunehmend prekäre Wirtschaftswelt mit ihren ungleich verteilten Chancen ist genau das Gegenteil von einer streitfreundlichen Umgebung. Letztlich ist das ein Vorteil für die Unternehmen. Für Führungskräfte ist es ein Leichtes, ihre Mitarbeiter mit üblen Methoden zu drangsalieren, weil selten Gegenwehr kommt. Die Beteiligung an Gewerkschaften geht seit Jahren zurück. Und, wie Sabine Pfeiffer sagt: »In vielen Branchen existieren diese Strukturen auch gar nicht, in denen sich Arbeitnehmer zusammentun können.« Der Publizist Robert Misik spricht von einer »befristeten Gesellschaft«, in der immer mehr Leute mit dem »andauernden Gefühl« lebten, »dass alles auf Messers Schneide steht«. Reibungslosigkeit ist eines der wichtigsten Kriterien, die wir heute an Abläufe, Beziehungen und überhaupt Lebensentwürfe legen. Wir feiern den geradlinigen Aufstieg, sehen Lücken im Lebenslauf als Problem, fetischisieren die Unabhängigkeit und bewundern diejenigen, die sich – man denke an superreiche Sportler oder supererfolgreiche Silicon-

Valley-Unternehmer – nicht an die Umgangsregeln halten, die dem gemeinen Volk auferlegt sind. Widerspenstigkeit, Prinzipientreue – und auch der gelegentliche Grant – also das, was einem Menschen hilft, einen Standpunkt zu finden und zu halten, passen in diese Ordnung nicht gut hinein.

Doch die Angst frisst sich nicht nur in unsere Fähigkeit, einen Standpunkt zu beziehen – sie frisst sich auch in die Standpunkte selbst. Angst und Konflikt begünstigen und verschärfen sich in unserer Zeit auf vertrackte Art und Weise gegenseitig.

Das Angst-Privileg

Die Frage, wer in unserer Gesellschaft am meisten Angst vor wem haben darf und muss, sorgt permanent für Streit: Müssen Frauen vor Männern Angst haben, weil diese ihnen Rechte verwehren, sie aus Machtpositionen heraushalten, ihnen wirtschaftlich überlegen sind und sie nicht selten zu Opfern von häuslicher und/oder sexualisierter Gewalt machen? Oder müssen Männer sich vor Frauen fürchten, weil die ihnen Privilegien streitig machen, ihre Männlichkeitskonzeptionen stören und sie nicht mal mehr als Ernährer brauchen? Müssen sich Deutsche vor Einwanderern fürchten und den Veränderungen, die diese möglicherweise in das Zusammenleben hierzulande bringen? Oder müssen sich Einwanderer vor der stetig wachsenden Fremdenfeindlichkeit ihrer deutschen Mitmenschen fürchten? Müssen nicht-muslimische Frauen Angst vor dem muslimischen Frauenbild haben? Oder müssen muslimische Frauen sich davor fürchten, dass ihre Religionsfreiheit eingeschränkt wird? Muss Europa sich vor Russland hüten, oder muss Russland sich gegen Europa schützen? Muss sich der Staat gegen Terroristen verteidigen, oder müssen sich die Bürger gegen einen Staat verteidigen, der Angst vor Terroristen verbreitet? Müssen sich Demonstranten mit Gewalt gegen eine hochgerüstete Polizei wehren, oder muss die Polizei aus Angst vor gewaltbereiten Demonstranten hochrüsten?

Manchmal sind die Ängste, um die es geht, real und begründet, oft fungieren sie aber einfach als ein Argument, dem man nicht gut widersprechen oder begegnen kann. Wenn die Gesellschaft schon nicht das Bedürfnis nach sozialer Sicherheit, körperlicher Selbstbestimmung oder rechtlicher und wirtschaftlicher Gleichbehandlung aller Menschen gewährleistet, so erlaubt sie immerhin, dass jeder Angst haben darf. Nur, dass eben die Angst der einen mehr zählt als die Angst der anderen – und unendlich darüber gestritten werden kann, welche Angst mehr Aufmerksamkeit verdient.

Generell zählt in politischen Zusammenhängen immer die Angst am meisten, deren politische Tragweite am größten eingeschätzt wird. Also wenn »die Märkte« in Panik geraten, muss gehandelt werden. Wenn die Polizei den Kontrollverlust bei einer Groß-Demonstration fürchtet, müssen Bürgerrechte mal eben außer Kraft gesetzt werden. Wenn zu viele Deutsche Angst vor zu viel Einwanderung haben, dann müssen Grenzen geschlossen werden. Wenn aber etwa schwangere Frauen Angst haben, keinen Kreißsaal zu finden, weil diese chronisch überlastet sind, dann passiert nicht viel – denn die sind ja bald nicht mehr schwanger. Wenn Menschen in Städten Angst haben, ihre Mieten bald nicht mehr zahlen zu können, auch nicht – denn irgendwo kommen sie am Ende immer unter. Wenn Familien in Sammelunterkünften Angst vor Übergriffen haben oder davor, abgeschoben zu werden, sieht die Politik wenig Handlungsbedarf, um diesen Ängsten zu begegnen – denn sie glauben nicht, dass sie damit Stimmen gewinnen.

Angst – vor Verlust, vor der Isolation, aber auch vor Gewalt – ist in unseren relativ sicheren Gefilden kein reines Gefühl mehr und nicht zwangsläufig eine Reaktion auf Erfahrungen. Sie hat bereits einen gewissen Kulturalisierungsprozess durchlaufen: Nur in einer Kultur, in der Status auf Erfolg beruht, muss man Angst vor der Erfolglosigkeit haben. Nur in einer Welt, in der wir über Messerattacken am anderen Ende des Landes lesen, beginnen wir uns vor Messerattacken in der eigenen Stadt zu fürchten, auch wenn noch keine einzige stattgefunden hat.

Der Missbrauch des Angst-Arguments – »Nimm meine Ängste ernst!« – floriert paradoxerweise vor allem da, wo die Machtverhältnisse eindeutig sind und wo Ungerechtigkeitsverhältnisse aufrechterhalten werden sollen. In der neu entfachten Debatte um systemische sexualisierte Gewalt gegen Frauen dauerte es nicht lange, bis sich die ersten Männer mit ihrer Angst vor einer »Hexenjagd« zu Wort meldeten. Das muss man sich einmal vorstellen: Zum ersten Mal in der Geschichte der Menschheit werden Täter auf eine Art und Weise zur Rechenschaft gezogen, dass es sozial wirksam sein könnte – und sofort wird aufgerechnet: Die statistisch begründete Angst von Frauen, Opfer eines Übergriffs zu werden – immerhin passiert das allein in Deutschland einem Drittel -, wurde nun abgewogen gegen die statistisch nicht einmal erfassbare Wahrscheinlichkeit für einen Mann, eines übergriffigen Verhaltens beschuldigt zu werden. Die neue Freiheit zu reden, die sich Frauen nahmen, wurde in Frage gestellt mit dem Argument, dass dieses Reden manche Männer in ihrem Verhalten verunsichere.

Die Instrumentalisierung von Angst in gesellschaftlichen Konflikten hat eine lange Tradition. Im Mittelalter wurden Frauen zu furchterregenden Hexen stilisiert, um sie verbrennen zu können. Im rassistischen Jim-Crow-System der USA wurden schwarze Männer zu potenziellen Mördern und Vergewaltigern stilisiert, um Lynchjustiz zu rechtfertigen. In der Kolonialherrschaft fürchtete der Kolonialherr sich vor dem Kolonisierten, den er in seiner Gewaltherrschaft hielt, so analysierte es der Dekolonisationstheoretiker Frantz Fanon: Dass man andere durch Gewalt dominiert, lässt sich nur rechtfertigen, indem man sie zu gefährlichen Feinden erklärt. Dass asylsuchende Migranten heute laufend als »Wellen« und »Massen« bezeichnet werden oder als »Horden«, folgt dieser Logik. Man findet nicht-menschliche Metaphern für Menschen oder vergleicht sie mit archaischen Milizen, um Ängste zu schüren. So wird der Boden für Unmenschlichkeit und Ungerechtigkeit bereitet.

Ängste materialisieren sich auf vielfältige Art und Weise, sind imaginiert oder ganz real. Dringlich fühlen sie sich allerdings immer an: Und deswegen sind sie sehr oft zugleich die Ursache des Konfliktausbruchs als auch der Grund, warum Konflikte nicht befriedigend gelöst werden können. Angst zu haben bedeutet, fliehen zu wollen, abzuwehren – alles andere zu tun, als sich auf eine Situation einzulassen. Die schwierigsten Konflikte sind häufig die, in denen man den größten Mut bräuchte und zugleich am meisten Angst hat.

Es ist ein gemeines Paradox des Lebens, dass strategisches Denken gerade in den Situationen besonders angebracht wäre, in denen Bauchgefühle die Deutungshoheit übernehmen. Die Kindererziehung ist dafür ein gutes Beispiel: Einem Kind, das Angst vor Monstern hat, würde man intuitiv erklären, dass es gar keine Monster gibt. (Ein bisschen so wie eine Technologie-Liberale, die einem Fließbandarbeiter erzählt, dass er keine Angst vor der vollautomatisierten Zukunft haben muss, weil sein Job ohnehin effizienter von einer Maschine erledigt werden kann und er dann eine selbstbestimmtere Aufgabe übernehmen kann.) Besser wäre es, einmal zu überlegen, was das Kind jetzt braucht – und das ist nicht die Erwachsenensicht, sondern das Gefühl von Sicherheit. Also verjagt man das Monster vielleicht lieber gemeinsam oder unterhält sich mit ihm und bittet es, aus dem Kinderzimmer auszuziehen. Egal wie, man sollte das eigene Gefühl (es gibt keine Monster, das ist eine unbegründete Angst) dem Kindergefühl (ich spüre, da ist ein Monster und will beschützt werden) unterordnen. Darauf kommt man aber nicht automatisch. Sondern nur, wenn man sich vor dem Monster-Gespräch überlegt hat, welches Ziel selbiges haben sollte und man sich dann darauf konzentriert, dieses auch zu erreichen. Wenn man allerdings von dem Gefühl getrieben ist, dass diese Ängste irrational und unbegründet sind, wenn man sie einfach nur loswerden und sein Kind beruhigen will, dann verfällt man in rationalisierende »ABER DA IST NICHTS«-Litaneien, mit denen noch kein Monster besiegt worden ist. (Das Wegargumentieren von Ängsten, das Erwachsene bei Kindern so oft versuchen, funktioniert bei ihnen selbst übrigens auch nur dann, wenn sie ihre Angst wirklich loswerden und sich durch Argumente wappnen möchten.)

Ängste sind also das Letzte, was man im Streit brauchen kann, aber es hilft nichts: Wir müssen akzeptieren, dass sie immer eine Rolle spielen, denn nur so können wir angemessen mit ihnen umgehen. Der Streit ist, selbst wenn es um Sachthemen geht, ein emotionaler Austausch zwischen Menschen. Natürlich können in einer politischen (und auch in einer privaten) Konfrontation spontane Demonstrationen des Ärgers, der Angst oder der Trauer wirkungsvoll und auch strategisch günstig sein. Und doch ist Streit, jene Tätigkeit, die – wir erinnern uns an Simmel – Abstand schafft, um Nähe zu ermöglichen, eben auch eine, die von geistiger Wachheit profitiert und von der Fähigkeit, das eigene Gefühl einzuordnen. Hier kann der Grad der Präsenz den Unterschied machen zwischen einem sinnlosen Schlagabtausch und einer Auseinandersetzung, die den Namen verdient hat. Für die ist es also von höchster Bedeutung, dass Ängste eine möglichst geringe Rolle spielen.

Das heißt nicht, dass man seine Ängste unterdrücken soll – sondern es kommt darauf an, ihnen den angemessenen Raum zuzugestehen. Und das wiederum bedeutet nicht, die eigene Angst ins Zentrum eines Streits zu stellen, sondern so mit ihr umzugehen, dass sie das Gespräch nicht dominiert. Sich also bewusst die Zeit zu verschaffen, die der Flucht- oder Abwehrmodus eigentlich nicht hergibt.

Konkret: Wenn es irgendwie möglich ist, ein Anliegen nicht spontan vorbringen, sondern vorher überlegen, warum es einem wichtig ist und was man beim anderen erreichen will. Und, ganz wichtig: sich selbst und dem anderen im Streit immer wieder kleine Pausen oder Rückzugsräume geben, um zwischendurch nachzudenken. Sie sitzen beim Abendessen und Ihr Schwager behauptet mal wieder, dass die Moslems den Antisemitismus ins Land importiert hätten? Sie dürfen innerlich im

Dreieck springen – aber bevor Sie das auch auf dem Wohnzimmerteppich tun, nehmen Sie sich vielleicht erst die Freiheit, für eine Unterbrechung zu sorgen. Bitten Sie den Schwager, die Teller abzuräumen, vielleicht gemeinsam mit einem anderen Gast. Und zwar nicht, um die Diskussion abzuwürgen, sondern um allen Zeit für ein frisches, durchdachtes Argument zu geben. In der Zwischenzeit genießen Sie ein Schlückchen Wein oder Wasser zur Abkühlung, machen das Fenster auf und nach ein paar Minuten könnte aus dem Sprung im Dreieck ein Tango argumentativo werden.

Sprachliche Selbstkontrolle

Gut zu streiten bedeutet, man kann es nicht oft genug sagen, nicht unbedingt, das Gegenüber zu überzeugen. Es bedeutet auch nicht, dass man sich am Ende in der Sache einigt. Ein guter Streit ist der, bei dem Respekt gewahrt wird – gegenüber der eigenen Haltung und der des Streitpartners. Im besten Fall beendet man die Auseinandersetzung so, dass sich etwas bewegt – in einem selbst und im anderen –, und im allerbesten Fall bewegt es sich aufeinander zu. Damit es dazu kommen kann, ist sprachliche Selbstkontrolle notwendig, vor allem aber ist es notwendig, klar zu denken. Nicht nur, um selbst gut zu argumentieren, sondern auch, um zuhören zu können.

Denn wenn der erste Schritt zur Klärung eines Problems ist, dass man sagt, was man sagen muss, dann ist der zweite Schritt, dass man hört, was man hören muss – also das, was das Gegenüber einem zu diesem Thema zu sagen hat. Soll der Konflikt dann nicht zu einem Gefecht werden, also einem reinen Abfeuern von inkompatiblen Meinungen, muss das, was gehört wurde, im Gehirn auch verarbeitet werden.

Streiten wird oft als eine Angelegenheit der Rhetorik und der verbalen Strategie betrachtet. Die Autoren des Buchs ›Mit Rechten reden‹, über das im Zusammenhang mit den Wahlerfolgen der AfD und den Aufmerksamkeitserfolgen rechter Publizisten viel diskutiert wurde, haben den Streit zwischen »rechts« und »links« als »Sprachspiel« beschrieben, das man in einem polarisierten Diskurs erkennen und entlarven soll. Rechte, so die Autoren, verwenden in Debatten sehr selten echte Argumente. Sie stellen stattdessen zunächst offensichtlich haarsträubende Thesen auf und benutzen dann den Einspruch gegen jene Thesen, um zu untermauern, dass sie etwas gesagt hätten, was »man nicht sagen dürfe«. Ab dann werde nur noch über die angebliche Unsagbarkeit bestimmter Meinungen oder »Wahrheiten« gesprochen, statt über den Gegenstand an sich und man drehe sich im Kreis. Das sei der Grund, warum Diskussionen zwischen Rechten und Linken so oft scheitern. Man könnte nun daraus den Schluss ziehen, dass es für Nicht-Rechte nicht sinnvoll, sondern eine reine Zeitverschwendung ist, sich an so einem »Spiel« zu beteiligen. Die Autoren aber empfehlen, genau das zu tun – den Gesprächspartner allerdings durch beharrliche Nachfragen dazu zu zwingen, beim eigentlichen Gegenstand zu bleiben.

Wenn das Gegenüber in den Abgrund der eigenen argumentativen Armseligkeit blicken muss, kann das natürlich entlarven und verunsichern. Für ein Publikum kann es erhellend sein, wie schnell sich eine selbstbewusst vorgetragene Behauptung in Nichts auflöst, wenn sie auf Stichhaltigkeit abgeklopft wird. Allerdings stellt sich aus politischer Sicht immer die Frage, welche Bedingungen ein Diskursteilnehmer erfüllen sollte, damit man ihn reden lässt. Der Publizist und ehemalige Piraten-Politiker Christopher Lauer sagte mir: »Ich weigere mich, mit Leuten zu reden, die mir unter bestimmten Umständen das Existenzrecht aberkennen würden.« Mit Mitgliedern der AfD zu diskutieren bedeute, ihrer Programmatik Raum zu geben. Das lehnt er ab. Davon hält die Grünen-Politikerin Katharina Schulze wiederum nicht viel: »Ich rede mit jedem, der sich an die demokratischen Spielregeln hält. Natürlich gibt es im Gespräch eine rote Linie, die nicht überschritten werden darf: Wer die Menschenwürde anderer nicht achtet, mit dem gibt es nichts zu besprechen. Ansonsten gilt: Rein in die Debatte! Ich bin überzeugt, dass Menschen uns Politiker für die Demokratie kämpfen sehen wollen. Darum gehe ich auch mal mit einem AfD-Kandidaten auf ein Podium, wohlwissend, dass ich ihn nicht überzeugen, aber Menschen im

Publikum erreichen kann, die sich auch über unsere Gesellschaft Gedanken machen.«

Der demokratische Streit mit denen, die dessen Grundlagen in Frage stellen, ist ein eigenes Thema, über das man streiten kann. Nimmt man an, dass rechte Positionen im Gespräch delegitimiert werden können, sollte man aber beachten, dass auch in solchen Debatten Unsicherheit entstehen kann, und zwar auf beiden Seiten. Es redet sich mit einem Rechten zum Beispiel durchaus anders, wenn man sich von ihm nicht körperlich oder existenziell bedroht fühlt, und wenn das, was er sagt, sich gegen Gruppen richtet, denen man selbst nicht angehört. Eine Frau mit muslimischem Kopftuch muss ganz andere Ängste überwinden, wenn sie mit jemandem streiten soll, der auf »Kopftuchmädchen« schimpft, als ein großgewachsener Mittvierziger ohne Haar, aber mit akademischem Titel.

Kompetente Argument-Gegenargument-Gespräche erfordern eine hohe Konzentrationsfähigkeit, einen gewissen Sportsgeist und damit unbedingte Angstfreiheit. Das halbe Geheimnis dabei ist: nicht nur den Gedanken im eigenen Kopf zuzuhören, sondern wirklich auf das zu achten, was der andere sagt. Um mit Rechten zu reden – oder mit Radikalliberalen oder Linken, unsympathischen Nachbarn, gegnerischen Fußballfans, renitenten Chefs, also Leuten, denen man nicht Recht, sondern Kontra geben möchte –, muss man auch hinhören. Die Kunst zu streiten ist auch die Kunst, andere zu Wort kommen zu lassen.

Das schlechte Gespräch als Machtakt

Es gibt Menschen, die sich sehr unwohl fühlen, sobald es etwas lauter wird. Sie halten sich in Diskussionen zurück, was wie Meinungslosigkeit wirkt, aber häufig vor allem Angst ist, rhetorisch plattgemacht zu werden. Menschen, die gern reden, versäumen nicht selten, richtig zuzuhören. Wenn Sie eher gerne reden, achten Sie im Streit mal darauf, ob es die anderen auch gern tun – man kann sich in einen Rausch reden, in dem die Freude am eigenen Argument deutlich größer ist als das Interesse am Argument des Gegenübers. Haben Sie schon mal auf Facebook jemandem ein herzhaftes »Das ist Rassismus pur« entgegengefeuert und dann die Anwendung geschlossen, weil Sie nicht wissen wollten, was derjenige darauf erwiderte? Haben Sie Ihrer Freundin schon mal lang und breit erklärt, dass sie in letzter Zeit so unzuverlässig sei, und darüber die Gründe vergessen, die ihre Freundin selbst für ihr Verhalten anführte?

Ich jedenfalls habe solche Situationen sowohl in privaten als auch in politischen Streits erlebt und zwar am austeilenden wie am einsteckenden Ende. Sowohl als diejenige, die ihr eigenes Argument deutlich interessanter und wichtiger fand als das, was der andere zu sagen hatte; als auch als diejenige, die feststellte, dass es ganz egal war, was sie von sich gab, weil ihr das Gegenüber schon erzählte, was sie dachte. Ich muss sagen, keine dieser Gesprächspositionen fühlt sich gut an. Und in keiner kam auch nur ansatzweise ein Ergebnis zustande, außer einer Vertiefung des Konflikts.

Gesprächsführung kann eine Form der Machtausübung sein: Man kann jemanden in Grund und Boden reden – genauso problematisch ist es aber, nur so zu tun, als höre man ihm zu. Beziehungsweise, was jeden Tag in Büros, Geschäften und Familienhaushalten passiert: vor lauter Hektik und Nervosität einfach nicht richtig hinzuhören, während der andere sich verbal verrenkt, um endlich verstanden zu werden. Das kann natürlich daran liegen, dass einer schlicht keine Lust hat, sich mit dem anderen auseinanderzusetzen, dass er sich das Privileg herausnimmt, für diesen Streit keine Zeit zu haben. Eltern machen das gerne mal oder desinteressierte Partner, vor allem aber Chefs: In der Konfliktmanagement-Studie von PricewaterhouseCoopers steht: »Führungskräfte wurden überwiegend als nicht ausreichend konfliktkompetent eingeschätzt.«

Oftmals entsteht aber im Streit erst die Hektik, an der das Gespräch dann scheitert. Dahinter steckt eine Vermeidungshaltung, die wiederum – wir erinnern uns an die Grundgefühle – dem angstbedingten Fluchtreflex nicht unähnlich ist: Angst vor Unannehmlichkeit, vor der Überlegenheit oder der Gleichgültigkeit des anderen. Man nimmt die Situation so schwer, dass man nicht in der Lage ist, sie mit der nötigen Konzentration zu lösen. Die Missachtung, die wir im Streit hervorkehren, ist oft nichts anderes als die Angst vor der Reaktion, die kommen könnte, vor Zurückweisung, vor einem Auseinanderbrechen der Allianz, die man als Freunde oder Kollegen oder Gesinnungsgenossen oder innerhalb einer Beziehung geschmiedet hat. Das Nicht-Zuhören kann zu einer aggressiven Abwehr werden, und das hängt weniger damit zusammen, was wir dem anderen antun wollen, als mit unseren Befürchtungen, was uns widerfahren könnte.

Die Mediatorin Juliane Wünschmann erzählte mir, sie habe zwei Hauptaufgaben bei der Konfliktmediation: Erstens höre sie selbst den Parteien einfach nur zu. Zweitens bringe sie die Parteien dazu, sich selbst zu verstehen und offen zu zeigen. Drittens helfe sie ihnen, einander zuzuhören, ohne den anderen zu bewerten: »Das ist oft das Schwierigste und für die meisten Menschen neu – sich die Version des anderen einfach nur anzuhören. Zu akzeptieren: Das ist meine Welt – und das ist deine. Denn dass der andere die Welt so ganz anders sieht als man selbst, das kann ja auch bedrohlich sein.« Zum guten Streit gehört eine gewisse Routine. Es braucht die Fähigkeit, die eigene Position zu Ende zu denken und Argumente zu formulieren, die dem anderen verständlich sind. Eine ausführliche Kenntnis des Gegenstandes schadet nicht, ist aber nicht zwingend nötig, um einen interessanten Streit zu führen. Was aber wirklich wichtig ist: Man darf die eigene Perspektive nicht absolut setzen – also nicht in den Tunnelblick verfallen, der entweder aus Angst oder aber aus Überlegenheitsgefühlen entsteht.

Gut streiten lässt es sich dann, wenn man sich seiner Umgebung und seiner Sache sicher ist – aber diese Sicherheit auch ein wenig Flexibilität ermöglicht. Wenn man keine Angst haben muss vor einem verbalen Fehltritt. Wer befürchten muss, wegen der eigenen Position marginalisiert zu werden – sei es, weil man die Einzige am Tisch ist, die ein Problem mit der katholischen Kirche hat, sei es, weil man der Einzige im Team ist, der das gemeinsame Projekt nicht gerade gelungen findet –, hat einen schlechteren Stand im Streit. Dabei kann ihre oder seine Position für die anderen bereichernd und wichtig sein. Wo gut gestritten werden soll, müssen Bedingungen des Vertrauens herrschen: dass es möglich ist, weiter am Tisch zu sitzen, weiter zu kooperieren, selbst wenn man sich in der Sache nicht einig ist.

Streitlust und Streitkraft

Entscheidend ist also die Frage, welches Grundgefühl in einer Gesellschaft bestehen sollte, die demokratisch organisiert ist und somit auf der Streitlust ihrer Mitglieder basiert. Denn Streitlust bedeutet ja nicht einfach, dass man geladen oder aggressiv ist. Sie bedeutet auch, guten Mutes zu sein, dass Opposition etwas bewirken kann. Sabine Pfeiffer sagt: »Es gibt eine breite kapitalismuskritische Einstellung in der Bevölkerung, aber das führt nicht zu kollektivem Handeln. Weil man nicht sieht, an wen man sich richten soll.« So viel ist klar: Wer streiten will, muss nicht nur wissen, wofür, sondern auch mit wem.

Von Franz Müntefering überliefert ist die SPD-Doktrin, Opposition sei »Mist«. Die Grünen-Politikerin Katharina Schulze, die nichts anderes als Oppositionsarbeit im Parlament kennt, sagte mir etwas anderes: »Man braucht starke Nerven in der Opposition, denn man muss aushalten, dass die Erfolge immer nur indirekt sind.« Wenn es ihrer Partei gelingt, durch kontinuierliche Kritik die Gesetzgebung zu beeinflussen, dann gilt das Gesetz am Ende trotzdem als Werk der Regierungspartei. Wenn die Opposition populäre Vorschläge macht, kann sich die Mehrheitsfraktion diese Vorschläge zu eigen machen – und sich am Ende dafür feiern lassen. Parlamentarier wissen, was die Aufgabe der Opposition ist und dass sie wichtig ist: Kontrolle und Kritik der Regierung. Der Sinn dieser Arbeit ist durch die parlamentarischen Prozesse institutionalisiert. Und die Arbeit im Parlament ist dann auch einfach der Job. Außerhalb dieses Rahmens kommt es in Demokratien oft erst dann zu einer bürgerschaftlichen Opposition, wenn der Druck sehr hoch erscheint, wenn die Verhältnisse aus dem einen oder anderen Grund unerträglich wirken.

Schlechte Politik kann ein Anlass sein, um klare Positionen zu formulieren, und extrem streitbar zu werden. Insofern ist auch schlechte Politik nicht immer schlecht für emanzipatorische demokratische Bewegungen. Das kann man derzeit in vielen Ländern beobachten, in denen sich Frauen zu kraftvollen Protestbewegungen zusammenschließen, wie in Irland, Polen oder Spanien. Es geht um Themen wie die körperliche Selbstbestimmung und Abtreibungsrechte, es geht aber auch um das Sexualstrafrecht und die ungerechte Einkommenskluft zwischen Frauen und Männern. Es herrscht also ein enormer Druck auf die Frauen in diesen Ländern. Aber eben immer noch Hoffnung, dass die Proteste etwas bewirken – internationale Aufmerksamkeit, ein Umdenken in der Politik, die Gewissheit unter Frauen, nicht alleine mit ihrer Kritik zu sein.

Soziale, politische, kulturelle Verunsicherung schafft Konflikte und setzt zugleich Streitkraft frei – aber ein Protest ist bereits eine Eskalationsstufe über dem Streit. Protestiert wird, wenn die Machtverhältnisse recht einseitig sind. Auch in einer Demokratie sind Proteste und Wutveranstaltungen legitime Formen der Meinungsäußerung und wirken durchaus meinungsbildend. Wenn Kritik und Opposition in einer Demokratie aber nur noch in Form einer Protestmentalität und einer Boykotthaltung daherkommen – und zwar egal, ob am Stammtisch, auf der Straße oder im Netz, dann ist der Streit schon eskaliert, das gesellschaftliche Gespräch abgebrochen.

Eine Demokratie, in der Bürger aufbegehren (oder verstummen), weil sie sich zum Beispiel unterdrückt fühlen, hat entweder ein Problem mit ihren Bürgern oder sie ist keine richtige Demokratie mehr. Per Definition werden in einer Demokratie Bürger nicht unterdrückt. Eingeschränkt werden jedoch bestimmte Ansichten oder Handlungen, die die demokratische Ordnung gefährden, und notfalls werden diese auch unterdrückt. Wenn also viele Menschen in einer Demokratie gravierende Restriktionen empfinden, kann das zwei Gründe haben. Entweder der demokratische Staat kommt seinen Verpflichtungen gegenüber den Bürgern nicht nach. Er beraubt sie ihrer Rechte, geht über ihre Mehrheiten hinweg, schränkt ihre Freiheit unzulässig ein. Oder aber es leben viele Menschen in der Gesellschaft, die ein Problem mit den demokratischen Grundsätzen haben.

Es braucht Sicherheit, um zuhören zu können, aber auch, um frei über die eigene Position zu sprechen. Widerspruch gegen die eigenen Forderungen oder Einwände auszuhalten – also zu streiten –, muss einen Wert haben. Eine Kultur, in der Streit eine positive Rolle spielen kann, muss dem Widerspruch Raum geben – und ihn nicht immer gleich aufheben wollen. Diskurse funktionieren nicht wie Maschinen, sie haben kein Skript, keinen Produktionsplan, der einzuhalten ist.

Muss ich in einer Hörersendung damit rechnen, vom Moderator beschimpft zu werden, wenn ich meine Meinung sage, werde ich wohl kaum anrufen. Muss ich befürchten, niedergeknüppelt zu werden, fällt es schwerer, gegen die Verschärfung eines Polizeigesetzes auf die Straße zu gehen oder gegen die Abschiebung eines Kollegen zu demonstrieren – obwohl das mein gutes Recht ist. Wenn

Menschen streitbar sein sollen – und das, man kann es nicht oft genug sagen, müssen sie in unserem politischen System –, muss man Sicherheit haben: dass man seinen Job nicht verliert, wenn man zum Betriebsrat geht und sich über die neueste Zusatzaufgabe beschwert. Dass man seinem Professor widersprechen kann, wenn er reaktionäre Meinungen vertritt, weil man den Abschluss auch schaffen kann, wenn er einem keine gute Note auf die Semesterarbeit gibt, und weil man nicht mit dieser Art von Bestrafung rechnen muss. Dass der Freund einen nicht beleidigen oder verstoßen wird, wenn man ihm sagt, wie unerträglich es ist, dass er ausschließlich mit anderen Männern arbeitet. Ja, um zivilisiert streiten zu können, braucht man Ruhe, man braucht Regeln, Respekt und ein bisschen Ahnung von der Sache, aber man braucht vor allem auch Sicherheit.

Wie aufgehoben fühlen wir uns?

Theoretisch kann man deshalb nirgendwo so gut streiten wie in der Familie. Praktisch ist das natürlich nicht der Fall. Es mangelt an Gewohnheit und auch und gerade zwischen engsten Verwandten ist es um die Sicherheit nicht immer so bestellt, wie man sich das wünscht. Konflikte in der Familie sind bekanntlich belastend und verursachen bei ihren Mitgliedern großes Unbehagen. Vielleicht, weil der Abstand, der durch den Streit geschaffen wird, die Nähe in Frage stellt, die wir uns von Vätern, Kindern und Omas erwarten. Jedenfalls gehören zum Stress jeder Vorweihnachtszeit in Deutschland nicht nur die ungeliebten Weihnachtsfeiern, die es zu absolvieren gilt. Sondern auch eine Art kollektives Vorgrausen in Anbetracht der diversen Konflikte, die man in der Familie immer nur halb in Schach hält, und die sich aus irgendwelchen Gründen ausgerechnet zwischen Bescherung und Festtagsbraten in überhitzten Stuben manifestieren. Müssen wir dieses Jahr über Obergrenzen und Heimat streiten? Wird Mama wieder fragen, warum die armen Kinder in den Hort müssen? Wird der Bruder wieder alle Geschenke unter Aspekten der Nachhaltigkeit durchkritisieren und dann rundheraus ablehnen? Offenbar sind die Deutschen so sehr von ihren familiären Debatten überfordert, dass einige Medien angefangen haben, pünktlich zu den Weihnachtsfeiertagen Leitfäden für Familiendiskussionen zu Einwanderung und Feminismus zu veröffentlichen.

Streit in der Familie hat seine eigenen Tücken – die emotionale Abhängigkeit, das quälende Déjà-vu, wenn Opa wieder mit der Generationenschelte kommt. Gleichzeitig bietet ein Zuhause im Optimalfall den idealen Schutzraum für einen Streit: Denn hier kann man sich zurückziehen, in einen anderen Raum, auf die Toilette, auf den Balkon. Hier kann man einfach sagen: Gib mir mal eine Minute. Hier muss niemand fürchten, von der Tafel verstoßen zu werden, mag er noch so abstruse Ideen von sich geben. Kann sein, dass er Augenrollen erntet oder ein »So lass ich nicht mit mir reden«. In den tendenziell postautoritären Familien von heute herrscht sicherlich oft kein Konsens, aber dafür sind die Konfliktbedingungen per se ganz gut – wenn wir sie denn nutzen. Aber dazu später.

Mit Streit klarkommen kann jeder Mensch, der sich zu Hause in der Gesellschaft fühlt. Nur tun das nicht viele. In der Arbeitswelt, in der Tagespolitik und in den sozialen Medien gibt es oftmals weder einen Rückzugsraum noch Zeit für Atempausen während eines Konfliktes. Was macht ein Politiker, der in seinem Zuständigkeitsbereich angegriffen wird? Er reagiert so rasch wie möglich; sonst heißt es am Ende, er habe keine Position. Nur wenigen Politikern gelingt das, was Angela Merkel kann – sich auch mal 24 Stunden lang oder deutlich länger zu einem Thema NICHT zu äußern, obwohl alle Seiten es permanent von ihr verlangen. Und die sozialen Netzwerke haben die Logik der traditionellen Medien potenziert: Hier sitzen alle virtuell permanent aufeinander, und wer nicht jetzt gleich zum Trending Hashtag ein gesalzenes Statement zu den neuesten Kapriolen des aktuell unbeliebtesten Ministers absondert, wird morgen seinen Followern möglicherweise kein Begriff mehr sein. Wir hatten es ja schon: Guter Streit und Zeitdruck, das passt einfach nicht zusammen.

Politik findet aber immer noch hauptsächlich abseits der virtuellen Kommunikation statt. Und damit meine ich nicht nur die professionelle Politik, sondern: die Verhandlungen und Verhältnisse zwischen Arbeitgebern und Arbeitnehmern, Vorgesetzten und Kollegen, Kunden und Dienstleistern, ja, und auch zwischen Frauen und Männern. Wo immer wir uns artikulieren, ob öffentlich oder privat, ob unter Freunden, Bekannten, in Vereinsversammlungen, auf Elternabenden oder auf der Straße, es erfolgt unter bestimmten Bedingungen. Wer für ein Anliegen streiten will, muss wissen, wen er ansprechen kann. Wer ihn unterstützt oder gegen wen er sich gegebenenfalls wehren muss. Er oder sie muss sich frei fühlen, ein Anliegen konstruktiv zu vertreten, eine Forderung zu stellen oder sie abzulehnen. Es braucht eine Kultur der Konfliktkompetenz, und die gedeiht nur unter der Voraussetzung sozialen Vertrauens. Es liegt also auch in der Hand gesellschaftlicher Kräfte wie der Wirtschaft, der Parteien und Institutionen, die Bedingungen der Möglichkeit von Streit zu schaffen. Wenn freies Denken und freies Meinen potenziell die Position im sozialen Gefüge gefährden, ist es deutlich anstrengender, frei zu denken und frei zu meinen. Und damit kommen wir zu dem nächsten Grund, warum Streit heute schwer ist: Wenn der Wert einer Person vor allem durch Leistung und Funktionsfähigkeit definiert wird, wenn alle glauben, dass es darum geht, Beflissenheit und Perfektion anzustreben, kann Kritik auch nicht als Wertschätzung wahrgenommen werden. Doch ohne reife Kritikkultur ist guter Streit nun leider gar nicht möglich.

Kritik und Konsens

»Sei nicht rasch im Urteil, weil er nicht handelt,
wie du handelst, oder denkt, was du denkst oder
so schnell wie du. Es gab eine Zeit, in der du nicht
das wusstest, was du heute weißt.«

Malcolm X

Wetten: Gäbe es jedes Mal 20 Cent, sobald Sie den Satz »Das ist jetzt nicht als Kritik gemeint, aber«, gesagt oder gehört haben, dann hätten Sie den Preis dieses Buchs garantiert schon erwirtschaftet. Im Personalgespräch, wenn die Vorgesetzte die Kooperationsfähigkeit des Mitarbeiters gar nicht kritisieren will, aber. In der sogenannten Feedback-Runde, wenn die Kollegen sich vor dem sogenannten Teamleiter gegenseitig gar nicht kritisieren wollen, aber. Am Elternabend, wenn niemand die Erzieherinnen und Erzieher kritisieren will, aber. Unter Freundinnen, wenn eine die ständige Unpünktlichkeit der anderen gar nicht kritisieren will, aber.

Ich habe den Satz so ähnlich sogar schon während eines Gesprächs mit meinem Schulkind gesagt. Ich will mich jetzt nicht selbst kritisieren, aber … in der familiären Konstellation wird der Unsinn dieser Ausweichphrase sofort klar: denn ich wollte meinen Sohn ja kritisieren. Allerdings wollte ich ihn nicht attackieren. Außerdem wollte ich vermeiden, dass er sich von meiner erzieherischen Intervention in seinem Verhalten gekränkt oder verletzt fühlt. Er sollte das, was ich sagte, als Hilfestellung verstehen und nicht als Angriff. Das, was ich ihm sagte, war nicht verletzend, ich schrie ihn dabei auch nicht an. Es gab für ihn also an sich keinen Grund, es so zu verstehen, außer einem: nämlich, dass ich mit meinem »Ich will dich nicht kritisieren, aber« Kritik mit Angriff gleichgesetzt hatte. Ich glaube, es ging um die Frage, wie man Erwachsene begrüßt oder eine ähnliche Formalie. Zu den Aufgaben einer Mutter gehört es nun mal, das Kind darauf aufmerksam zu machen, welches Verhalten passender ist als ein anderes – und ich habe mit dieser Aufgabe kein Problem. Ich übernehme sie gern. Kritik gehört zu einem gesunden und interessierten Miteinander.

Zu sagen, ich wolle ihn nicht kritisieren, war somit einfach nur falsch: Denn Kritik war natürlich sehr wohl ein Teil unseres Gesprächs – und zwar weil ich sie wichtig und angemessen fand. Ich hatte also das, was ich ihm sagte, sowohl größer gemacht, als es war, als auch insgesamt abgewertet. Und das aus einem Grund, der zugleich gut (denn es ist ja richtig, sein Kind nicht verletzen zu wollen) und schlecht (aber es ist falsch, sein Kind vor negativen Gefühlen abschirmen zu wollen) war. Das muss man erst einmal hinbekommen.

Das bekommen Menschen andererseits jeden Tag viele

Male hin. Auch mündige Erwachsene bringen diesen »Keine Kritik, aber«-Einschub, weil sie sich sicher sind, dass es verstörend wirkt, wenn sie sagen, was sie stört. Mit dieser vorauseilenden Empfindlichkeits-Beschwichtigungsformel wird versucht, zwei nicht kompatible Ansprüche zu vereinbaren: Jeder soll authentisch und offen sprechen können; aber der andere soll deshalb kein schlechtes Gefühl bekommen. Jedenfalls nicht, wenn er uns – physisch, geistig oder politisch – nahe genug ist, dass seine schlechten Gefühle uns kümmern oder gar selbst betreffen könnten.

Man findet nicht immer alles gut, was man sieht, hört oder mit anderen erlebt, warum sollte man auch. Als freier Mensch will man ab und zu sagen können, dass dies so ist. Nicht ausgesprochene Kritik schafft auf Dauer Ungleichgewicht. Doch gleichzeitig herrscht in unserer Gesellschaft eine gewisse Vorliebe für reibungslose Umgänglichkeit. Kritik, richtig gemacht und richtig verstanden, ist mindestens ein Akt der Klärung und im besten Fall ein Akt der Aufklärung. Manchmal ist sie der erste Schritt auf dem Weg einer Transformation. Doch zu oft sehen wir in ihr vor allem eine unfreundliche Handlung, eine Unterminierung unserer besten Absichten. Die Kunst, direkt zu kritisieren, ohne dabei verletzend zu werden, beherrschen zu wenige. Die Kunst, Kritik anzunehmen ohne sich bedroht zu fühlen, aber auch. Es könnte, freundlich gesagt, besser um die Kritik-Kompetenz stehen.

Wahr oder gut?

Bedeutungsgeschichtlich hat das Wort mit Unfreundlichkeit oder Abwertung zunächst nichts zu tun: Kritik leitet sich ab von *criticus,* der latinisierten Fassung des griechischen *kritikos*. Das wiederum kommt vom Verb *krino*, was trennen, auseinandersetzen, urteilen bedeutet. Der Philosoph Rüdiger Bittner beschreibt den *kritikos* als jemanden, der eine gute Urteilskraft besitze, der aber auch »gelehrt, insbesondere in der Grammatik kundig« sei.

In der antiken Philosophie ist Kritik zunächst gar kein Urteil über den Wert einer Aussage, sondern die Prüfung ihres Wahrheitsgehaltes. Laut ›Metzler Philosophielexikon‹ ist das Ziel die Zerstörung »unbegründeter und die Konstruktion begründeter Orientierungen des Denkens und Handelns«. Kritik ist also zunächst einmal eine gedankliche Auseinandersetzung und Überprüfung, ein positives Unterfangen. Doch der Aspekt der Gelehrigkeit, schreibt Bittner, sei im modernen Verständnis von Kritik nicht mehr so präsent – lediglich in den Geisteswissenschaften spricht man noch von »Quellenkritik« oder »kritischer Ausgabe« und meint das nicht wertend, sondern einordnend. In den modernen Sprachen gehört das Werturteil zum Verständnis von Kritik. So wie das entsprechende Adjektiv in der Regel eingesetzt wird (»XY äußerte sich kritisch zum Vorschlag« oder »GH sieht das krititisch«), legt es Negativität nahe. Das passt zu der

Annahme, unter der viele Menschen im Alltag operieren: Nämlich, dass man natürlich sagen kann, was man denkt, solange das, was man denkt, den anderen nicht verletzt. Oder aber, dass Kritik sowieso eine Form des negativen Austauschs ist und daher so verletzend wie möglich daherkommen darf. Beides ist schlecht, denn beides führt zu einem verkrampften und wenig produktiven Umgang mit Differenzen. Nur dort, wo Kritik von Reflexion und Respekt begleitet ist, wo sie geäußert und angenommen werden kann, ist auch eine Streitkultur möglich, in der man sich ordentlich aneinander abarbeiten, Haltungen klären und am Ende zu einer gemeinsamen Position kommen kann, in der man sich, wenn nicht einigt, so doch zumindest arrangiert.

Wenn wir heute über Kritik sprechen, dann meinen wir häufig im plattesten Sinn: »sagen, was schlecht ist« oder, etwas differenzierter, »analysieren, was schlecht läuft«. Gesellschaftskritik hingegen, wie sie sich seit den Sechzigerjahren etabliert hat, fragt nach Gerechtigkeit, Nachhaltigkeit, Menschlichkeit. Die Kritische Theorie, also das Projekt von Max Horkheimer und Theodor W. Adorno, das bürgerlich-kapitalistische Ideologiefundament zu entlarven, das aus ihrer Sicht Faschismus ermöglichte und die bürgerliche Ordnung auch in der Demokratie aufrechterhielt, ist hier als Ausgangspunkt zu erwähnen. Kritik ist nach Adorno die »Kraft zum Widerstand gegen vorgegebene Meinungen« und gegen »alles bloß Gesetzte«, gegen Institutionen und Verhältnisse, die sich allein durch ihr Dasein rechtfertigen. Demokratie, schreibt er, werde durch Kritik »geradezu definiert«: zum einen schon historisch, da aus der Kritik am absolutistischen Staat überhaupt erst die moderne Demokratie entstehen konnte. Zum anderen, weil Mündigkeit, also unabhängiges Denken, in einer Gesellschaft aus seiner Sicht immerzu Kritik üben muss.

Kulturkritik wiederum widmet sich dem »Verstehen« von Kultur, dem Urteil anhand von Parametern wie Ästhetik oder Originalität.

Gelehrt oder zumindest gebildet in einem relevanten Gebiet zu sein, ist die Voraussetzung für den Beruf des Kritikers – die Kritikerin Cynthia Ozick unterscheidet scharf zwischen Kritikern und Rezensenten. Während Letztere nie mehr als die Oberfläche ihres Gegenstandes erfassen, beurteilen Erstere nicht allein den einzelnen Gegenstand, sondern denken ihn in Zusammenhängen.

Auch wenn Künstler und andere Schaffende oft keine Kritiker mögen: Kritik ist eine Kunst für sich, die ein hohes Maß an Kompetenz erfordert. Fachliche Stammeszugehörigkeit gilt immer noch als Legitimierung der kritischen Tätigkeit. Die Kritik eines Architekten an einem Bauplan wird als Expertenmeinung anders geschätzt als die Kritik eines Umweltaktivisten, auch wenn dessen Einwände für die Öffentlichkeit eventuell wichtiger sind.

Heute hat sich einerseits eine relativ starre »Expertokratie« (Jürgen Habermas) etabliert, deren Einfluss auf Politik und Zeitgeschehen vor allem durch ihr mehr oder weniger überlegenes Wissen von der Sache begründet ist. Das kritische Privileg ist an gesellschaftlichen Status gebunden: Wenn etablierte Ökonomen die Lohnverhältnisse kritisieren, gilt es als wichtiger, als wenn unterbezahlte Subunternehmen das tun. Jahrelang geisterte zum Beispiel die Idee des bedingungslosen Grundeinkommens als Hirngespinst von kapitalismuskritischen Weltverbesserern und einem einsamen Drogeriemarkteigentümer durch den Äther. Plötzlich begann der Siemens-Vorstandsvorsitzende Jo Kaeser, der wahrhaftig nicht unter Marxismusverdacht steht, davon zu reden, das derzeitige System sei auf Dauer nicht zu halten. Nun wurde das Grundeinkommen auf einmal in der breiten Öffentlichkeit aufgegriffen und sogar zeitweilig unter radikalliberalen Marktmenschen ernsthaft diskutiert.

Es versteht sich von selbst, dass solches Gatekeeping nicht immer zum Besten der Demokratie ist. So werden Proteste aus der Bevölkerung gegen Baumaßnahmen oder Großprojekte von Verantwortlichen gern mit der Begründung abgetan, sie seien nicht differenziert genug, zu einfach im Urteil. Der Protestforscher Peter Ullrich sagt dagegen: »Es zeigt sich immer wieder, dass politisch engagierte Bürgerinnen und Bürger sehr wohl dazu in der Lage sind, sich umfassendes Wissen über technisch komplexe Vorgänge anzueignen und kompetent zu analysieren.« Das bereits erwähnte Projekt Stuttgart 21 ist ein Beispiel für diese Art von Legitimationskampf: Zum Zerrbild des Wutbürgers gehört auch immer das sogenannte gefährliche Halbwissen. Ullrich, der gemeinsam mit Kollegen gerade diesen Protest sehr genau untersucht hat, sagte mir: »Die Klientel dieses Protestes war überwiegend hochinformiert und hatte sehr häufig den Hintergrund jahrzehntelanger Kritik und Protestarbeit. Das war weder spontan noch irrational, was da passiert ist.« Tatsächlich wurde in einer Expertise sieben Jahre nach Beginn des Projektes nun festgestellt, dass die Einwände der Gegner sämtlich zutreffen und der Umbau des Bahnhofs deutlich komplizierter und teurer wird als vorhergesehen.

Die Formalisierung der Kritikverhältnisse hat trotzdem auch viele Vorteile – und zwar insbesondere für die Qualität der Kritik. Bedingt durch neue Medien und den scheinbar unwiderstehlichen Sog, den populistische Bewegungen gerade ausüben, ist derzeit ein extremer Wildwuchs von Kritik zu beobachten. Im Prinzip kann sich jede und jeder mit einem Twitter-Account Systemkritiker nennen – und leider werden mittlerweile auch Leute, die sich auf die Straße stellen und die Bundeskanzlerin anbrüllen, von manchen Medien ebenfalls mit diesem Etikett geadelt. Dass dies weder im Sinne Adornos noch der Demokratie an sich ist, versteht sich. Auch wenn jede Kritik ein Akt des Widerstandes ist: Nicht jeder Widerstand ist gleich viel wert.

Kritik braucht Konventionen

Überall dort, wo Kritik durch Institutionen verbreitet wird – Verlage, traditionelle Medien, Akademien, Verbände –, muss man sich das Privileg, sie zu üben, erst einmal verdienen. Dadurch hält sich zwar einerseits eine Art kritische Elite. Andererseits schaffen diese Prozesse aber auch ein gewisses Vertrauen in die Institutionen und eine Geltung der Kritik, die weniger aufmerksamkeitsökonomisch begründet ist. Natürlich steht – wie zum Beispiel jüngst in der Schwedischen Akademie gesehen – umso mehr auf dem Spiel, wenn dieses Vertrauen seine Basis verliert.

Vertrauen und Konventionen sind für alle Beteiligten eines kritischen Prozesses wichtig. Die britische Historikerin Mary Beard erzählte mir einmal, sie liebe die sozialen Medien eigentlich sehr, aber der Mangel an Umgangsformen sei ein Problem: »Online sieht mich niemand als die Cambridge-Professorin, die durch ihre Arbeit eine Autorität und ein unbestreitbares Wissen hat. Ich bin hier einfach nur die nervige Trulla, die man mit unqualifizierten Einwänden belästigen kann.« Damit wies Beard auf ein zentrales Problem der zeitgenössischen Kritikkultur hin: Wenn wir uns nicht sicher sein können, ob der andere uns in unserer Würde respektiert, gibt es keinen Grund, sich freiwillig auf seine Kritik einzulassen. Das ist eine schlechte Voraussetzung für jede Debatte.

Kritik, die zum Beispiel von Journalisten oder innerhalb von Parteien oder in akademischen Debatten geäußert wird, unterliegt gewissen Ritualen. Dadurch gewinnt sie an Legitimität – und das ermöglicht ihr wiederum eine besondere Resonanz. Der Leitartikel spiegelt vielleicht nicht die Meinung einer gesamten Redaktion, muss aber von mehreren Personen geprüft und abgesegnet werden. Weil von ihm im besten Fall Autorität ausgeht, hat der Verfasser (alle paar Monde mit einer Portion kosmischem Glück ist es, apropos Kritik, auch eine Verfasserin) eine Verantwortung gegenüber seiner Institution und seinen Adressaten. Verantwortungsbewusstsein ist immer gut für Kritik: Natürlich darf sie im Zweifel harsch oder auch vernichtend sein, aber im besten Fall reißt Kritik nicht die Brücke zwischen Kritiker und Kritisiertem ein.

Ähnlich handhabt man das ja auch in Freundschaften: Es muss sich eine Beziehung schon eine Weile bewähren, es muss erst sehr viel Solidarität praktiziert werden, bis die Bereitschaft da ist, den anderen auch als Kritiker zu akzeptieren. Wenn ich kritisch zu den beruflichen Plänen meiner Freundin Position beziehen will, dann sollte ich mir ein gewisses Expertentum hinsichtlich ihrer Interessen, ihrer Persönlichkeit und ihrer Stärken erworben haben. Und gleichzeitig sollte ich mich dabei immer so äußern, dass ich sie dabei nicht zu sehr in Frage stelle.

Es gibt also drei wichtige Voraussetzungen für sinnvolle Kritik: Die eine ist Kenntnis der Sachlage und ihrer

Zusammenhänge. Die zweite ist, sich der Sprechsituation bewusst zu sein, in der man ist: Kann mein Gegenüber meine Kritik gerade überhaupt aufnehmen? Die dritte ist: der Kritik einen Rahmen zu geben. Das bedeutet, man stellt an die Kritik dieselben Wahrheits- und Kohärenzansprüche, wie an alle anderen Aussagen auch. Man fällt kein unbegründetes Urteil über die Persönlichkeit. Man versucht nicht, die Gedanken des anderen zu analysieren, die man gar nicht kennt. Man setzt nicht höhere Maßstäbe an das Gegenüber als an sich selbst.

Damit Kritik sinnvoll ist, hilft es aber auch, Spaß dabei zu haben – und sie als Chance zu begreifen. Die Studentenbewegung ab 1968 und die Außerparlamentarische Opposition haben die Dauerdiskussionen und kritischen Sitzungen als Geselligkeitsform etabliert. Es ging dabei auch um den Abbau von Hierarchien – Professoren, Hochschuldirektoren und andere Amtsträger sollten sich dieser Kritik ebenfalls stellen. Von dieser neuen Offenheit profitierte die gesamte Öffentlichkeit, die Debatten wurden schärfer und genauer, sie wurden aber natürlich auch langatmiger, vielstimmiger und damit anstrengender.

Heute herrschen zwei Klischeevorstellungen von dieser Zeit: In der romantisierenden Vorstellung sind die 68er die einzige Generation, der es wirklich gelang, sich mit den eigenen Zwängen und den Widersprüchen der Gesellschaft auseinanderzusetzen. In der düsteren Variante (die vor allem die Nachgeborenen kultivieren) war es ein einziges Gelaber und Gemeine. Fest steht: Die Auffassung, zu einem guten Leben gehöre es, seine Meinung frei zu äußern, kam in dieser Zeit über Bildungsreformen, neue Protestformen und eine ganz andere Gesprächskultur so langsam in der Mitte der Gesellschaft an. (Wobei die Liberalisierer der früheren Generationen dafür sicher den Boden bereitet hatten.) Allein, dass es möglich wurde, den Vorgesetzten, die Lehrerin, die eigenen Eltern zu kritisieren, ohne sofort Repressionen zu fürchten, ist der unermüdlichen Kritikfreude dieser Zeit geschuldet.

Der Liberalisierung der Kritikkultur wurde durch verschiedene soziale und politische Entwicklungen allerdings recht abrupt Einhalt geboten. Dazu gehören zum Beispiel die Notstandsgesetze, aber vor allem auch die neoliberale Wende der Achtzigerjahre, die sowohl mehr gesellschaftlichen Druck brachte als auch den Konsens als Ordnungsfaktor Nummer eins im gesellschaftspolitischen Alltag etablierte.

Wie wir bereits gesehen haben, gab es in Deutschland sowieso eine historische Aversion gegen Konflikt und damit natürlich auch gegen einen so konfliktschürenden Zeitvertreib wie die Kritik. Aber, wie Theodor Adorno schon 1969 schrieb: »Man vergisst leicht in Deutschland, dass Kritik, als zentrales Motiv des Geistes, nirgends in der *Welt* gar zu beliebt ist. Aber man hat Grund, bei Kritikfeindschaft zumal im politischen Bereich auch an spezifisch Deutsches zu denken.« Es liegt nicht nur an den Deutschen, es liegt schon auch an der globalen Beschleunigung von Entscheidungen und an (mutmaßlichen) Sachzwängen, die Einigkeit und Harmonie geradezu unumgänglich erscheinen lassen. Die Bankenrettung in der Schuldenkrise, der eilige Atomausstieg, die permanente Verzögerung des Kohleausstiegs – natürlich wird und wurde das alles kritisiert. Aber in den entscheidenden Etagen gilt Kritik als bremserisch, realitätsignorant und wenig affirmativ. Was sie ja natürlich auch ist, denn sie zu üben, erfordert eine gewisse Ruhe, ein Aus-der-Zeit-treten und die Vorstellung einer potenziell besseren Alternative zum Gegebenen.

Politisch verkörpert niemand die Dominanz des Konsensprinzips so exakt wie Kanzlerin Angela Merkel. Von der Frau, die seit zwölf Jahren in Deutschland regiert, hört man äußerst selten Kritik oder negative Kommentare zu irgendjemandem. Ihr beißendes Lob »XY hat mein vollstes Vertrauen« ist zum geflügelten Wort geworden.

Aus den gescheiterten Sondierungsgesprächen zwischen Grünen, FDP und Union berichtete der Grünen-Vorsitzende Robert Habeck in der ›FAZ‹, niemand habe Differenzen ansprechen dürfen. Es sei immer nur darum gegangen, das Gemeinsame zu suchen. Als allerdings konkrete Entscheidungen anstanden, brach all die unterdrückte Gegensätzlichkeit doch hervor und mutierte zu völliger Kompromissunfähigkeit.

Konsens ist König in Deutschland, doch wenn er nur durch Schweigsamkeit und permanente Kontrolle zu bewahren ist, ist seine Herrschaft schwach. Um eine Demokratie am Leben zu erhalten, braucht es natürlich Vertrauen in die Amtsträger, aber dieses Vertrauen darf weder blind noch stumm sein. Und das gilt für alle Beziehungen, in denen wir streiten können und müssen.

Das kritische Defizit

Also zurück zur Kritikpraxis im Alltag. Da dominiert in weiten Teilen die Minimierungsstrategie: Kritik ist möglich – aber nur im Kleinen, nur wenn sie oberflächlich bleibt. Sobald es grundsätzlicher werden oder die Selbstwahrnehmung des anderen stören könnte, verkompliziert sich die Kommunikation oder verstummt sogar ganz. Es ist ja auch nicht einfach: Natürlich ist Kritik umso notwendiger, je gravierender, wichtiger oder grundsätzlicher sie ist. Sie ruft dann aber natürlich auch sehr viel stärkeren Widerstand beim Kritisierten hervor. Und Widerstand ist etwas, womit wir in unserer Zeit oft nicht gut umgehen können. Widerstand bremst, Widerstand ist anstrengend.

Laufend werden also vor lauter Unverträglichkeitsbedenken Probleme nicht an- oder ausgesprochen. Viel zu oft formulieren wir Kritik nicht aus, sondern deuten sie nur an. Was stört, wird geschluckt oder nur Dritten gesagt, mit absehbar problematischen Folgen: Den Vorwurf an die Kollegin, dass sie ihre Aufgaben nur halb erfüllt, kennen alle, außer sie selbst. Dass der Kumpel seine Frau irgendwie nicht gut behandelt, sagt man dem gesamten Freundeskreis. Aber sitzt man mal bei Bier zusammen, kritisiert man höchstens den Trainer seines Lieblingsvereins. Damit rückt man ihm nicht zu nahe. Oder, wenn es sich um öffentliche Belange handelt: Man sagt dem Internet, dass man auf der Bahnfahrt einen diskriminierenden Schaffner erlebt hat, aber man geht nicht zum Schalter, um sich zu beschweren. Man kotzt über die sozialfeindlichen Mietpreise in den Städten, aber überlässt es anderen, bei der Kommune Dampf zu machen, während der Ärger und die Angst immer größer werden. Man leidet unter zu vielen Überstunden, die man machen muss, drückt sich aber, solange es geht, vor dem Personalgespräch mit dem Chef – weil es ja unangenehm werden könnte.

Durch diese Vermeidungsmanöver wird Kritik, wenn sie dann doch mal ausgesprochen wird, immer wieder zu einer Überforderung für alle Beteiligten. Man ist es einfach nicht gewöhnt, das zu sagen – muss also ordentlich Anlauf nehmen. Tagelang überlegen, in welcher Situation man das Problem anspricht; welche Folgen es haben könnte; wie man es so formuliert, dass der andere nicht beleidigt oder wütend reagiert (kleiner Hinweis: Das kann man sowieso kaum kontrollieren). Ganz klar: Das Streitproblem unserer Zeit wurzelt in einem kritischen Defizit.

So wie es eine Sprache der Liebe und eine Sprache der Sexualität gibt, eine Sprache des Smalltalks und für jeden Beruf einen speziellen Branchenjargon, den man erlernen muss, so gibt es auch eine Sprache der Kritik. Jeder Mensch sollte sie beherrschen – und dafür muss man, wie wir wissen, zuhören und sprechen. Im besten Fall beginnt das zu Hause, wenn Kinder lernen, dass sie ihre Meinung äußern dürfen und diese angemessen behandelt wird. Meine Kinder dürfen zu Hause zum Beispiel jederzeit sagen, wenn sie jemanden blöd finden oder ihnen etwas nicht schmeckt. Ihr Vater und ich hören ihnen zu. Aber bitten sie immer, zu erklären, warum sie die Person nicht mögen, und dass sie das Essen zumindest probieren. So hoffe ich, dass sie kompetente Kritiker werden und verstehen, dass eine Meinung ohne Erfahrung nicht sehr viel wert ist. Die meisten Kinderbetreuungseinrichtungen halten ebenfalls regelmäßige Besprechungen ab, in denen schon die Kleinen lernen, vor der Gruppe zu äußern, was sie mögen oder was sie stört. Erst in der weiterführenden Schule werden solche demokratiefreundlichen Sprechsituationen immer weiter zurückgebaut, die Schülerinnen und Schüler sollen ihre Zeit bitte in Unterrichtsstoff und Projekte investieren.

An Hochschulen, Universitäten und in den Ausbildungsbetrieben fehlen dann Raum und Zeit für Kritik, diese findet höchstens indirekt über recht technische Evaluationsbögen statt – und damit schrumpft auch die Bereitschaft, sich tiefergehend und ernsthaft mit den

Verhältnissen, in denen man lernt, auseinanderzusetzen. Und es fehlt vollkommen die Erfahrung der Resonanz auf Kritik. Zwar gibt es Mitbestimmungsgremien. Aber erstens halten sich deren Möglichkeiten in Grenzen, und zweitens tun Institutionen und Betriebe ihr Mögliches, um diese kritische Beteiligung so unattraktiv wie möglich zu gestalten. Das ist insbesondere in der Wirtschaftswelt der Fall, wie Sabine Pfeiffer sagt: »In den klassischen Industriebranchen kommen junge Menschen immerhin sofort mit Arbeiterorganisationen in Kontakt. Aber in vielen Branchen, vor allem bei den Dienstleistern, gibt es diese Strukturen nicht mehr. Da herrschen Hierarchien, die an den Frühkapitalismus erinnern.« Auch Universitäten definieren sich vor allem als Leistungsräume. Pfeiffer sagte mir im Interview, dass es sie immer wieder schockiere, wie wenig ihre jungen Mitarbeiter über die eigenen Rechte wüssten. Für Unternehmen, die kein Interesse an arbeitsrechtlich aufgeklärten Mitarbeitern haben, liegen die Vorteile leider nahe. Für die Gesellschaft und das individuelle Wohlbefinden überwiegen die Nachteile.

Es braucht also einen Willen zur kritischen Öffentlichkeit, selbst in den kleinsten gesellschaftlichen Einheiten. So wie sich viele Unternehmen und Organisationen um Geschlechtergerechtigkeit bemühen, würde es helfen, eine Art allgemeine Selbstverpflichtung zu regelmäßigen kritischen Übungen aufzusetzen. Dafür helfen zum Beispiel rhetorische Trainings, um verbale Routine zu entwickeln. Der Publizist Albrecht von Lucke, der oft als

Gast in politischen Talkshows die Linken-kritische Position einnimmt, sagte mir, er wisse, dass er einen ganz grundsätzlichen Vorteil in Diskussionen habe: »Ich diskutiere ausgesprochen gerne. Dabei kommt mir eine gewisse Schlagfertigkeit zugute. Man kann aber auch lernen, über Themen zu reden, die einem wichtig sind. Das gelingt umso besser, je mehr man sich mit anderen Meinungen auseinandersetzt.«

Der ganze Krampf um die Kritik führt dazu, dass sie wirklich oft verkürzt, verdruckst und irgendwie aggressiv klingt. Mit Unterscheidung und Auseinandersetzung hat das nur wenig zu tun. Man kennt diese Art, Kritik zu üben, insbesondere von Menschen in Führungspositionen, die einfach ihr Thema oder Problem rüberbringen, sich aber keinesfalls auf einen kritischen Prozess einlassen wollen. »Das muss anders laufen« – statt: »Unsere Zusammenarbeit läuft für mich aus diesen Gründen nicht gut, wie siehst du das?« Oder: »Sie dürfen nicht so empfindlich auf Kritik reagieren«, statt: »Wir haben offensichtlich Schwierigkeiten in der Kommunikation. Mein Eindruck ist, dass Sie sehr empfindlich auf mich reagieren. Warum?«

Hinter dem unguten Umgang mit Kritik steckt, wie man annehmen muss, Angst. Da ist sie wieder, die große Feindin der guten Auseinandersetzung. Man will sagen, was man denkt, aber man fürchtet, dass das, was man denkt, problematische Konsequenzen für die Beziehung haben könnte. Man fürchtet, als Aggressor wahrgenommen zu werden. Oder, insbesondere in beruflichen und politischen Zusammenhängen, als Nörglerin, Schlechtredner, destruktiver Verkomplizierer. Gerade weil so viele von uns heute verunsichert leben, lässt Kritik schnell Ängste hochkochen, sie wird immer auch als Wertung begriffen und oft genug genau so formuliert (»unerträglich«, »reaktionär«). In einer Gesellschaft, die, wie es der Soziologe Andreas Reckwitz beschreibt, immer zur »Valorisierung« – also zur Bewertung – ihrer Subjekte drängt, macht das nervös.

Das große Bewerten

Reckwitz schreibt in seinem Buch ›Die Gesellschaft der Singularitäten‹, dass Gesellschaft immer weniger etwas ist, zu dem wir uns in Beziehung setzen wollen. Nicht das, was alle zusammen machen, bestimmt unser Handeln, sondern der Besonderheitsanspruch. In der Gemeinschaft aufzugehen, spielt eine geringere Rolle, als vor ihr zu glänzen. Alle Aktivitäten werden – egal, ob es sich um Arbeit, Freizeit, intellektuelle Tätigkeiten handelt – auf ihre Wertschöpfung hin betrachtet und bewertbar gemacht.

Und so ist Bewertung einerseits etwas, wonach viele von uns heute geradezu süchtig sind – der intensive Gebrauch von Social Media zeugt davon. Wer auf Instagram schöne Bilder von sich, auf Facebook lustige Videos und auf Twitter witzige Sprüche postet, tut das nicht, weil er so ein guter Mensch ist, der seine Schönheit, seinen Humor oder seine ironisch geschärften Erkenntnisse mit anderen teilen möchte. Sondern weil es seine Bewertungen durch andere verbessert.

Da von Bewertungen das Selbst- und Fremdbild abhängen, stellen sie andrerseits ein potenzielles Risiko dar, eine ständige Belastung. Auch deswegen ist Kritik für so viele Menschen schwer auszuhalten.

Zugleich lässt sich je nach Umfeld mit Kritik auch punkten. Gerade in politischen Debatten werden schneidige, effekthascherische Statements oft mit kritischen Beiträgen verwechselt: »Der Gesundheitsminister ist unerträglich« – diesen Satz habe ich von einer Person der Öffentlichkeit so gelesen. Der Anlass war ein Interview, in dem jener Minister seine sehr schlichten und konservativen Ansichten zur reproduktiven Freiheit der Frauen zum Besten gegeben hatte. Oder: Deutschland sei »unregierbar geworden« – wie das Magazin ›Cicero‹ im Zusammenhang mit Personalproblemen der Bundesregierung titelte. Oder: »Es ist ziemlich reaktionär, diesen Aktivistinnen ihre Bildungsprivilegien vorzuwerfen« – das war ich … Sie verstehen, warum ich dieses Buch schreiben musste? Der Anlass war eine Diskussion über die Freiheit der Kunst im Zusammenhang mit dem »Avenidas«-Gedicht von Eugen Gomringer. (An dieser Stelle würde ich gerne mal wieder festhalten: Wir leben bei aller Polarisierung in wunderbar interessanten Zeiten! Dauernd geht es ums Eingemachte. Natürlich ist das auch sehr anstrengend, und wenn man an das Eingemachte nicht gewöhnt ist, kann es einen fertigmachen. Aber langweilig muss es einem wirklich nicht werden.)

Diese Art von Kritik reduziert sich selbst auf Be- und oft Abwertung. Ihr Ziel ist die Attacke, es geht dabei um nicht viel mehr, als den Gegner in einer bestimmten politischen Ecke zu verorten.

Nun ist gar nichts gegen eine harte Polemik einzuwenden. Aber sie muss ihrem Ziel schon angemessen sein. Und eine Debatte, die nur noch aus Angriff und Gegenangriff besteht, hat weniger von einem Streit als von einem Krieg. Damit gedient ist nur der Feindseligkeit des zwischenmenschlichen Klimas und der eigenen Selbstdarstellung. (Wobei man hier ganz klar unterscheiden muss, an wen die Kritik adressiert ist. Auch in unserer friedlichen Gesellschaft gibt es Kräfte, denen man nicht nach den Regeln des fairen Kampfes begegnen kann – weil ihr einziges Ziel scheint, alles, was eine pluralistische Gesellschaft ausmacht, für hinfällig und nichtig zu erklären. Menschen, die den Holocaust relativieren oder ihre Mitmenschen herabwürdigen sind nun einmal selbst erklärte Feinde der offenen Gesellschaft. Gegen sie geht es nicht mehr um einen Wettkampf, sondern um das Überleben einer offenen Ordnung.) Man bezeichnet einen Minister als unerträglich, noch bevor er irgendeine Amtshandlung vollzogen hat, nicht, weil man dafür wirklich gute Gründe hätte oder etwas erreichen könnte. Sondern weil man mit dieser Art von Verurteilung beim eigenen Publikum punktet. Man vergleicht eine Emanzipationsbewegung, in deren Namen niemand zu Tode oder auch nur zu körperlichem Schaden gekommen ist, doch nicht deshalb mit einer mittelalterlichen Praxis des Frauenmords, weil dieser Vergleich die scheinbar so zerrütteten Geschlechterbeziehungen verbessern könnte. Sondern um diese Bewegung zu diskreditieren und ihre moralische Kraft zu brechen. Man nennt ein Argument nicht reaktionär, weil man das Argument dadurch entkräftet, sondern weil es sich gut anfühlen kann, ein ärgerliches Argument zu beschimpfen.

Sehr viel von dem, was sich heute Kritik nennt, dient vor allem dem Geltungsdrang des Kritikers. Das ist in einer Zeit, in der persönlicher Geltungsdrang als absolut legitime Quelle der Wertschöpfung gilt, auch nicht gerade verwunderlich.

Klar, beim Publikum ist diese Art, mit Urteilen um sich zu schmeißen, beliebt, sie wirkt ja auch zunächst sehr kritikfreudig. Politikprofis sind auf knackige Statements spezialisiert, und für die Wähler kann es immer wieder sehr bedeutsam sein zu wissen, wo genau ein Politiker in einer Kontroverse steht. Trotzdem ist die Statementisierung der politischen Kritik, die man längst auch außerhalb des Betriebs beobachten kann, nicht sehr wertvoll für die politische Streitkultur.

Zum einen ist ein Werturteil oder eine Empörungsbekundung nicht dasselbe wie eine Kritik, insbesondere wenn dabei politische Argumente mit moralischen vermischt werden. Zum anderen sind die Funktionen des Statements überschaubar: Es dient als Aussage über denjenigen, der es abgibt. Und es provoziert als Reaktion vor allem Gegenstatements. Dahinter schlummert die Unlust am Gespräch. Das Statement ist im besten Fall eine Zusammenfassung von Kritik und eigener Position; im schlechtesten und sehr viel üblicheren Fall greift es an und mauert gleichzeitig.

Unlust am Objekt aber ist eine Ursache für lustlose und damit schlechte Kritik. Keinesfalls muss ein Kritiker immer von grundlegender Liebe zu seinem Thema geleitet sein. Man kann und soll das, was man nicht leiden kann, auch kritisieren – aber die Kritik wird besser, wenn sie zumindest auf einem genuinen Interesse beruht. Ein Freund von mir ist selbst nicht gläubig, hat aber aus verschiedenen Gründen angefangen, sich für Theologie zu interessieren. Er arbeitet dazu auch wissenschaftlich. Er begegnet dem Glauben mit Distanz, aber Wärme. Das macht ihn letztlich zu einem deutlich kompetenteren und anregenderen und auch strengeren Kritiker christlicher Glaubensgemeinschaften als jeder überzeugte Atheist, den ich sonst so kenne.

Die Überschneidung von Religion und säkularer Öffentlichkeit bietet ohnehin reichlich Anschauungsmaterial dafür, wie abhängig die Wirkung einer Kritik von der Beziehung des Kritikers zu seinem Gegenstand ist. Als zum Beispiel im Frühjahr 2018 in Bayern ein Dekret erlassen wurde, wonach in allen staatlichen Gebäuden Kruzifixe anzubringen seien, kam aus sehr unterschiedlichen Richtungen harte Kritik. Ich will nun nicht die pointierten und angemessenen Einwände von säkularen Gegnern der CSU herabwürdigen, aber inhaltlich besonders interessant war die Kritik christlicher Vertreter, die aus ihrer Religion und damit aus einer Position des Wissens und der Verbundenheit zu dem Symbol dessen politischen Missbrauch kritisierten. Vor allem war diese Kritik wichtig: weil sie sich auch an solche Bürger richtete, die vielleicht dazu neigen, alles, was die Präsenz des Kreuzes erhöht, grundsätzlich zu unterstützen. Auch jüdische und muslimische Geistliche kritisierten die politische Geste. Aber nicht, indem sie das Kreuz an sich problematisierten, sondern indem sie dessen Integrität als Symbol verteidigten. Kritik, die verbindlich ist und nicht nur der eigenen Abgrenzung dient, hat heute einen besonderen Wert.

Urteil und Verurteilung

Man kann es im Hinblick auf private und öffentliche Praxis nicht genug betonen: Ein Urteil ist nicht dasselbe wie Kritik. Kritik ist ein analytischer Prozess. Ein Urteil ist ein Ergebnis dieses Prozesses. Kritik kann man weiterentwickeln. Urteile kann man nur annehmen oder ablehnen. Kritik ohne Urteil mag langweilig sein, ein Urteil ohne nachvollziehbare Kritik aber ist unseriös. Urteile sind im öffentlichen und kritischen Diskurs wichtig und niemand möchte in einer Welt leben, in der moralische oder ästhetische Urteilsfindung keinen Platz hat. Aber solange jede Kritik als Verurteilung verstanden wird, und sehr viel Kritik tatsächlich auch verdammt verurteilend daherkommt, ist weder Zeit noch Raum, um gelassen miteinander zu streiten.

Nun wäre zum Beispiel Kulturkritik eher uninteressant, wenn sie sich nur auf Beschreibung und Analyse beschränken und jeglicher Urteile enthalten würde. Doch es ist nicht die erste Aufgabe der politischen Kritik, moralische Urteile zu fällen – beziehungsweise politische Konflikte zu moralisieren, wie Chantal Mouffe schreibt. Die eilfertige Verquickung von Politik und Moral verschlechtert die Qualität der Debatten, weil niemand auf der moralisch »falschen« Seite stehen will. Das sieht man besonders gut, wenn es zum Beispiel um Schuldenpolitik geht. Um einen Sparkurs der Gegenwart zu legitimieren, der dazu führt, dass eine Straße nicht saniert wird oder eine Schule geschlossen, wird die fiskalische Verantwortung gegenüber künftigen Generationen beschworen. Auf den ersten Blick wirkt das wie ein Totschlagargument: Wer möchte schon auf Kosten der eigenen Enkelkinder leben?

Die Frage ist: Sind Schulden überhaupt moralisch relevant? Ist es eine höhere Belastung für eine kommende Generation, wenn ihre Chancen auf Bildung beziehungsweise Infrastruktur beeinträchtigt werden oder ihre Chancen auf einen ausgeglichenen Staatshaushalt? Was als vermeintliche Interessen der zukünftigen Generationen ausgegeben wird, ist – im Guten wie im Schlechten – das Interesse von heute. Zudem gibt es rationale und politisch relevantere Argumente, die man hier anbringen könnte. Auch in der Griechenlandkrise übernahmen Vertreter der deutschen Regierung eine pseudo-moralische Argumentation, um die überaus harten Forderungen des Europäischen Zentralrats und der Europäischen Zentralbank an die bankrotte Regierung zu rechtfertigen. Man könne deutsche Steuerzahler nicht für griechische Verantwortungslosigkeit zur Kasse bitten – was man nur wenige Jahre vorher für fiskalisch verheerend verantwortungslose Banken getan hatte. Damit wurden Kritiker dieser Politik gezwungen, wiederum moralisch mit dem Leid der Griechen dagegenzuhalten. Moralische Kritik lässt sich aber wunderbar leicht zur Ansichtssache degradieren und aus der »vernünftigen« Debatte ausschließen.

Die Ära der beleidigten Leberwurst

Die Vermeidung wie die Verkürzung von Kritik führen zu Krampf und Unbehagen auf allen Seiten, also zu dem Gegenteil davon, was ein lust- und sinnvoller Umgang mit Kritik sein könnte. Doch genau den brauchen wir dringend, um den Spaß am Streit zu finden.

Dazu würde auch gehören, wohlwollende Kritik annehmen zu können als Hilfestellung oder als Versuch, eine Beziehung aufzubauen. Das Gegenstück zum rabiaten Kritiker ist nämlich der unsouveräne Kritisierte. Gekränkte und aufgebrachte Reaktionen auf vermeintliche Verletzungen gehören ja zu dem unreifen Spektrum des menschlichen Verhaltens. Mittlerweile sind sie aber zum festen Bestandteil des Repertoires vieler öffentlicher Personen geworden – und zur Rechtfertigungsgrundlage für eigene überzogene Angriffe auf Kritiker. Wir leben in einer Ära der beleidigten Leberwursthaftigkeit.

Weil Kritik und Gegenwind als Kränkung und Einschränkung ankommen, eskalieren Diskussionen heute auch so schnell. Der Philosoph Alain de Botton beschreibt das Schmollen als »Mischung aus großer Wut und dem ebenso großen Wunsch nicht mitzuteilen, warum man so wütend ist«. Wer auf Kritik beleidigt reagiert, kann natürlich einen guten Grund haben – wenn die Kritik ungerecht ist oder zu harsch formuliert oder zu einseitig. Andererseits ist das beleidigte Benehmen auch eine Form der Aggression, weil sie die eigene Verantwortung für die Konfliktsituation völlig auf den anderen abwälzt. Und weil man sich selbst dadurch in die Rolle des Opfers begibt.

Umso merkwürdiger und verstörender, dass gerade da, wo sich Macht konzentriert, besonders viel beleidigt getan wird. In der Politik scheint die Zone zwischen vorsichtiger Diplomatie und absolutem Unflat stark geschrumpft zu sein. Ein »Herr Präsident, Sie sind ein Arschloch, mit Verlaub«, wie es 1984 aus Joschka Fischer herausbrach, hat sich zumindest im Bundestag schon lange niemand mehr erlaubt. Als Großmeister der Beleidigung ging der SPD-Politiker Herbert Wehner in die Geschichte ein, der im Parlament herumkrakeelte, der Vorsitzende solle doch »auf den Strich« gehen und ihn einen »Flaschenkopf« nannte. Diese Kommentare wurden notiert, Wehner bekam eine Abmahnung, und der Betrieb lief weiter.

Die Bundestagsabgeordneten der sogenannten etablierten Parteien (also der Parteien, die nicht primär durch gruppenbezogene Menschenfeindlichkeit auf sich aufmerksam machen) müssen sich heute vor allem gegen üble Beleidigungen aus dem Volk, teilweise aber auch durch Kollegen der AfD wehren. Insbesondere wenn sie weiblich sind, einen Migrationshintergrund haben oder für die Grünen gewählt sind. Der SPD-Politikerin Aydan Özoğuz wurde »Entsorgung« angedroht; die Grüne Claudia Roth hört regelmäßig von Wählern, dass sie ihr Vergewaltigung durch »Migrantenmobs« wünschen, wie sie in einem Interview mit der ›Zeit‹ erzählte. Doch interessanterweise zelebrieren vor allem besonders mächtige oder einflussreiche Männer ihre verletzten Ehrgefühle. Der US-Präsident Donald Trump, der für jedes konkrete und abstrakte Problem unserer Zeit als Beispiel herhalten könnte, ist bekannt dafür, ausländische Staatsoberhäupter lächerlich zu machen, aber auf Twitter jeden Nutzer zu blocken (die ultimative Absage), der ihn kritisiert. Berüchtigt waren seine aufgebrachten Tiraden über »Fake News«, als sämtliche Medien übereinstimmend über die historisch niedrige Teilnahme an seiner Vereidigungszeremonie berichteten. Der oberste Präsident der beleidigten Leberwürste unseres Jahrzehnts regiert aber wohl bis auf Weiteres in der Türkei. Der türkische Präsident Recep Tayip Erdoğan ist notorisch rachsüchtig gegen seine journalistischen Kritiker, und ging so weit, den Satiriker und Fernsehmoderator Jan Böhmermann wegen Beleidigung zu verklagen. Böhmermann hatte 2016 in seiner Sendung eine sogenannte Schmähkritik an Erdoğan untergebracht. Der Anlass dafür war die offizielle Verärgerung der türkischen Regierung über eine andere deutsche Satiresendung, ›Extra 3‹. Böhmermanns Gedicht sollte demonstrieren, was genau eine Beleidigung sei, und was man – im Gegensatz zu seiner Satire – eben nicht dürfe, es begann mit diesen Zeilen: »Sackdoof, feige und verklemmt, ist Erdoğan, der Präsident« und ging tief unter der Gürtellinie weiter. Man kann darüber streiten, ob hinter dieser Aktion – und dem Applaus, den Böhmermann dafür bekam -, nicht auch eine gute Portion billige Türkenverachtung steckte; jedenfalls spielte die türkische Regierung wie erwartet die beleidigte Leberwurst am Bosporus und erstattete Strafanzeige gegen den Entertainer. Für Macht- und alle anderen Menschen gilt offenbar: Je weniger Rücksicht jemand auf die Sensibilität und die Schwächen anderer nimmt, desto schlechter kann sie oder er selbst mit Zurückweisung oder Häme umgehen.

Eine besonders umtriebige beleidigte Leberwurst der deutschen Nation wiederum ist die feministische Publizistin Alice Schwarzer. Nun sind Feministinnen per Definition ein ungewöhnlich kritikfreudiges Volk. Wer sich für Frauenrechte einsetzt und öffentlich darüber spricht, muss sich daran gewöhnen, andauernd Kritik einzustecken – und zwar von Gegnern wie von Mitstreiterinnen. Schwarzer, die über die Jahrzehnte sehr gut damit gefahren ist, nie Rücksicht auf irgendwelche Befindlichkeiten zu nehmen, wird seit Jahren von vielen Feministinnen dafür kritisiert, dass sie antimuslimische Ressentiments bediene und oft nah am rassistischen Klischee argumentiere. Schwarzer und ihre Kolleginnen steigerten sich vor einiger Zeit in einen Beitrag über sogenannte »Berliner Hetz-Feministinnen« hinein, denen sie mehr oder weniger unverblümt einen innerfeministischen Krieg erklärten (einer der wenigen Fälle von einem diskursiven Krieg, zu dem am Ende aus verschiedenen Gründen keiner hinging). Unter diesen rhetorischen Voraussetzungen findet natürlich kein konstruktiver kritischer Dialog statt oder irgendetwas, das auch nur in die Richtung geht.

Der Wunsch, sagen zu wollen, was man denkt, ist nachvollziehbar. Aber man muss schon auch hören können, was andere dazu sagen. Alles andere ist diskursiver Kindergarten. Und einerseits, okay: Wenn Kritik heute massenhaft unsicher, unklar oder übergriffig daherkommt, wer soll sie schon annehmen? Kritik muss nachvollziehbar sein, um zu überzeugen. Und auch wenn keine Kritik jeden überzeugen kann – schließlich basiert sie immer auf Ideologie, Geschmack, einer individuellen Werteordnung – so sollte es doch grundsätzlich ihr Ziel sein, nicht nur sich selbst zu genügen. Auch deshalb wäre es wichtig für jeden Einzelnen, seine kritische Sprache zu trainieren. Deshalb sind die institutionellen Rahmenbedingungen der politischen oder akademischen Debatten ja auch so sinnvoll – und deswegen funktioniert Kritik online oft so schlecht – wir kommen noch darauf zu sprechen.

Mediatoren wissen das, sie schaffen für Konfliktparteien bewusst freie Räume, in denen jeder seine Position ausführen darf, ohne dafür sofort kritisiert zu werden. Wichtig ist dabei, dass jeder dem anderen zuhören muss, ohne währenddessen Einwände zu formulieren. Doch diese Vermittlung fehlt da, wo uns Kritik besonders hart trifft – in professionellen und privaten Zusammenhängen, aber auch und gerade in den sozialen Medien.

Wer also Kritik üben will, muss immer bereit sein, sie

auch einzustecken. Das geht leichter, wenn man sie als besondere Form der Zuwendung versteht. Das bedeutet nun nicht, dass Kritik immer rücksichtsvoll sein sollte, das hängt ein bisschen von der Situation ab. Und es bedeutet umgekehrt auch nicht, dass man sich alles anhören muss. Aber als Maxime kann man sich vornehmen: Äußere Kritik und reagiere auf sie immer mit der Vorstellung, du würdest mit deinem Gegenüber am nächsten Tag essen gehen. Das wird netter, wenn man Labels wie »dumm«, »rassistisch«, »reaktionär« oder »gutmenschenhaft«, »männerfeindlich«, »linksversifft« nur sparsam verwendet.

Wenn wir unsere Kritik verbessern wollen, dann sollten wir bedenken, dass in ihr nicht nur Inhalte, sondern oft auch Beziehungen verhandelt werden. Deshalb sehe ich Kritik auch als etwas grundsätzlich Erfreuliches: Wer kritisiert, setzt sich zu dem Werk, den Gedanken, dem Handeln oder den Positionen einer anderen Person in Beziehung. Wenn es so etwas wie eine Kritikbeziehung zwischen Menschen gibt, dann ist Vertrauen hier, wie bei allen anderen Beziehungen, die Basis. Je weniger man auf sich selbst und auf die Motive des Gegenübers vertrauen kann, desto ungerechter und möglicherweise feindseliger wirkt Kritik.

Ich schreibe für die Zeitung, bei der ich arbeite, relativ oft über Bücher. Je älter ich werde, desto sparsamer bin ich mit negativen Rezensionen, ich weiß ja selbst, wie viel Arbeit und auch vom Autor selbst in so einem Buch stecken kann. Manchmal aber geht es nicht anders. Einmal sollte ich den Roman einer jungen Journalistin besprechen, die zu Ruhm gekommen war, weil sie einen kleinen, hanebüchenen Text darüber geschrieben hatte, wie sehr sie »der Feminismus« anekelte. Etwa ein Jahr später erschien ihr Debüt. Als jemand, die unterkomplexe Feminismus-Beschimpfungen ablehnt, las ich das Buch natürlich nicht vollkommen neutral, das war aber bei dem Persönlichkeitskult, den die Autorin um sich selbst herum auf sozialen Medien gebaut hatte, ohnehin nicht möglich. Ich hätte das Buch gern gelobt, um mich nicht selbst bestätigen zu müssen. Leider fand ich nichts zu loben, beziehungsweise ich fand so viel zu kritisieren, dass es das Wenige, was ich loben hätte können, nicht aufwog.

Man hat in einem Zeitungsartikel nicht unbegrenzt Platz, und so erschien also ein Verriss des Buches. Das war für die Autorin sicherlich nicht angenehm, es war aber nun wahrhaftig kein publizistischer Todesstoß. Trotzdem veröffentlichte der damalige Vorgesetzte der Autorin auf seiner halböffentlichen Facebook-Seite ein Posting mit einem Bild von mir und einem Link zu meinem ersten Buch, das von Feminismus handelt. Unmissverständlich sollte meine Kritik damit disqualifiziert werden und meine Person als Kommentatorenfutter freigegeben werden.

Es war ein verletzendes und für mich nicht nachvollziehbares Manöver, das die Spielregeln der Kritik missachtete, aber offenbar hatte man mir auf der Gegenseite ebenso unlautere Motive unterstellt. Es gab hier kein Vertrauen, sondern nur Feindseligkeit. Auseinandersetzung war zwecklos.

Kritik zerstört selbst keine Missstände, sie leistet nur Widerstand gegen Schlechtes. Sie liefert Werkzeuge, Strategien und Argumente, um das Schlechte zu bekämpfen. Kritik spricht aber immer auch von sich und ist damit eine wunderbare Möglichkeit, Verbündete zu finden. Sie muss dafür nicht konstruktiv sein, sie muss keine Alternativen bieten. Aber sie sollte verbindlich bleiben. Denn Kritik ohne Verbindlichkeit, das ist Wüten im leeren Raum. Das ist einfach nur Meinung. Und davon gibt es wirklich mehr als genug.

WIE WIR BESSER STREITEN KÖNNEN

Geschmacksfragen und Ansichtssachen

Wo immer (…) unliebsame Tatsachen diskutiert werden, kann man häufig beobachten, dass man ihre bloße Feststellung nur darum toleriert, weil dies von dem Recht auf freie Meinungsäußerung gefordert werde, dass also, halb bewusst und halb ohne dessen auch nur gewahr zu werden, eine Tatsachenwahrheit in eine Meinung verwandelt wird.

Hannah Arendt

In der Ordnung der zwischenmenschlichen Konflikte gehört die Meinungsverschiedenheit zu den kleinsten Einheiten. Läppisch, verglichen mit dem Stress, den hat, wer um Wasser, einen Schlafplatz oder Arbeit konkurrieren muss, ist die Konkurrenz um die bessere Meinung. Menschen unterscheiden sich in ihren Ansichten und Geschmäckern, wie sie sich in ihren Haartexturen und Körpergerüchen unterscheiden, das ist eine Tatsache, an der man nur sparsam Anstoß nehmen sollte. Im Gegensatz zu gravierenderen Differenzen: dass es Manager gibt, die zehn oder zwanzig Mal mehr verdienen als ihre Angestellten etwa. Dass manche Menschen gezwungen werden, in Lagern oder auf der Straße zu schlafen, weil sie in dem Land, in das sie geflohen sind, nicht bleiben sollen oder dort nicht arbeiten dürfen. Oder dass es einen sehr kleinen Teil der Menschheit gibt, der seit Jahrhunderten industrialisiert lebt, sehr viel Fleisch isst, Flugreisen macht und sehr viel Auto fährt und damit einem sehr großen Teil der Menschheit einen Klimawandel beschert.

Allerdings handeln durchschnittliche Streitgespräche über Politik und Gesellschaft heute eher selten von Strategie, Analyse oder Systemfragen. Meistens geht es bloß um Meinungen. Wer gut streiten will, muss also über Meinungen nachdenken. Die eigenen, die der anderen und die Frage, wann sich das Meinungsgegeneinander wirklich lohnt.

Der Philosoph Axel Honneth unterscheidet zwischen sozialen Konflikten und »Auseinandersetzungen, die sich innerhalb der politischen Öffentlichkeit in Form von thematisch fokussierten Debatten und Kontroversen abspielen«. Zwar würden sich in diesen Auseinandersetzungen Themen spiegeln, über die sich Menschen ärgern, aber diese Themen sagten wenig aus über die »tatsächlichen Kampfplätze und Fronten«.

Meinungskämpfe sind so gesehen eigentlich nur ein gesellschaftlicher Zeitvertreib. Das, was im Schaufenster der Öffentlichkeit passiert, während hinten im Laden die entscheidenden Transaktionen (auf Leben und Tod) stattfinden.

Und doch binden Meinungen heute ungeheure Aufmerksamkeits- und Erregungspotenziale. Es beunruhigt, dass die Meinungen der Menschen offenbar bei vielen Themen sehr stark auseinandergehen – Einwanderung etwa, Gleichberechtigung oder die viel zu häufig besprochene Frage, was man eigentlich noch sagen darf. Konsens ist da nur schwer oder teilweise auch überhaupt nicht herstellbar. Es entsteht Verwirrung, weil sich auseinanderstrebende Meinungslager auf teilweise so dermaßen disparate Referenzen beziehen und kaum dieselbe Sprache zu sprechen scheinen. Meinungen beschäftigen aber natürlich auch, weil sich die Eskalation der Verschiedenheiten in Wahlergebnissen niederschlägt, die Kompromisse in der Politik schwieriger machen. Und schließlich, weil rund um die wuchernden Meinungen ein Rahmenstreit darüber erwächst, wie wir mit all der Differenz eigentlich umgehen sollten. Wann soll man dem anderen einfach »seine Meinung lassen«? Was ist der Unterschied zwischen einem Diskussionspartner, einem »Andersdenkenden«, einem Gegner und einem Feind? Sind die Übergänge fließend oder gibt es klare Grenzen?

Natürlich sind Meinungen Futter für Streit: Wenn ein

Mensch die Welt gänzlich anders sieht und interpretiert als man selbst, löst es Nervosität und manchmal auch Aversion aus. Manche Menschen – ich gehöre zugegebenermaßen leider zu ihnen – neigen dazu, aus der Meinungsaversion eine persönliche Aversion zu entwickeln. Wer aber nicht in einer Meinungsenklave unter Gleichgesinnten bleiben will, muss diese Aversionsverknüpfung brechen. Oder es zumindest versuchen. Es ist menschlich richtig und politisch wichtig, sich über Meinungen zu streiten. Besonders anregend und spannend ist Streit oft, wenn das Ziel ist, sich gegenseitig von der jeweiligen Meinung abzubringen – auch wenn das eher selten erreicht wird. Ehrgeizig geführte Sachstreits sind die besten. Während die schlechtesten Streits die sind, in denen die Meinung des Gegenübers entwertet oder abgeschmettert wird. Manchmal geht es nicht anders – weil ein unterirdisches Weltbild offenbart wird oder das Gesagte durch keinerlei Wissen qualifiziert ist. Wer gut über Meinungen streiten will, hilft sich dabei zunächst mit zwei Grundregeln. Erstens: Niemals vom anderen verlangen, dass er die eigene Meinung ungeprüft oder widerspruchslos annimmt. Zweitens: Niemals über Meinungen streiten, in denen Grundrechte, das Gegenüber oder der Diskussionsgegenstand verächtlich gemacht werden.

Dafür, dass so viele von ihnen kursieren, auseinandergehen, von öffentlich-rechtlichen und privatwirtschaftlichen Befragungsinstituten eingeholt werden und in

Fernsehsendungen verhandelt werden, ist oft erstaunlich unklar, was eine Meinung überhaupt ist. Braucht der Mensch eine? Kommt es einem nur so vor oder gibt es davon mehr denn je? Warum legen wir heute entweder sehr viel oder dann wieder überhaupt keinen Wert auf die Meinungen bestimmter Menschen? Woher rührt es, dass an so vielen Meinungen wie ein aufgebrachter siamesischer Zwilling der Anspruch hängt, diese immer auch durchzusetzen?

Das Zitat von Hannah Arendt, das am Anfang dieses Kapitels steht, zeigt den weiten Weg der Meinung in der politischen Kommunikation: Arendt beschreibt in ihrem Essay ›Wahrheit und Politik‹, wie nach dem Holocaust Fakten zu Meinungen degradiert wurden, um die Verbrechen des Faschismus in das Reich der Ansichtssache zu rücken. Heute sehen wir den umgekehrten Effekt: Zwar werden unliebsame Fakten noch immer als Meinungen verunglimpft – die Vereinigten Staaten erleben jede Woche, dass ihr Präsident journalistische Recherchen als »Fake News« beschimpft; umgekehrt werden aber reine Meinungen auch als Fakten serviert: Das Lügenkonstrukt der »alternative facts«, das Trumps Sprecherin im Zusammenhang mit den Zuschauerzahlen bei der Amtsvereidigung lancierte, ist zur Chiffre für politische Manipulationsversuche unserer Zeit geworden, die selbst vor offensichtlichen Unwahrheiten nicht zurückschrecken.

Die Vermischung von Fakten und Meinung ist mittlerweile unter vielen »Menschen offenbar so weit gediehen, dass sie glauben, eine Meinung könne man mit derselben Sicherheit von sich geben wie die Aussage, dass eins plus eins zwei ergibt.

Was also ist eine Meinung?

In der Philosophie ist sie, laut Hannah Arendt, das Gegenteil der Wahrheit. Das bedeutet: Eine Meinung ist subjektiv und sie ist veränderlich. Sie orientiert sich an der Erscheinung einer Sache und ist oft unbestimmt. Sie erhebt keinen allgemeinen Gültigkeitsanspruch. Spinoza ordnete die Meinung auf die unterste Stufe der Erkenntnis, zusammen mit der Einbildung. Auch den Philosophen der Aufklärung galten Meinungen nicht viel. Kant definierte die Meinung als ein »objektiv und subjektiv unzureichendes Fürwahrhalten«, gestand ihr aber bei subjektiv zureichendem Fürwahrhalten den Status einer »Vernunftshypothese« zu. Auf jeden Fall war die Meinung für ihn etwas, das an Erfahrung gebunden ist und nichts mit der reinen Vernunft zu tun hat. Für Johann Gottlieb Fichte manifestiert sich mangelnde Genauigkeit in der Meinung: Wer eine hat, geht davon aus, dass mehrere möglich sind und wählt diejenige aus, die ihm aus subjektiven Gründen plausibel erscheint. Eine Meinung ist sich selbst genug, so könnte man das vielleicht formulieren. Sie behält sich aber die Möglichkeit vor, sich zu ändern. Man spricht ja nicht davon, dass jemand seine Wahrheit ändert. Jemand ändert seine Meinung, also das, was er aus seinen Eindrücken für sich gemacht hat. Für Hegel hatte die Meinung überhaupt nichts in der Philosophie zu suchen, weil sie beliebig ist, keine objektiven Kriterien erfüllt und keinen Geltungsanspruch erheben kann.

Hannah Arendt selbst hatte keine so schlechte Meinung von der Meinung, sofern sie sich auf den Bereich des Politischen bezieht. Hier vergleicht Arendt die Meinungsbildung mit der Urteilskraft nach Kant, beschreibt sie als langen, aushandelnden Prozess, bei dem man sich offen verschiedene mögliche Standpunkte vergegenwärtigt: Es gilt, »mit Hilfe der Einbildungskraft, aber ohne die eigene Identität aufzugeben, einen Standort in der Welt einzunehmen, der nicht der meinige ist und mir nun von diesem Standort aus eine eigene Meinung zu bilden«.

Eine Meinung darf also keine Geltung beanspruchen. Sie darf zwar subjektiv sein, kann aber nur bestehen, wenn sie andere Subjektivitäten anerkennt. Psychologen und Neurowissenschaftler haben festgestellt, dass die wenigsten Menschen im Erwachsenenalter Informationen wirklich aufnehmen, die ihrem Weltbild nicht entsprechen. Eine Anpassung des Weltbildes erfolgt nur selten. Dieser sogenannte »confirmation bias« – zu Deutsch Bestätigungsfehler – wurde in Stanford erforscht. Ein

Grund dafür ist, so glauben zum Beispiel die Neurowissenschaftler Dan Sperber und Hugo Mercier, dass Menschen sich als soziale Spezies eher an sozialer Erwünschtheit orientieren als an Rationalität und Logik. Sperber und Mercier zufolge hat das Argumentieren und Diskutieren den evolutionären Vorteil, dass durch den Austausch von Ansichten bessere Ideen und Problemlösungen entstehen. Was wir Vernunft nennen, ist – wir erinnern uns an Habermas – in dieser Lesart weniger ein inneres Potenzial, das jedes Individuum entfalten kann, sondern das Ergebnis zahlreicher zwischenmenschlicher Auseinandersetzungsprozesse. Es ist eine Art Überlebensinstinkt, sich auch geistig nicht allein vor die Höhle zu wagen, wenn die Gruppe sagt, dass der Säbelzahntiger definitiv gefährlich ist. (Wissenschaftliche oder journalistische Neugier entstand vermutlich nicht während der Höhlenzeit.)

Es hilft im Streit, sich immer mal wieder zu vergegenwärtigen, wie vergleichsweise situationsbedingt Meinungen sind. Genauso hilft es, sich klarzumachen, was eine Meinung nicht ist. Zum Beispiel eine Beleidigung. Einer Person aufgrund ihrer Herkunft, Hautfarbe, Sexualität, Religion oder Kopfbedeckung die Zugehörigkeit abzusprechen oder ihre Menschenwürde in Abrede zu stellen, das ist ebenfalls keine Meinung. Jemandem Gewalt oder Tod zu wünschen, ist ein böser Gedanke – keine Meinung. Und man sollte einer Abtreibungsrechtlerin zumindest begründen können, warum man ihre Ansichten nicht auszuhalten findet. Die Aussage alleine ist als Meinung noch recht schmal.

Auch Gefühle sind keine Meinungen. Angst: Keine Meinung. Unbehagen: Keine Meinung. Misstrauen: Keine Meinung. Freude und Liebe übrigens auch nicht. Viele würden Liebe eher in die Kategorie der Wahrheit rechnen, so will es die christlich-westliche Prägung, aber das ist eine Frage, die uns zu weit weg vom Thema führen würde (allerdings vielleicht hin zu einem schönen Streit!). Jedenfalls: Gefühle sind zwar veränderlich, aber sie kommen nicht durch Abwägung zustande. Gefühle sind, eben weil sie so veränderlich sind, auch nicht überprüfbar – und deswegen eignen sie sich nicht zur Legitimation einer Meinung. Wer das versucht – »Ich bin gegen die Notunterkunft in meinem Ort, weil ich Angst vor Fremden habe« –, darf zwar durchaus erwarten, dass er seine Ängste erläutern kann. Aber wenn er mit seiner Ansicht in einen Streit treten will, der den Namen verdient, so muss er erstens bereit sein, seine Angst genau zu begründen, und zweitens die Möglichkeit zulassen, dass diese Angst entkräftet wird.

Trotz, oder vielleicht gerade wegen der Meinungsmasse unserer Zeit, kommt insbesondere in direkten Gesprächen oft der Satz: »Dazu habe ich keine Meinung.« Es liegt eine leise Erleichterung darin, das zu sagen. Das kenne ich aus eigener Erfahrung – unter anderem, weil ich leider dazu neige, Meinungen zu haben (die Hannah Arendts Vorgaben teilweise eher schlecht als recht erfüllen). Viele Jahre hielt ich es für meine Pflicht, zu so ziemlich allem außer jeder Art von naturwissenschaftlichen Themen irgendeine Meinung oder wenigstens eine Grundhaltung zu kultivieren. Dann bekam ich Kinder und hatte zeitweise zu viel anderes zu tun, als mich insgesamt auszukennen. Mittlerweile gönne ich mir ab und zu auch mal keine Meinung. Und stelle fest, dass es durchaus befreiend sein kann, sich einem Thema zu verweigern.

Meinungslosigkeit ist kein sehr interessanter Grundzustand, aber er kann ein wunderbarer Anlass für ein Gespräch sein, solange man neugierig meinungslos bleibt. Dabei können alle Beteiligten etwas lernen: Derjenige, der keine Meinung hat; diejenige, die ihre Meinung erklären muss. Aus solchen Konstellationen entwickeln sich oft richtig anregende Streits, bei denen die Fronten verschiebbar und durchlässig sind. Es diskutiert sich ohne Meinung tatsächlich oft freier und besser, weil man dann viel eher in der Lage ist, auf einen fremden Standpunkt einzugehen. Man hat ja selbst noch nichts zu verteidigen. Es lohnt sich also, auch dann in eine Diskussion um eine Sache zu treten, wenn man »keine Meinung« hat. Man kann Meinungslosigkeit auch simulieren, indem man sich zu einem Abstand von der eigenen Meinung zwingt. So kann es gelingen, sehr harten Pro-Contra-Streits die Schärfe zu nehmen. Einmal fand ich mich in einem überfüllten Zugabteil neben zwei Berufssoldaten, die sich sehr angeregt über irgendwelche Waffen unterhielten. Ich mag kein Militär und erst recht keine Waffen, aber ich dachte: Jetzt finde ich einmal heraus, was andere daran gut finden. Ich machte das, was Journalisten im Idealfall tun, und begann Fragen zu stellen, als hätte ich keine Grundsatzvorbehalte. Irgendwann wurde meinen Gesprächspartnern und mir klar, dass wir uns bei manchen Themen überhaupt nicht einigen würden. Überzeugt haben sie mich mit ihrer Faszination nicht. Aber interessant war es, jedenfalls für mich, trotzdem – oder gerade deshalb. Und ich hatte die Möglichkeit, den Soldaten eine andere Perspektive auf Verteidigungspolitik zu schildern, als diejenige, die sie in ihrer kasernierten Filterblase entwickelt hatten.

Viel zu oft aber gerät der Satz »Dazu habe ich keine Meinung« zu einem Stöpsel der Indifferenz im Strom des Austauschs. »Ich habe dazu keine Meinung« fungiert dann als Chiffre für »... und deine interessiert mich ehrlich gesagt jetzt auch nicht so richtig, jedenfalls möchte ich zu ihr nichts sagen«. Verwandt ist er in dieser Hinsicht mit Sätzen wie »Na ja, das ist letztlich auch eine Geschmacksfrage« (etwa im Hinblick auf einen Text) oder »Das muss jeder selber wissen« (in Bezug auf die Einstellung zur Ehe für alle). Um die eigene beliebige und subjektive Haltung zu begründen oder zu rechtfertigen, wird einem Gegenstand Beliebigkeit und Subjektivität zugeschrieben.

Nicht falsch verstehen: Es gibt tatsächlich Fragen, die vollkommen im Bereich der persönlichen Moral liegen oder auch des subjektiven Geschmacks. Unsere liberale Gesellschaft ermächtigt uns dazu, Entscheidungen, die unsere eigene Lebensführung betreffen, dem Individuum zu überlassen. Man nennt das auch »Privatmeinung«.

Was ist öffentlich, was privat?

Das Problem für unsere heutige Streitkultur ist, dass die Grauzone zwischen privater und öffentlicher Meinung immer größer wird, je mehr die privaten und öffentlichen Sphären insgesamt verschwimmen. Daniel-Pascal Zorn schreibt in seinem Buch ›Logik für Demokraten‹: »Unsere Privatmeinung gehört uns. Unsere öffentliche Meinung ist Teil des Diskussionsspiels, an dem auch alle anderen teilnehmen. Das ist die erste Unterscheidung. Wir können unsere Meinung öffentlich äußern. Aber wir dürfen nicht erwarten, dass unsere subjektive Überzeugung eine ist, die unsere Meinung auch für alle anderen gültig macht. Die Äußerung einer Meinung ist nicht dasselbe wie ihre Geltung. Das ist die zweite Unterscheidung.« Will heißen: Solange die eigene Meinung im Kopf oder zwischen den eigenen vier Wänden im Tagebuch bleibt, muss sie keine Kriterien erfüllen außer denen, die man ihr selbst gibt. Sobald man sie aber nach außen trägt, müssen andere Regeln gelten. Dessen sind sich offenbar wenige Menschen wirklich bewusst.

Was natürlich auch daran liegt, dass unsere Kommunikation im Alltag traditionell recht meinungsgetrieben ist.

Der Effekt verstärkt sich nun durch das Internet: Suche ein Buch auf Amazon (oder, lieber Buchliebhaber, besser nicht!), und finde unter dem Titel die Meinungen anderer Leser. Buche ein Hotel für den Urlaub und lies dazu erst mal ein paar Meinungen anderer Gäste auf TripAdvisor. Kaufe ein Paar Schuhe beim Online-Versandhandel und werde umgehend per Mail aufgefordert, diese bitte zu bewerten. Wer sich – wie so viele – an diesem Bewertungsspiel beteiligt, hat natürlich ständig die Möglichkeit, seiner Meinung mit sehr wenig Aufwand und kaum Begründungsanspruch Geltung zu verschaffen. Die Erfahrungen und Urteile von Menschen, die uns völlig fremd sind und mit uns nichts gemeinsam haben, außer einer Konsumentscheidung, haben damit eine ziemlich massive Präsenz in unserem Leben.

Es gibt also einen netzgetriebenen Meinungsdauersound, der auch im Bereich des Journalismus dröhnt: Weil Nachrichten mittlerweile permanent aufkommen und überall billig bis kostenlos erhältlich sind, steigt der Wert der Einordnung. Meinung erzeugt mehr Meinung, sie wird zur Gewohnheit.

Wer etwa heute auf Facebook eine Meinung zu, sagen wir, der Polizeiarbeit in Sachsen postet, agiert, anders als ihm von der Anwendung suggeriert wird, keineswegs im

Privaten. Zum einen, weil das, was er postet, gespeichert wird und jederzeit von Administratoren gelöscht werden kann; und zum anderen, weil seine 570 Facebook-Freunde (oder auch nur 57) mitlesen und mitmeinen können. Und sich unter Umständen dazu eine Gegenmeinung bilden.

Wer einen Leserbrief schreibt, eine Diskussionsveranstaltung besucht oder gar auf einem Podium sitzt und dabei Meinungen äußert, tut dies im öffentlichen Raum. Das bedeutet: Das, was man zu sagen hat, sollte zumindest auf grundlegenden Sachkenntnissen basieren. Und es beinhaltet immer das Risiko, dass die eigene Meinung hinterfragt wird.

Ich will damit nun nicht einer Meinungselite oder Expertokratie das Wort reden. Aber eine Gesellschaft, die den freien Meinungsaustausch ermöglicht und lebt, kommt nicht umhin, gewisse Qualitätskriterien für Meinungen zu entwickeln und dann auch an ihnen festzuhalten. Je schwächer dieser Halt, je beliebiger diese Kriterien werden, desto schwieriger wird es, sich zu streiten.

Es ist eigentlich nicht so kompliziert: Wer sich annehmbar zu feministischer Politik äußern will, sollte schon ein paar feministische Positionen kennen und sich mit der Situation von Frauen beschäftigt haben. Wer eine Meinung zu dem Konflikt zwischen Israel und Palästinensern äußern will, sollte mehr vorweisen können als einen Urlaub in Tel Aviv und definitiv mehrere

Zeitungen lesen. Wer etwas über die Jugend von heute sagen will, sollte sich regelmäßig mit Jugendlichen austauschen.

Die Neurowissenschaftler Philip Fernbach und Steven Sloman, die jahrelang über Meinungsbildung geforscht haben, stellen fest, dass Menschen umso radikalere Ansichten zu Themen vertreten, je weniger sie über sie Bescheid wissen. Je genauer jemand seine Haltung zu etwas darlegt, desto weniger scharf fällt die Meinungsbekundung aus.

Tatsächlich könnte man mit einer Regel sehr viel schlechten Meinungsstreit beseitigen: Ich äußere mich in Diskussionen nur mit einer Meinung zu einem Thema, wenn ich darüber wirklich Bescheid weiß. Oder aber wenn mir ein Sachverhalt oder eine Ansicht so sehr moralisch gegen den Strich geht, dass ich nicht schweigen kann.

Es ist nicht elitär oder abwertend, wenn man in einem Konflikt darauf besteht, dass sich beide Parteien informiert haben; dass sie die Zusammenhänge verstehen; und dass sie es eingestehen können, wenn sie es nicht tun. Das ist kein sogenannter Meinungskorridor und keine Einschränkung der Gedankenfreiheit. Vielmehr geht es dabei um Respekt und Qualitätssicherung und um die Vermeidung von Windei-Streits, bei denen man sich solange stur gegenseitig die Meinung geigt, bis nur Kakophonie zu hören ist.

Um zu besseren Meinungen zu kommen, wäre es auch

wichtig, Information aus verschiedenen Quellen zu beziehen. Den Kopf aus der Timeline oder der Stammzeitung zu heben, mal eine Studie selbst zu lesen, bevor man sich über die Ergebnisse aufregt, von denen berichtet wurde. Die Prinzipien des Rechtsstaates auch auf die eigene Urteilsbildung anzuwenden: in dubio pro reo, und geurteilt wird frühestens, wenn die Beweisführung stattgefunden hat. Wer sich an diese Prinzipien hält, vermeidet Meinungsschnellschüsse, wie sie sich leider gerade Politiker immer wieder erlauben, wenn sie die »schnellstmögliche Abschiebung« mutmaßlicher Straftäter und andere populistische Forderungen in die Öffentlichkeit ablassen.

Das Phänomen der Filterblase ist mittlerweile bekannt – der Mensch neigt dazu, sich in recht homogenen Informationszonen einzurichten, hallo »confirmation bias«, hallo Höhle. Suchmaschinen und Algorithmen der sozialen Netzwerke verstärken diesen Effekt – man muss also, wenn man sich vor allem im Internet informiert, mediale Konsumvielfalt bewusst gestalten. Und man muss, wenn man sich verantwortlich eine Meinung bilden will, mit geradezu quellenkritischen Methoden vorgehen: Woher kommt diese Information, in welchem Zusammenhang steht sie, wer ist der Autor, wie ist sie geschrieben.

Etwas schwieriger gestaltet sich der Umgang mit den sogenannten Echokammern, die der Philosoph C. Thi Nguyen als »sektenartig« beschreibt, und deren Effekt auf das Individuum er für ungleich gefährlicher hält als die Filterblase. Während in der Filterblase eine »epistemische Krise« entsteht (so nennt sie der Publizist David Roberts), also der gesellschaftliche Zerfall der Wissensbasis, auf der man miteinander spricht und denkt, geschieht in der Echokammer etwas noch Gravierenderes: Man lernt hier, anderen Gruppen aktiv zu misstrauen. Ihren Mitgliedern werden niedere Motive unterstellt, sie werden persönlich und moralisch unterminiert und jeglicher Kontakt wird unmöglich. Nguyen schreibt: »Die Echokammer knackt man nicht, indem man ihren Mitgliedern aufgeregt mit ›Fakten‹ vor der Nase herumwedelt, sondern indem man sie an ihren Wurzeln angreift und den Schaden repariert.« Es geht nicht ohne Vertrauen.

Die Moralisierung der Politik, die Politisierung der Moral

Vertrauen geht allerdings auch oft in einer weiteren Grauzone verloren, nämlich da, wo Politik und Moral verschwimmen. Und das tun sie in Diskussionen immer häufiger.

Dass politische Diskussionen oft zum Schaden der Debatte moralisiert werden, ist das Argument von Chantal Mouffe. Dass persönliche Entscheidungen immer häufiger politisiert werden, ist ein Vorwurf, der sowohl von liberaler als auch konservativer Seite kommt. Es gibt Themen, die man nirgends als in diesem Graubereich ansiedeln kann, zum Beispiel die Frage nach dem Recht auf Schwangerschaftsabbruch. In diesem Thema treffen grundsätzliche politische Einstellungen auf moralische Ansichten. Die Antwort, die jemand darauf hat, verrät viel über ihre oder seine Weiblichkeitsvorstellung und welches Recht über den eigenen Körper sie oder er Frauen zugesteht. Es sagt aber natürlich auch etwas über ihre oder seine Überzeugung, welche Rechte beginnendes Leben haben muss. Die moralische Frage ist, ob ein Fötus innerhalb des Mutterleibs Rechte haben soll und wie lange es der Mutter zusteht, über sein Leben zu entscheiden. Allerdings wird sie auch in Abhängigkeit von Umständen und gesellschaftlichem Klima beantwortet. Man kann hier keine moralischen Ansprüche stellen, ohne über politische Bedingungen zu sprechen. Man sollte es aber auch – zumindest in der Diskussion – vermeiden, die moralische Differenz nur im Licht politischer Programmatik zu verhandeln. Um sauber zu streiten, sollten wir moralischen Argumenten mit Moral begegnen, und politischen Forderungen mit Politik.

Man kann also sehr gut über dieses Thema streiten und tatsächlich hat fast jeder Mensch eine Meinung dazu und fast jede Meinung kann man sich erst einmal anhören. Man kann und sollte als Abtreibungsbefürworterin auch hinnehmen, dass andere aus moralischen Gründen eine andere Position einnehmen. Beirren lassen muss man sich allerdings nicht darin, für die körperliche Selbstbestimmung von Frauen einzutreten.

Politisch-moralische Grauzonen-Themen – dazu gehören beispielsweise auch die Sexarbeit, die Frage nach dem Abbau fossiler Brennstoffe, der Umgang von Staaten mit Religion – verursachen aus nachvollziehbaren Gründen besonders häufig eine Meinungsblockade. Wie soll man hier allen Standpunkten gerecht werden, was kann einem helfen, sich richtig zu positionieren? Man kann Sexarbeit moralisch in Ordnung finden, aber politisch ablehnen. Man kann Braunkohleabbau aus ökologischen Gründen moralisch ablehnen, aber die politische Dramatik am Standort, wo es um Arbeitsplätze geht, nachvollziehen. Man kann sich eine säkulare Allgemeinheit wünschen, aber die Repression von Glaubensgemeinschaften ablehnen.

Tatsächlich ist es legitim und oft sogar dringend geboten, sich bei der Abwägung der Standpunkte Zeit zu lassen – nur zu einem kommen sollte man dann nach Möglichkeit schon. Das Schöne an Meinungen ist ja, dass man sie ändern kann. Es ist möglich, die eigene Position zu wechseln, aber dafür muss man erst einmal eine haben. Gerade über Grauzonen-Themen gerät Streit auch deshalb so oft zu einer Zumutung, weil alles, was man dazu sagen kann, gleich richtig wie gleich falsch erscheint.

Ein echtes Problem ist deshalb die diskursive Ausweitung der Grauzone, die man schon länger beobachten kann. Dass nämlich persönliche Äußerungen oder Entscheidungen politisch instrumentalisiert und umgekehrt politische Handlungen in den Bereich des Persönlichen überführt werden. Die Aufhebung dieser Sphären geht unter anderem auf die emanzipatorischen Bewegungen und die kritische Theorie des 20. Jahrhunderts zurück, als sowohl die Familie als auch die Sexualität und der Konsum zum Gegenstand politischen Denkens wurden. Wir diskutieren oft mit einer Vehemenz über Detailfragen von Lebensmodellen, die besser in einer Diskussion über Wirtschaftsordnungen aufgehoben wäre – und dort auch der Gesellschaft vermutlich mehr nutzen würde.

Dass das Private politisch ist, muss mir niemand erzählen. Aber manchmal wirken private Fragen auch politisch bedeutsamer als sie sind. Zum Beispiel erscheint mir unklar, wie politisch relevant es ist, ob eine Frau bei der Eheschließung den Namen des Partners annimmt.

Aber als Feministin?! Was ist mit dem Wert der Gleichberechtigung, der hier nicht gelebt wird? Natürlich hat so eine Entscheidung eine politische Dimension – aber die Konsequenzen sind so nebensächlich, dass sich eine politisierte Debatte darüber kaum lohnt. Gleichberechtigung wird auf vielen Ebenen verhindert – der Name ist aber heute relativ egal. Trotzdem führen solche Themen zuverlässig zu erbitterten Diskussionen. Dahinter steckt eine Einstellung, die die Philosophin Alexis Shotwell »Politik der Reinheit« nennt – das Individuum versucht, alle seine

Ideale in der persönlichen Lebensführung zu verwirklichen, anstatt sie in gesellschaftlichen Institutionen für alle wirksam zu machen. Ich finde, wir könnten uns bei den Problemen, die gerade dringlich sind, gerne von dieser Puppenhausmentalität verabschieden. (Sie dürfen sich auch an dieser Stelle gerne aufgefordert fühlen, zu streiten!)

Umgekehrt funktioniert das Ganze natürlich auch: So werden wirklich politische Fragen von Politikern gern zu rein privaten erklärt: Die ehemalige Familienministerin Kristina Schröder ist zum Beispiel bekannt dafür, dass sie vehement die »Wahlfreiheit« von Frauen verteidigt, nach der Geburt von Kindern nicht mehr berufstätig zu sein. Dass an diese Freiheit aber keineswegs die Wahlfreiheit zwischen Absicherung und einem potenziellen Armutsrisiko bei Trennung oder Verwitwung oder Jobverlust gekoppelt ist, verschweigt sie. Mit dem Verweis auf die individuelle Selbstbestimmung entstellt Schröder die feministische Kritik an der weiblichen Abhängigkeit als Dogmatik. Und sie entzieht sich der Frage, wie viel Sicherheit Frauen verdient haben, wenn sie Kinder bekommen. Hier wird also eine politische Frage zu einer Ansichtssache erklärt. Wenn das passiert, lädt sich jeder Sachstreit allzu schnell mit Ressentiment auf.

Um das zu vermeiden, brauchen wir aber nicht mehr Meinungen im Diskurs. In Anbetracht der Realität wäre es auch etwas viel verlangt, zu jedem Thema eine Meinung zu haben. Es würde unser Dasein in der Gesellschaft möglicherweise sowieso entspannen, wenn weniger Meinungen und dafür mehr durchdachte Kritik, konkrete Vorschläge und vor allem Handlungsspielräume vorhanden wären.

Die Meinungsmaschinerie

Der Austausch von Meinungen hat allerdings auch in der Politik an Rasanz und dadurch vermeintlich an Bedeutung zugenommen: Wenn Abgeordnete oder Minister schnell eine Ansicht loswerden wollen, tweeten sie mal eben zu Heimat, der Pille danach oder der angeblich wahren Ursache für Brandanschläge auf Flüchtlingsunterkünfte. Sobald etwas geschieht, scheint es, sind binnen kürzester Zeit die ersten Meinungen dazu in der Welt. Als Leserin und Bürger muss man darauf natürlich nicht ständig reagieren, aber es entsteht eine Art meinende Grundstimmung. Denn Reden ist zwar Silber, doch Schweigen fühlt sich in politisch polarisierten Zeiten gelegentlich wie Selbstverrat an.

Auch politische Talkshows sind wahre Meinungsmaschinen. Zum einen lässt das Prinzip der Sendungen keinen Austausch zu, der wirklich über das Kommunizieren von subjektiven Standpunkten hinausginge bzw. erscheint jeder Standpunkt durch das Format als extrem subjektiv. Person A – vertritt Standpunkt A. Kamera auf

A, Standpunkt raus. Person B – vertritt Gegenstandpunkt B. Kamera auf Person B, Standpunkt raus. Moderation stellt Frage, die noch mal den Gegensatz zwischen A und B unterstreicht und sie die jeweiligen Standpunkte wiederholen lässt. Eine Entwicklung ist in diesem Konzept nicht vorgesehen. Streit ist hier nichts anderes als Schlagabtausch. Schlagabtausch kann natürlich Spaß machen. Macht er aber erfahrungsgemäß nur, wenn man dafür entweder gut geschult ist oder es für einen persönlich um nicht viel geht.

Zum anderen generieren die Talkshows wiederum Meinungsstürme bei ihren Zuschauern. Auf ihren Second-Screens bewerten Medienjunkies Gästezusammenstellung, Argumentationsweisen und Moderation bei #annewill, #hartaberfair oder #maischberger, und je kontroverser das Thema, desto mehr Aufregung entsteht zwangsläufig. Jede gesendete Meinungsrunde wird also von einer Art Meta-Show begleitet, an der sich alle beteiligen können, die über Internetzugang und einen Account in einem Social-Media-Netzwerk verfügen. Überhaupt gehören Talkshow-Rezensionen bei vielen großen Onlinemedien zu den Klickzahlschlagern, vermutlich weil sie Stoff für Mittagspausengespräche in Kantinen versprechen. Das heißt: Recht viele Medienkonsumenten beschäftigen sich täglich mit Meinungstexten über Meinungsrunden, um sich ebenfalls eine Meinung zu bilden.

Die Talkshows enthüllen aber auch das destruktive Potenzial der Meinungsöffentlichkeit: Das Format entstand ja in der Zeit, die der Publizist Georg Diez als »Konsens-Deutschland« bezeichnet, als sich also in der Politik Menschen begegneten, die zwar schon sehr unterschiedlicher Meinung waren, aber im Großen und Ganzen von derselben Sache redeten, wenn sie Gesellschaft oder Deutschland sagten.

Das ändert sich gerade. Und es zeigt sich anhand der immer häufiger extrem undifferenziert betitelten Themen, der Zusammensetzung der Gäste und der Tatsache, dass Vertreter der AfD wie Alexander Gauland oder Alice Weidel sich bestens durch ihre Auftritte bei Anne Will oder Sandra Maischberger profilieren konnten: Die Meinungsmaschine Talkshow befeuert die Polarisierung. Sie lebt ja davon, sie erhofft sich Einschaltquoten, wenn sie darüber diskutieren lässt, »was man heute noch sagen darf« oder wo »die Toleranz gegenüber dem Islam aufhört«. Die Talkshow macht aus Meinungspluralismus eine Art Gladiatorenspektakel, eine »Boxbude«, wie es der Talkshowproduzent Friedrich Küppersbusch in einem Interview im ›Tagesspiegel‹ ausdrückt. Das klingt sportlich, ist aber nur so lange lustig, wie nicht (verbal) auf Recht und Würde von Mitbürgern herumgetrampelt oder extreme Debattenverzerrung betrieben wird.

Meinung als Risiko

Dagegen sind berufliche oder private Zusammenhänge heute oft von einer gewissen Meinungsscheu gezeichnet. Die hängt natürlich mit der Unfähigkeit im Umgang mit Kritik zusammen. Vor allem Menschen meines Alters scheinen sich nur dann wirklich wohlzufühlen, wenn sie eine positive Meinung zu einem Thema, einem Gegenstand oder einem Menschen, im Sinne eines Lobs, aussprechen können. Auch das ist ein Effekt einer Kultur der andauernden Umgänglichkeit und Positivität, der verstärkt wird durch eine nun schon zehn Jahre andauernde Konditionierung in den Netzwerken: Herzen, liken, faven sind alleweil angenehmere und leichtere Anerkennungstätigkeiten als etwas absurd, gefährlich oder fragwürdig zu finden. Eine Meinung zu haben gilt einerseits als erstrebenswert, andererseits aber auch als Risiko. Zum Beispiel, wenn sich herausstellt, dass man die Einzige mit dieser Meinung ist, oder wenn man die eigene Meinung nicht gut verteidigen kann. Der Journalist Albrecht von Lucke sagte mir in unserem Gespräch zum Thema, die politische Unschärfe vieler jüngerer Kollegen und deren gesteigerte Bereitschaft, die eigene Meinung zurückzuhalten, mache ihm Sorgen.

Man könnte nun einwenden, das sei eben seine Meinung, die müsse man auch nicht unbedingt ernst nehmen. Aber zumindest in dem Milieu, in dem ich mich bewege, also einem medienaffinen, kreativ und tendenziell erfolgsorientierten Milieu, fällt durchaus eine gewisse Zurückhaltung in Sachen Meinung auf. Obwohl man ja ganz genau weiß, dass jeder viele davon hat. Die Journalistin Mareike Nieberding hat Ähnliches beobachtet: »Wir müssen nicht streiten, weil wir sowieso einer Meinung sind. Wer doch mal was loswerden will, verlinkt einen Kommentar aus der ›taz‹ auf Facebook. Wir sind es nicht gewohnt, wenn jemand im Gespräch eine gegenteilige Meinung vertritt. Andersdenkende sind eine Bedrohung, weil sie unsere Wissenslücken freilegen und Haltung verlangen. Und genau das ist es, was uns fehlt.«

Es findet da ein Kalkül statt, das sicherlich auch auf dem Lerneffekt der Mediennutzung beruht: Eine unbeliebte oder schwierige oder schlecht begründete Meinung könnte unangenehme soziale Konsequenzen nach sich ziehen, und vor der haben viele, wie wir gesehen haben, große Angst.

In Gesprächen und Diskussionen mit Menschen über fünfzig wiederum scheint die Bereitschaft zum Meinen in robustem Zustand. Die 68er-Generation und ihre direkten Nachfolger haben das Meinen zu einer Art lebenserhaltender Grundfunktion gemacht: Wo sie sind, wird in der Regel verdammt viel gemeint und dementsprechend gestritten. Ich muss sagen: Ich interessiere mich sehr für Meinungen. Mich erfreut es, wenn jemand sagen und zeigen kann, wie er zu einer Sache steht. Insofern beneide ich manchmal ein bisschen die Älteren um ihre Meinungsstärke, denn sie ist eine besondere Form der Lebendigkeit. Das vorauseilende Kalkül jüngerer Menschen findet bei der älteren Generation ein nicht minder problematisches Mentalitätspendant: Die oft geradezu brutal naive Erwartung, dass die eigene Meinung vom sozialen Umfeld immerzu akzeptiert und als Debattenbeitrag begrüßt werden muss, jedenfalls auf keinen Fall mit Ablehnung quittiert werden soll. Der Kolumnist Harald Martenstein, der seit Jahren Texte in großer Auflage schreibt, in denen er sich über die weibliche Gleichberechtigung lustig macht, fühlt sich gleichzeitig von kritischen Feministinnen in seiner Meinungsfreiheit beschränkt. Die Schriftstellerin Monika Maron, die sich in diesem Jahr gemeinsam mit ihrem Kollegen Uwe Tellkamp »an den Pranger gestellt« fühlte: Sie veröffentlichen laufend Meinungen über gesellschaftliche Gruppen und deren Diskurse, finden es aber ungerecht, wenn diese Meinungen bei jenen Gruppen (und sogar bei anderen) nicht gut ankommen. Ich selbst habe schon in verschiedenen Situationen erlebt, wie mir sechzigjährige Männer oder Frauen ausgiebig die Meinung geigten, aber auf jegliche Replik feindselig oder doch zumindest sehr abweisend reagierten. Meinungsschwäche äußert sich sowohl in einem eigenen Mangel an Entschiedenheit als auch in der mangelnden Fähigkeit, Kritik an der eigenen Meinung zu akzeptieren. Und sie ist nur oberflächlich gesehen ein Generationenproblem.

Statt viele halbgare Meinungen zu kultivieren, empfiehlt es sich, eine Haltung zu entwickeln, aus der heraus man streitet. Eine Haltung muss dabei nicht programmatisch sein, sie kann sich auch in einer Offenheit oder Aufgeschlossenheit manifestieren. Wer eine Haltung hat, hat sich ein Wertegebäude aus Ansichten erbaut. Dann weiß man, warum man Dinge sagt und muss bei Nachfrage nicht zurückfallen auf den Standardzusatz »Das ist eben meine Meinung!« oder in der verkürzten Form: »Sorry, meine Meinung!«

Alleinerziehende Mütter sind für ihre Situation selbst verantwortlich – aber was ist mit den Vätern? Sorry, meine Meinung. Tätowierungen sind geschmacklos – aber ist Geschmack nicht relativ? Sorry, meine Meinung. Kinder heute sind so verwöhnt – welche Kinder meinst du genau? Sorry, meine Meinung.

Der (Halb-)Satz ist die ultimative Absage an das Gegenüber und – Achtung, sorry, meine Meinung – er disqualifiziert denjenigen, der spricht, für jede Form des Austauschs. »Sorry, meine Meinung« ist das verbale Äquivalent zum ausgestreckten Mittelfinger. Er spiegelt die Verschlossenheit der offensiven »Dazu keine Meinung«-Sager. Dahinter steckt intellektuelle Behäbigkeit. Wer »Sorry, meine Meinung« sagt, will über sein Weltbild so wenig wie möglich nachdenken, und hat es sich offenbar zu genau einem Zweck zusammengezimmert – es anderen vor die Füße zu werfen.

Meine Meinung, deine Meinung, seine Meinung

Die Verschiedenheit der Meinungen ist nicht verantwortlich für die großen Verwerfungen unserer Zeit. Vielmehr produzieren diese Verwerfungen eine grenzenlose Menge an Meinungen und, wir werden das im nächsten Kapitel noch genauer behandeln, die modernen Medien zwingen uns in eine permanente Konfrontation mit diesen Meinungen. Streit aufgrund einer Meinungsverschiedenheit ist jedem von uns bekannt – deshalb lohnt es sich, die eigenen Meinungen gelegentlich daraufhin zu befragen, wie sie eigentlich zustande gekommen sind. Und zu reflektieren, was diese Meinung von der Wahrheit und der Kritik unterscheidet – einfach als eine Qualitätskontrolle. Denn die kann manchen Streit inhaltlich deutlich verbessern und ihm zugleich Schärfe und Dringlichkeit nehmen.

Nur soll es heutzutage ja leider oft so schnell gehen mit den Meinungen. Wer heute zu #ABC nichts geäußert hat, wird morgen vielleicht bei #XYZ nicht mehr mitreden können. An mir selbst habe ich schon das ein oder andere Mal eine ungünstige Neigung beobachtet, meine Meinungen einerseits schützen zu wollen, sie aber trotzdem auf etwas wackeligen argumentativen Stelzen in die Welt zu entlassen. Zum Beispiel geriet ich vor nicht langer Zeit in einen Streit auf Facebook, was neben einem vollen Bus in Berlin, dem Speisewagon im Zug Richtung

Leipzig und der Fahrradkreuzung an der Wittelsbacher Brücke in München aus meiner Erfahrung der unangenehmste Ort für Streit ist. Zumindest jedenfalls glaubte ich, in einen Streit geraten zu sein. In diesem Fall war es so: Ein Journalist, dessen Arbeit ich schätze, hatte auf seiner Facebook-Seite ein Interview verlinkt, das er mit Angela Nagle geführt hatte. Das interessierte mich: Angela Nagle ist eine irische Autorin, die in ihrem Buch ›Kill All Normies‹ – »Tod den Normalos« – den modernen linken Aktivismus rund um Minderheitenrechte und Sprachpolitik kritisiert. Ihrer Ansicht nach konzentriert sich dabei zu viel Energie auf Identitäten – also auf die jeweils negativen Erfahrungen, die Menschen wegen ihrer Hautfarbe, ihres Geschlechts oder ihrer Geschlechtsidentität machen. Dass zum Beispiel an Universitäten oder in Onlineforen Triggerwarnungen ausgesprochen werden vor potenziell verstörenden Inhalten; dass Safe Spaces eingerichtet werden, also sichere Orte, an denen man Erfahrungen oder Perspektiven mitteilen kann, ohne Angst zu haben, dass sie in Frage gestellt oder verneint werden – das alles ist für Nagle Ausdruck einer hypersensiblen und strategisch nutzlosen Attitüde gegenüber den Problemen der Welt. Man könnte auch sagen: Die ökonomische Analyse ist der Linken zu anstrengend geworden.

Ich glaube nicht, dass Angela Nagle völlig daneben liegt. Aber ich habe ein Problem mit ihrer Herangehensweise. Ich ärgere mich, wenn Linke in einer Zeit, in der

Rassismus, Trans- und Homophobie sowie Frauenhass grassieren, ein politisches Problem in der angeblich übertriebenen Forderung nach Rücksichtnahme sehen. Und weil meine Sympathien den Anliegen linker Aktivistinnen gehören, tendiere ich dazu, zu deren Gunsten zu argumentieren.

Meine Meinung zu Angela Nagles Thesen versuchte ich also auf Facebook in einem relativ schnell hingefetzten Kommentar, den ich zwischen zwei Besprechungen abschickte, zum Ausdruck zu bringen. Unter anderem schrieb ich, dass eine der Aussagen Nagles »unzulässig und polemisch sei«, ich qualifizierte sie also ab, ohne zu erklären, weshalb. Und ich widersprach mir in gewisser Weise selbst, denn indem ich Nagles Kategorien als »unzulässig« einstufte, beanspruchte ich für mich die Hoheit darüber, was »zulässig« ist. Daraufhin kommentierte ein in netzaffinen Literatur- und Feuilletonkreisen bekannter Logik-Philosoph: »Ist Ihnen aufgefallen, dass dieser Satz reflexiv ungünstig ist?« Sein aus meiner Perspektive etwas nassforscher Satz wurde dann von mehreren Leuten aus der Journalistenszene per Like-Daumen gelobt. Augenblicklich fühlte ich mich gemobbt – wobei ich im Nachhinein sagen würde, dass es vor allem die Likes waren, die diesen Eindruck verfestigten. Was laberte er mich so von der Seite an? Wir kannten uns doch gar nicht. Wollte er mich mundtot machen, indem er mich abqualifizierte?

Ich ärgerte mich und pampte einen Kommentar zurück, in dem ich ihm vorwarf, meine Zeit zu verschwenden. Ich schlief eine Nacht darüber und dachte mir dann: Wer ein Buch über das Streiten schreibt, müsste jetzt doch fragen, warum der sich mit mir streiten will. Oder ob er das überhaupt wollte. Und wenn ja, was er damit erreichen will.

Also schrieb ich dem Logiker, schilderte ihm, wie sein Kommentar auf mich gewirkt hatte und fragte ihn, unter anderem, ob ihn meine Meinung so sehr störe, dass er mich unterminieren wolle. Zurück kam eine sehr ausführliche Nachricht, in der er mir glaubhaft machte, dass er keine Aggression intendiert hatte. Allerdings bestritt er jede Mitverantwortung für meine Irritation. Und er bestritt auch, dass meine Irritation berechtigt war: Wer sich öffentlich äußere, müsse mit Kritik rechnen, wer mit der Kritik nicht umgehen könne, habe da natürlich ein Problem. Meine Meinung, Entschuldigung, die sei ihm erst mal vollkommen egal. Ihn interessiere einzig, dass ich mich mit meinem Satz selbst widerlegt habe.

Ich habe damals einiges darüber gelernt, was beim Streit in den sozialen Medien falsch läuft. Mir wurde aber auch etwas Grundsätzliches bewusst: Nämlich, dass man deutlich besser streitet, wenn man die eigene Meinung im Diskurs nicht wie ein rohes Ei behandelt. Also erstens: Die eigene Meinung ist nicht sakrosankt, und wer sie in Frage stellt, kein Ketzer. Das gilt besonders für politische Themen, es gilt aber durchaus auch für die Meinung, die man zum Beispiel über sich selbst oder andere hat. Zweitens: Eine Meinung sollte besser ummantelt sein als ein rohes Ei, und zwar im besten Fall nicht von verbalem Starkheini-Getue oder komplizierter Sprache, sondern von Argumenten. Wer also gewisse Ansprüche an die eigene Meinung stellt, bevor er sie artikuliert – zum Beispiel die Faktenlage und die relevanten Zahlen kennt –, wird sich sicherer fühlen und kann dann auch mit Kritik umgehen. Wer sich eine Meinung nicht nur aneignet, sondern wirklich erarbeitet, erarbeitet sich damit auch ein Sicherheitsgefühl – und das hilft, bei Gegenwind im Streit ruhig zu bleiben. Und drittens: Wer Meinungen äußert, tut gut daran, zwischendurch zu überlegen, was (in ihm selbst) ihn zu der Meinung veranlasst.

Gerade in der politisch-moralischen Grauzone stehen hinter starken Meinungen nämlich oft persönliche Geschichten. Welche zunächst einmal genau das sind. Nicht weniger, aber auch nicht mehr. Und insbesondere, wenn es um Themen aus dem Privaten geht – körperpolitische Themen zum Beispiel wie Schönheitsoperationen, oder pädagogische Themen wie Schlaftrainings sind da Klassiker –, sprechen wir nicht aus einer Position der sorgfältigen Abwägung. Sondern, wenn wir ganz ehrlich sind, ist die Waage oft schon in die eine oder andere Richtung voreingestellt. Dies zu reflektieren und in die eigene Argumentation einzubeziehen, macht natürlich angreifbar: Schließlich zeigen wir Verletzlichkeit in einer Situation, in der vermeintlich Stärke und Standfestigkeit gefordert sind.

Doch in der Schwäche liegt wie so oft eine besondere Kraft: Denn je klarer ich mir selbst bin über das, was ich sage, desto klarer kann ich es meinem Streitpartner machen. Wer Dinge über sich selbst versteht, ist auch besser dazu in der Lage, Dinge über andere zu verstehen. Die Münchner Juristin und Mediatorin Eva Jüsten, die für die Stadt München seit vielen Jahren Konfliktbewältigungs-Projekte organisiert und leitet, sagte mir in einem Gespräch: »Die Konflikte, die zwischen Nachbarn, Kollegen oder auch Anwohnern und Besuchern ausbrechen, haben meistens einen ziemlich einfachen Grund: Menschen sind unterschiedlich. Sobald wir es aber schaffen, dass sie sich in ihrer Unterschiedlichkeit zeigen, finden wir meist auch einen Weg, die Konfliktsituation so zu klären, dass die Beteiligten selbst eine Regelung finden.« Es erweist sich immer wieder: Je offener und ehrlicher wir zu uns selbst sind im Streit, desto mehr können wir uns auch unserem Gegenüber öffnen.

Dazu gehört auch eine sprachliche Offenheit: Die einen täten gut daran, sich nicht an ihren Jargon zu klammern – und die anderen täten gut daran, nicht auf ein vermeintliches Recht, andere sprachlich zu verletzen, zu bestehen. Unsere Sprache wandelt sich rasant, all die (freundlich gesagt) Verwirrung über geschlechtergerechte und diskriminierungsfreie Sprache zeugt davon.

Um einander die Meinung klar sagen zu können,

braucht es sprachliche Genauigkeit, aber auch Sensibilität. Sprachliche Verunsicherung ist eine existenziell bedrohliche Erfahrung – und das anzuerkennen schadet niemandem, schon gar nicht denen, die sich gern und viel mit Sprache auseinandersetzen. Obwohl mein finanzielles Auskommen direkt von meiner Sprachfähigkeit abhängig ist, kenne ich Situationen, in denen ich mich etwas wackelig in den Sätzen fühle. Ich bin plötzlich unsicher über das richtige Vokabular oder mir sind bestimmte sprachliche Konventionen nicht bekannt. Das sind unangenehme Situationen, sie machen, je nach Stimmung, unsicher und verstimmt oder aggressiv und stumm. Mir kann das zum Beispiel passieren, wenn sich mein Mann mit seinen Freunden auf einem fortgeschrittenen Level über Fußball streitet. Oder wenn ich in eine Kommentardiskussion mit einem Logiker tappe. Darauf Rücksicht zu nehmen, kann in einem Streit helfen. Stattdessen findet viel zu oft etwas statt, was der Politikwissenschaftler Christian Boeser-Schnebel mir gegenüber als »verbales plattwalzen« bezeichnete: »Stellen Sie sich vor, Sie sind ein sechzigjähriger Mann vom Land. Sie haben innerhalb von dreißig Jahren erlebt, wie im Vorabendprogramm zum ersten Mal ein Kuss zwischen zwei Männern gezeigt wurde – damals war das eine Meldung in allen Zeitungen. Und nun ist die Ehe für alle da. Und dann wollen Sie Ihre Verwunderung oder Ihr Befremden darüber bekunden, benutzen veraltete Ausdrücke und werden dafür im Zweifel als homophob abgestempelt.« Hier stellt sich eine grundsätzliche Frage: Wer hat mehr Recht auf Schutz – die schwulen oder lesbischen Menschen vor der Überforderung des alten Herren? Oder der alte Herr vor dem Unbehagen und dem Homophobie-Stempel? Eigentlich muss hier niemand wirklich geschützt werden – sondern beide Parteien müssen aufeinander zu oder sich eben aus dem Weg gehen.

»Ich frage mich manchmal wirklich, wieso sind manche Menschen so unfähig, die Art und Weise, wie sie sprechen, darauf zu überprüfen, wie das beim Gegenüber ankommt«, schreibt Robert Misik zu diesem Thema und bringt eine Haltung zum Ausdruck, die mir im Umgang mit dieser Problematik nahezu ideal erscheint: »Ich meine, natürlich, wir wissen, dass es bei vielen diesen tatsächlichen Rassismus gibt, dass dieses ›die wollen sich nicht anpassen‹ nur vorgeschoben ist (…). Aber ich gehe – menschenfreundlich – davon aus, dass das dennoch nur ein kleiner Teil jener ist, die uns hier mit mieser Rhetorik das Land versauen. Und dass es bei sehr vielen tatsächlich ein Unvermögen gibt zu begreifen, wie das, was man sagt, beim anderen ankommt.«

Ich mag diesen Vertrauensvorschuss. Trotzdem hat niemand das Recht auf ein solches Unvermögen und wer es an den Tag legt, mit dem muss man streiten dürfen.

Jedes Paar kennt die Frage: »Wie redest du eigentlich mit mir?!« Wie wir miteinander reden, ist etwas, worüber wir streiten müssen – und damit wir dabei nicht aneinander vorbeireden, müssen wir zwischendurch auch einmal innehalten und Fragen stellen. Überhaupt ist die Frage vielleicht eines der wichtigsten Werkzeuge im Streit. Das gilt insbesondere auch da, wo es im Sekundentakt Meinungen hagelt: beim Streit im Netz.

Dissens im digitalen Zeitalter

Das Internet ist eine umgekehrte Hydra mit einhundert Arschlöchern, und jedes Mal, wenn du eins erledigst, schießen sofort zwei neue hoch, um dir zu sagen, dass dein toter Vater sich für dich schämen würde.

Laurie Penny

Wer kennt das nicht? Man scrollt und klickt sich so durch das aktuelle Internet des Tages und dann sagt man der Welt einmal so richtig die Meinung. Kommentiert hier ein bisschen, postet dort ein wenig. Sagt den Stinkstiefeln (wie jeden Tag), dass sie stinken. Prangert hüben eine politische Abgefeimtheit an, mahnt drüben einen Stumpfsinn ab, motzt noch ein wenig gegen irgendwelche lächerlichen Hashtags. Und danach fühlt man sich so richtig gut. Erfüllt und mit sich im Reinen. Tagwerk wieder vollbracht, Beitrag zur Gesellschaft geleistet.

Können Sie nicht bestätigen? Keine Sorge: Ich auch nicht. Niemand kann das.

Je besser die technischen Möglichkeiten der Menschen geworden sind, Informationen und Geschichten, Gedanken und Ideen miteinander zu teilen, desto schlechter wird ihr Umgang miteinander. Jedenfalls fühlt es sich offenbar für viele so an. Der österreichische Kritiker Karl Kraus schrieb im Jahr 1913 über die Zeitungen, deren Massenmediencharakter damals gerade in der Entstehung begriffen war: »Die Enkel erst werden diese fortschrittliche Einrichtung preisen, die es ermöglicht hat, Meinungen, bei deren Geruch ein Hund die Wut bekäme, unmittelbar und ohne die Gefahr der Auspeitschung in hunderttausend Gehirne überzuleiten. Gibt es eine bessere Zeugenschaft gegen diese Zeit als ihre Verteidiger?« Er litt offensichtlich nicht so sehr am täglichen Informationsfluss selbst, also an der Möglichkeit, Bescheid zu wissen, was draußen passierte. Er litt vor allem am täglichen Bad in Meinungen, die ihm zuwider waren. Damit ging es ihm wie heute Millionen von Internetnutzern auch: So ziemlich alle können sich darauf einigen, dass man es begrüßen muss, mehr und schneller von der Welt zu erfahren als je zuvor. Doch damit einhergeht eben auch das schnellere und umfassendere Wissen darüber, was die Welt denkt und redet.

Im Englischen gibt es für unser modernes Nachrichtenerleben den stehenden Begriff »the daily onslaught of information«, übersetzt heißt das: der tägliche Ansturm der Information. Die Metaphorik sagt alles über die Lebensqualität aus, die wir mit den neuen Medien verbinden. Der Psychologe Manfred Lütz hat einmal zum Thema Technikstress gesagt: »Im Dreißigjährigen Krieg waren die Leute rund um die Uhr für die Schweden erreichbar«, er wollte damit erklären, wie vergleichsweise lebensfreundlich der heutige Druck von außen auf das Individuum im historischen Vergleich ist. Aber Stress ist Stress. Und der Stress, den die tägliche Kollision der Meinungen in sozialen Medien, Kommentarspalten oder sogar beim Konsum traditioneller Medien auslöst, ist zwar in der Regel nicht lebensgefährlich, aber seine Wirkung ist trotzdem alarmierend. Hinzukommt: Jeder von uns ist mit diesem Stress ziemlich allein vor dem eigenen Lesemedium unserer Wahl. Dieses Alleinsein verstärkt die Nervosität.

Im Internet verzerren sich Ressentiments, Frustrationen und Aversionen ins Extreme. Anders, als es sich Simmel am Anfang des 20. Jahrhunderts dachte, schützen uns Aversionen im digitalen Modus nämlich nicht vor der Nähe zum anderen. Böse Worte, rassistischer oder frauenfeindlicher Unsinn, menschenfeindliche oder einfach nur politisch ungute Meinungen können einen hier jederzeit anspringen, wenn man sich nicht in einer apolitischen Wohlfühlblase einrichtet – oder offline geht. Pausenlos findet Kommunikation statt, was ununterbrochen Gefühlszustände produziert: Das Netz ist für seine Nutzer ja nicht nur ein Informationsangebot, man holt sich dort auch Aufmerksamkeit, Zuwendung oder eben Wut ab. Deshalb hat heute gesellschaftspolitisch relevanter Streit meist irgendetwas mit dem Internet zu tun. Menschen, die noch nie gemeinsam in einem Raum gewesen sind, geschweige sich die Hand gegeben haben, geraten mit einer Vehemenz aneinander, als wären sie seit Generationen in irgendwelche Stammesfehden verwickelt.

So schnell wie sie kommen, scheinen gesellschaftliche Konflikte im Netz wieder zu versanden, sobald sich die karnickelhafte Aufmerksamkeit der breiten Netzöffentlichkeit wieder auf ein anderes Thema richtet. Erhellung, Entwicklung, Öffnung, all das, was an einem Streit gut sein kann, ist hier nicht vorgesehen. Wenn Sie mindestens durchschnittlich gegenwartsinteressiert sind (was Sie vermutlich sind, sonst hielten Sie dieses Buch nicht in der Hand), mindestens mäßig kontaktfreudig und mit einem Internetzugang ausgestattet, dann haben Sie online vermutlich schon einmal an einer Diskussion teilgenommen. Oder Sie haben zumindest einer beigewohnt. Wahrscheinlich haben Sie diese dann auch eskalieren sehen, womöglich haben Sie selbst zu einer Eskalation beigetragen. Wir leben in einer »Zeit der Empörungskybernetik«, schreibt der Medienwissenschaftler Bernhard Pörksen. Wer nicht auf sich aufpasst, der kann dabei in einen Zustand der permanenten Irritation geraten.

Denn der Streit im Internet gehört zur Kategorie der Auseinandersetzungen, die selten zu einer Klärung oder Lösung führen und tendenziell eher unangenehm werden. Der Rechtsanwalt und IT-Experte Mike Godwin formulierte dazu schon in den Neunzigerjahren »Godwins Gesetz«: »Mit der Dauer einer Onlinediskussion geht die Wahrscheinlichkeit für einen Vergleich mit Hitler oder den Nazis gegen 1.« Das war zwar ironisch gemeint, aber es illustriert ganz gut die resignative Grundstimmung, die bei vielen Nutzern auftritt, wenn sie über Streitkultur im Netz nachdenken. Der Kommunikationsberater Hannes Ley, der die viel beachtete und preisgekrönte Initiative #ichbinhier zur Bekämpfung von Hass im Netz ins Leben gerufen hat, sagte in einem Interview einmal: »Ich kenne keinen Ort im Netz, wo man gut über Politik diskutieren kann, also ausgehend von einem gemeinsamen Startpunkt Argumente abwägt, um dann zu einem Ergebnis zu kommen. Wir haben mit dem Internet ein wahnsinnig tolles Kommunikationstool geschaffen, aber jeder schreit gerade nur seine eigene Meinung hinein.« Gleichwohl tun er und die Unterstützer seiner Bewegung ihr Mögliches, um dafür zu sorgen, dass das Netz zumindest ein Ort bleibt, an dem Aggression und Hetze widersprochen wird. Dazu informieren sie sich gegenseitig darüber, wenn irgendwo auf Facebook hasserfüllt kommentiert wird und bilden kommunikative Gegenwehren unter dem erwähnten Hashtag.

Diese Art von gemeinschaftlichem Aktivismus ist notwendig. Denn auch, wenn es wohl keinen schlechteren Modus für das Gegeneinander gibt, als diese beklemmend nahe Distanz, in der wir uns online befinden: Wer gut streiten will, muss das auch und gerade da tun, zumindest, wenn er soziale Medien nutzt (wozu nicht unbedingt zu raten ist.) Im Netz gut zu streiten, gehört eindeutig zu den komplizierten Konfliktdisziplinen: Alles, was den Wert eines Streites im Alltag und in der direkten Kommunikation ausmacht – das Ziel, der Gegenstand, der Ton, die Fähigkeit zuzuhören und sich und dem anderen Zeit zu geben –, ist unter den derzeitigen Bedingungen besonders schwer zu verwirklichen, wenn man es auf elektronischem Weg versucht.

72 Prozent der Menschen in Deutschland gehen nach der aktuellsten ARD-Befragung täglich online, und zwar durchschnittlich zweieinhalb Stunden lang, Menschen unter 30 sogar über vier Stunden. Das Internet wird am meisten für Suchmaschinen und Wetterinfos genutzt (Pornografie und Glücksspiele wurden nicht abgefragt), gefolgt von Nachrichten. Wie viel Zeit Nutzer darauf verwenden, sich über andere zu ärgern und diesen Ärger zum Ausdruck zu bringen, ist wissenschaftlich bislang nicht erhoben worden. Befragt man jedoch Social Media Manager und Onlineredakteure oder Menschen, die das Netz politisch nutzen, so teilen sie den Eindruck: In keinem Bereich des Zusammenlebens werden Gegnerschaft und Feindseligkeit so unverhohlen aggressiv ausgelebt wie in Kommentarbereichen, Onlineforen und sozialen Medien. Eine Auswertung der Stanford Universität von Kommentaren auf der Webseite des Fernsehsenders CNN ergab, dass sich die Aggression interessanterweise vor allem auf Nachrichten aus Sport, Justiz und Unterhaltung konzentrierte.

Wer heute Streit sucht, schaut sich im privaten und beruflichen Umfeld vielleicht lange nach einem Ansprechpartner dafür um; aber online ist der nächste Feind nur ein paar Klicks weiter – und fühlt sich dafür angenehm entfernt an. Wenn man dann auch noch anonym unterwegs ist oder mit Leuten aneinandergerät, mit denen man nur durch eine gemeinsame Timeline verbunden ist, lässt sich der große Streithemmer »Angst« deutlich schneller überwinden als unter Kollegen oder auf der Straße. Da pampt man auch schnell mal eine Ministerin an, vor der man von Angesicht zu Angesicht vermutlich keine drei zusammenhängenden Sätze herausbringen würde. Online zu streiten hat auf den ersten Blick eine demokratisierende, emanzipatorische Wirkung. Bis man sich fragt, was eigentlich dabei gewonnen ist, eine Ministerin anzupampen, wenn man damit nichts bewirkt als Ärger oder Trauer. Und man feststellt: Wenn Streitlust ganz und gar nicht gehemmt wird, degeneriert sie rasch zu Querulantentum, Denunziantentum und all den anderen »tums«, die für eine Demokratie so nützlich nun auch wieder nicht sind.

Twitter und die Statementsucht

Als exemplarisch für nutzergenerierte Negativität gilt Twitter, wo sich im Prinzip alle aufhalten, die süchtig nach politisiertem Gesellschaftsstress sind, und denen es Spaß macht, ab und an oder auch stündlich die ein oder andere gesalzene Aussage zu dem ein oder anderen Sachverhalt abzusondern. Nun muss man festhalten: In Deutschland sind das wirklich gar nicht viele, laut ARD-Studie nur drei Prozent aller Nutzer. Doch Twitter ist der bevorzugte Rummelplatz von Statementkünstlern aller Art, hier wird nicht mit hübschen Bildern oder Lifestyle-Updates gehandelt, wie auf Instagram oder Facebook, sondern mit Meinung. Das kann wahnsinnig unterhaltsam, lehrreich und interessant sein, häufig führt es aber dazu, dass nicht unbedingt die Meinung den Ton angibt, die genau durchdacht oder wenigstens interessant ist. Sondern diejenige, die am knackigsten formuliert ist und als Retweet besonders gut aussieht – oder die am provokantesten daherkommt und damit viel Gegenrede auf sich zieht. »Im Netz wird alles, was man sagt, neutralisiert«, sagt Christopher Lauer, der für die Piraten-Partei im Berliner Abgeordnetenhaus saß und seit vielen Jahren eine nicht sonderlich subtile Onlinepräsenz pflegt. »Du stellst eine These auf und sofort kommt jemand, der sagt: Das ist doch Müll, wie kommst du darauf, was soll das, da kann die Demokratie einpacken. Es gibt keine Zwischentöne, keine Ebene, auf der man unterschiedliche Ansichten verhandeln könnte.«

Obwohl Lauer zu den streitbarsten politischen Kommentatoren auf Twitter gehört, zieht er sich regelmäßig zurück, um sich zu schonen. Doch er sagte mir auch, wer heute politisch kommunizieren wolle, müsse das über eigene Kanäle tun. Auf das Medium zu verzichten, kommt dann nicht in Frage. Auch wegen der überproportionalen Bedeutung, die Twitter in der öffentlichen Debatte beigemessen wird. Wie die derzeitige Staatsministerin für Digitales, Dorothee Bär, es einmal polemisch formulierte: »Auf Twitter sind nur Politiker, Journalisten und Psychopathen.« (Das stimmt natürlich nicht so ganz, dort sind auch viele Eltern, Humoristen, Kunsthistorikerinnen, Einzelhändler, Vogelfans und Literaturbegeisterte, wie ich aus meiner Timeline weiß.)

Die Plattform dominiert mittlerweile als eine Art Metamedium auch die klassische Berichterstattung. Kein wichtiges Fußballspiel, nach dem die Moderatoren nicht auch ein paar Tweets von Zuschauern verlesen; kein Nachrichtenticker zu einer sogenannten »Großlage« (Amoklauf im Land, Terroranschlag in Europa, Hochwasserkatastrophe), ohne gelegentliches Einspeisen von Tweets. Und weil Journalisten sich zunehmend verpflichtet fühlen, soziale Medien und die Debatten, die dort geführt werden, auch in ihrer eigenen Berichterstattung aufzugreifen, prägt das, was dort so geredet wird, zumindest teilweise die Wahrnehmung der Allgemeinheit und die Meinungen, die dabei gebildet werden. Das hängt auch damit zusammen, dass gerade Online- und Nachrichtenredakteure auf soziale Medien angewiesen sind, um überhaupt Kontakt zum Publikum zu halten, ihre Arbeitsbedingungen zwingen sie schließlich oft dazu, in Büros zu verharren. Die Twitterati werden gewissermaßen zum griechischen Chor im täglichen Drama des Zeitgeschehens.

So wird der Zeitvertreib einer relativ überschaubaren Gruppe von Menschen tonangebend in der allgemeinen Streitkultur. Das ist aus verschiedenen Gründen problematisch. Twitter ist ein Medium, in dem permanent reagiert werden muss, und in dem sich der Fokus ständig verschiebt. Nachrichtenlogik auf Speed. Eine Debatte über mangelhafte Berichterstattung zu einer Massendemo gegen Rechts mutiert zum Beispiel innerhalb von zwölf Stunden zu einem erbitterten Streit über die Frage, ob Journalisten demonstrieren sollten und ob so etwas wie neutraler Journalismus überhaupt möglich sei. Und das Ganze endet darin, dass sich diverse Teilnehmer gegenseitig Scheinheiligkeit und mangelnde politische Aufrichtigkeit vorwerfen. Wer soll da noch hinterherkommen, was soll dabei erreicht werden, außer unkonzentrierte Argumente-Schleuderei? Der amerikanische Publizist Samuel Ashworth drückt es so aus: »Niemandem, der Twitter nutzt, muss man erklären, wie beschissen es ist. Es ist ein unendliches, sich selbst entfachendes Fegefeuer der Empörung und Verwirrung, und um das Feuer zu erhalten, verwandelt es Bullshit in Brennstoff. Und das in einer Frequenz, die den 24-Stunden-Nachrichtenzyklus brav und anständig aussehen lässt.«

Der antagonistische Charakter, den Austausch im Internet oft hat, ist – zumindest bisher – gut für einige Unternehmen, die entweder die Plattform für polarisierende Kräfte bieten oder selbst als Agenten von Polarisierung und Desinformation ihre Umsätze generieren. Für die gesellschaftliche Fähigkeit zu streiten, ist er allerdings schlecht. Zum einen, weil sich die virtuelle Polarisierungsdynamik auf die Realitätswahrnehmung aller überträgt, auch derjenigen, die sich nur indirekt oder überhaupt nicht an ihr beteiligen. Der dauernde Neuigkeitenrausch erzeugt im Gehirn einen dauernden Stresspegel: Die ständige Konfrontation mit neuen Meinungen macht nervös und wütend, alles schlecht für einen gelassenen Austausch und auch für einen angeregten Streit. Zum anderen verstärkt der Antagonismus aber auch Ausschlussmechanismen. Wenn um einen Tisch zehn Leute sitzen, von denen fünf sich anschreien, wird es mindestens drei geben, die lieber nichts sagen – weil sie Angst haben, selbst angeschrien zu werden. Oder weil sie schon zu oft angeschrien wurden. Oder weil es ihnen zu laut ist. Am Tisch hat man allerdings noch eine Chance, durch beherztes Eingreifen die Diskussion einzufangen oder aber die Verstummten ins Gespräch miteinzubeziehen. Im Internet ist der Rückzug oft unsichtbar. Man könnte meinen, bei all dem Lärm wäre es nicht schade um ein paar Stimmen weniger – doch verstummen leider oft genau die Menschen, deren Interessen eher mehr als weniger öffentliche Präsenz vertragen könnten. Eine Studie der Menschenrechtsorganisation Amnesty International zu Frauenfeindlichkeit im Netz zeigte, dass drei Viertel der befragten Frauen zu irgendeinem Zeitpunkt Zielscheibe von Drohungen und anderer verbaler Gewalt im Netz geworden waren. Ein Drittel dieser Frauen gab an, dass sie aus Angst aufgehört hatten, sich zu bestimmten Themen zu äußern. Im Sinne der offenen Gesellschaft, für die sich Tech-Unternehmen rhetorisch gern stark machen, oder gar einer pluralistischen Demokratie ist das nicht.

Twitter, Facebook und all die anderen Unternehmen, die soziale Medien betreiben, funktionieren wie alle anderen Dienstleister auch: Sie schaffen möglichst viele und unwiderstehliche Anreize, Nutzer so lange wie möglich und so oft wie möglich bei sich zu halten. Aufgrund der besonderen Dienstleistung, die wir von ihnen empfangen – virtuelle Gemeinschaft –, ist der Hauptanreiz die Freisetzung von Gefühlen: Lob und Zuwendung in Form von Herzchen, Likes und netten Kommentaren; aber immer häufiger auch Empörung, Entsetzen oder das Adrenalin, das dabei freigesetzt wird, wenn man sich in einen Battle begibt. Je länger sich Nutzer auf einer Seite aufhalten, je mehr sie interagieren – also herumklicken, diskutieren und damit Informationen an die Seite übermitteln –, desto mehr wert ist die Seite in den Augen potenzieller Anzeigenkunden. Traditionelle journalistische Medien verstehen ihre Homepages als redaktionelle Gesamtprodukte. Sie beanspruchen ein gewisse Hausmacht und damit auch eine Verantwortung für das, was unter ihrem Banner verlautbart wird. Betreiber sozialer Medien weisen diese Art von Verantwortung regelmäßig zurück; das ist umso dramatischer, als in vielen Ländern die Mehrheit der Menschen ihre Nachrichten inzwischen über deren Feeds bezieht. Die Polarisierung, die wir heute zum Teil nur empfinden, die sich aber auch konkret in den Ergebnissen von Wahlen und Meinungsumfragen niederschlägt, hängt damit zusammen, dass viele von uns das Tagesgeschehen und ihr gesellschaftliches Erleben durch Algorithmen gefiltert und über elektronische Reize vermittelt bekommen.

Unternehmensphilosophie Verantwortungslosigkeit

Dass man leider nichts gegen den Hass und die Diskriminierung in der Gesellschaft ausrichten könne, war die belanglose offizielle Position des Twitter-Chefs zu der erwähnten Amnesty-Studie. Mark Zuckerberg und Sheryl Sandberg, die Chefs von Facebook, haben oft betont, kein Medien-, sondern ein Technikunternehmen zu leiten, und deshalb keine inhaltliche Verantwortung zu tragen. In dieser Logik sind polarisierende Inhalte natürlich höchst willkommen. Gesucht und gelöscht wird hauptsächlich extremes Bildmaterial, das schlecht bezahlte Digitalarbeiter prüfen. Aber ob ein Text Verleumdung oder Falschinformation enthält, interessiert wenig – die Klage der abgelehnten Beschwerde stimmen Netznutzerinnen und -nutzer in der Dauerschleife an. Das an sich hilfreiche Netzwerkdurchsetzungsgesetz, das seit Anfang 2018 in Kraft ist, hat ein wenig Erleichterung gebracht, aber der Aufwand liegt immer bei denen, die sich beschweren.

Die Verbreitung von Falschinformation ist also so problemlos möglich wie schon lange nicht mehr. Sogenannter »Sponsored Content«, also Werbetexte, die sich mehr oder weniger nahtlos in redaktionelle Layouts einfügen, Fake News – frei erfundene, skandalisierende Meldungen – und auch Verschwörungstheorien gedeihen in dieser Ökonomie prächtig. Die Grenzen zwischen interessengetriebener und aufklärender Information verschwimmen zunehmend, zum Nachteil des allgemeinen Vertrauens in Informationen generell. Jede Eskalation auf der eigenen Plattform ist erst einmal ein Gewinn – denn Eskalation ist Interaktion, und die kann man verkaufen. Es kann den Betreibern und Anteilseignern dieser Seiten völlig egal sein, ob sich die Leute auf ihren Seiten gegenseitig liken oder haten, ob sie faktenbasierte oder fantastische Meldungen posten – solange genügend Menschen am emotionalen Tropf dieser Seiten hängen, solange sie sich einloggen, um immer wieder aneinanderzurumpeln, so lange kann die Polarisierung gar nicht heftig genug sein. Wo niemand sich für das, was passiert, ernsthaft verantwortlich fühlt, da blüht der unkontrollierte, der schlechte Streit.

Aggression ist gut fürs Netzwerk-Geschäft

Politische Kräfte, die dieses Spiel mitmachen, profitieren entsprechend, wie der lang und ausführlich berichtete Skandal um das politische »Strategie-Unternehmen« Cambridge Analytica gezeigt hat. Aber auch Nachrichtenmedien haben ihren Anteil daran. Bernhard Pörksen schreibt von einer »Emotionsindustrie (…), die genau beobachtet, was funktioniert und viral geht, um durch die Analyse von Echtzeit-Quoten die Aufreger systematisch zu verstärken«. So kritisch alle seriösen Medien gegenüber Fake News, Hetze im Netz und Pseudo-Aufregern grundsätzlich sind, so alternativlos ist die Teilnahme an der Aufmerksamkeitsökonomie unserer Tage. Und so kritisch viele Menschen die »enthemmte Aggression« und »distanzlose Bösartigkeit« (Pörksen) sehen, die sich online Bahn bricht, so tatenlos nimmt es unsere Gesellschaft hin, dass öffentliche Kommunikationsräume von einer Mentalität beherrscht werden, die in allen anderen öffentlichen Räumen völlig inakzeptabel wäre, zumindest offiziell.

In der digitalen Kommunikation verschieben sich alle möglichen Parameter des Akzeptablen in einer ganz neuen Geschwindigkeit. Teilweise ist das zum Guten – die Klarheit, die bei vielen Menschen in Sachen Rassismuskritik und Antisexismus herrscht, ist auch der Aufklärungswucht des progressiven Diskurses geschuldet, der im Netz stattfindet. Kritische Stimmen finden auch im positiven Sinn immer wieder Gehör. Gerade wenn es um Kultur- oder Branchenkritik geht, wie der Diskriminierung dunkelhäutiger oder asiatischer Schauspieler in Hollywood, gewinnt so manche Kritik an Gewicht, die man früher leicht hätte ignorieren können. Vieles verschiebt sich aber auch in die andere Richtung. Der inflationäre Gebrauch des Wortes »Gutmensch« ist dafür ein Beispiel. Ursprünglich etablierten ihn einige Autoren des ›Merkur‹ als ironische Überzeichnung eines gesitteten, an der guten Form interessierten Sozialliberalen; in der aktuellen Debatte popularisiert wurde er allerdings von rechtskonservativen Publizisten wie Norbert Bolz und Thilo Sarrazin. »Gutmensch« wurde ab Mitte 2015 zum Kampfbegriff der Rechten, als Synonym für alle Bürger, die sich gegen die Diskriminierung und Abwertung von dunkelhäutigen oder muslimischen oder nicht-männlichen oder nicht-deutschen Menschen einsetzten. Wer nicht wie ein Rechter klingen wollte, hielt sich davon fern. Doch wo keine tabuisierenden Kräfte wirken – in Kommentarbereichen zum Beispiel –, konnte sich der Begriff wunderbar verbreiten, bis er schließlich auch in den Seiten großer bürgerlicher Zeitungen zu finden war.

Hassrede ist unglücklicherweise ein recht bekanntes Phänomen. Betroffen sind davon vor allem Menschen, die erkennbar weiblich oder muslimisch oder jüdisch oder schwarz oder queer sind, die progressive Ansichten vertreten oder sich antirassistisch engagieren. Betroffen fühlen sich davon aber auch alle möglichen anderen Netznutzer: Insbesondere Mitglieder der AfD und ihre Anhänger neigen dazu, sich – mal mehr, mal weniger berechtigt – als Opfer von Attacken und Hass zu inszenieren, während sie selbst oder ihre Genossen ständig zu hetzerischem Vokabular greifen. Sogar der Terminus Hassrede wird von dieser Seite als unzulässiger Angriff auf die Meinungsfreiheit gewertet. Julia Schramm, die mittlerweile als Autorin und Referentin der Linkspartei arbeitet und für die Amadeu-Antonio-Stiftung ein viel beachtetes Konzept zu Hassrede erarbeitet hatte, wurde selbst zur Zielscheibe eines wahren Hasssturmes, weil sie es gewagt hatte, Hass im Netz als Problem zu beschreiben, das vor allem von Rechts kommt. (Es gibt natürlich auch viel linken Hass, der richtet sich allerdings tendenziell nicht gegen Personen, und wenn doch, begründet er sich mit der politischen Aktivität der Person und nicht mit ihrer Herkunft, ihrem Geschlecht oder ihrer sexuellen Orientierung.) Der frühere Justizminister Heiko Maas wurde ebenfalls zum Lieblingsfeind rechter Aktivisten, seitdem er ankündigte, gesetzlich gegen verbale Gewalt vorgehen zu wollen.

Das Netz normalisiert die Unterstellung und die Beleidigung: Feministische Publizistinnen werden regelmäßig als fette Fotzen, dumme Schlampen, ungevögelte Schabracken beleidigt. Journalisten mit Migrationshintergrund müssen sich als Islamisten, Terroristen, Ziegenficker, Kümmeltürken beschimpfen lassen, wenn sie sich politisch äußern; der deutsche Journalist Hasnain Kazim, Sohn indisch-pakistanischer Eltern, veröffentlichte in diesem Jahr ein Buch, in dem er einen Teil der Unmengen von Hasspost abdruckte, die er in den letzten Jahren täglich erhalten hat – inklusive seiner oft sehr humorvollen, teilweise aber durchaus scharfen Antworten. Auch die ARD-Journalistin Dunya Hayali ist bekannt für ihren offensiv-souveränen Umgang mit rassistischen, frauenfeindlichen Beleidigungen, die ihr insbesondere seit der Flüchtlingskrise entgegengeschmettert werden. Auch sie hat es sich zur Gewohnheit gemacht, selbst auf bodenlose Beleidigungen zu reagieren. Die Absender mit der Tatsache bekanntzumachen, dass sie es mit einem Menschen zu tun haben, sieht sie als Aufklärungsarbeit.

Jedem Menschen, der auf solche Beleidigungen überhaupt noch reagiert, gebührt großer Respekt. Es braucht Mut, Selbstüberwindung und eine wirklich beeindruckende Portion Menschenfreundlichkeit, sich auf diese Art von Anfeindung einzulassen. Insbesondere, weil das Netz die eingeschnappte Reaktion auf jegliche Art harmloser Kritik gleichfalls normalisiert. An sich sachliche Kritik oder inhaltliche Einwürfe können in der richtigen Laune auch als Angriff aufgefasst werden, wenn sie nicht bedächtig genug formuliert sind. Das hängt mit der erwähnten Überreizung zusammen sowie mit der Geschwindigkeit, in der wir Information und Ansprache aufnehmen müssen. Es ist ungeheure Selbstkontrolle notwendig, um halbwegs zivilisiert im Netz zu streiten.

Eine Zeit lang betrieb ich mit einigen Kolleginnen zusammen ein feministisches Blog. Ich nutzte das Blog immer wieder, um meine polemischen Fähigkeiten zu erproben – mal mehr, mal weniger erfolgreich. Darüber handelte ich mir aber auch regelmäßig äußerst aggressive Kommentare ein, teilweise von anderen Feministinnen, die meine Meinungen falsch fanden, teilweise von Männern, denen meine ganze Existenz suspekt war. Mit den Feministinnen diskutierte ich sogar ab und zu die Meinungsverschiedenheiten aus, nicht ohne dabei gelegentlich ziemlich ungeduldig und leicht angefressen zu wirken. Auf die teilweise haarsträubenden Beleidigungen, die Antifeministen meinem Äußeren, meinen Gedanken und Anliegen zuteilwerden ließen, konnte und wollte ich nach einigen Versuchen nicht mehr reagieren. Alles in mir wehrte sich dagegen, diese Menschen auch nur anzuerkennen. Es tat mir zu weh, mich dem auszusetzen, also verhielt ich mich, als würde ich es nicht mitbekommen. Ich hatte keine Lust, meine Energie auf Streit mit Menschen zu verschwenden, die ich für unbelehrbar und uneinsichtig hielt, und es zeigte sich in der Praxis, wenn meine Kolleginnen diese undankbare Aufgabe übernahmen, dass ohne eine gewisse Verständigungsbasis, ohne den Willen, sich zu treffen, auch kein sinnvoller Austausch möglich war.

Im Nachhinein war es nicht richtig, die Angriffe einfach stehen zu lassen – weil sie dadurch von meiner Seite unwidersprochen blieben und Geltung beanspruchen konnten. Und auch, weil andere dadurch gezwungen wurden, die notwendige Streit-Arbeit zu leisten. Anne Wizorek, die Feministin, die den Hashtag #aufschrei – den Vorgänger von #MeToo – groß machte, sagte mir: »Wir müssen langsam einsehen, dass Debatten im Netz nicht richtig funktionieren. Auf Twitter macht es keinen Sinn.« Die Jahre der Kämpfe hätten sie müde gemacht. »Solidarität auf diesen Plattformen zu zeigen, ist so wichtig, aber es ist auch schwierig.« Trotzdem besteht sie darauf, dass man das Feld nicht einfach dem Gegner überlassen dürfe.

Wie man auch online zivilisiert streitet

Vielleicht ist es ja möglich, das Feld anders zu bestellen. Natürlich kann das keine einseitige Sache sein. Aber es liegt im Interesse vieler Menschen, die öffentliche Streitkultur nicht unter Hass und Verachtungsgebaren ersterben zu lassen. Denn dass die Polarisierung und Desinformation im Netz die Gesellschaft unter Druck setzen und den demokratisch wichtigen Vorgang des Streitens völlig verzerren, steht außer Frage. Es muss möglich sein, dieses an sich doch recht wunderbare Kommunikationswerkzeug, das sich der Mensch gegeben hat, so zu nutzen, dass Differenzen zivilisiert zur Sprache kommen. Dafür muss auch im Netz jeder Einzelne die individuelle Verantwortung für sein Verhalten übernehmen.

Zum einen gilt es, außerhalb aller Onlinedebatten endlich einen engagierten politischen Streit darüber zu führen, welche Regeln für die digitale Kommunikation gelten sollen. Lange Zeit haben sich Unternehmer der Digitalwirtschaft erfolgreich gegen jegliche staatlichen oder staatenübergreifenden Versuche gewehrt, zu regulieren, was bei ihnen passiert. Teilweise durchaus zu Recht – schließlich besteht ein staatspolitisches Interesse, Informationsflüsse und Datenverwertung zu kontrollieren. Es gibt aber auch ein Interesse der Bürger, zu einer Ethik des digitalen Umgangs zu finden. Und dafür muss man mehr tun, als auf eine unsichtbare Hand zu hoffen, die schon dafür sorgt, dass die Menschen in diesem globalen Nahkampf halbwegs vernünftig miteinander umgehen. Das Verhalten im Netz zeigt ja, wie fragil unsere zivilisierten Umgangsformen sind, wie bröckelig die Basis der demokratisch gewollten und legitimen Meinungsvielfalt ist. Man kann nicht erwarten, dass sich das von heute auf morgen ändert, die Entwicklung geht einfach zu schnell. Und natürlich besteht im Angesicht von mächtigen Konzernen wie Facebook, Google und Co. ein gewisser Engpass in Sachen Handlungsfreiheit. Wir haben aber die Freiheit, uns deren Unternehmensinteressen zu entziehen.

Zum Beispiel, indem man seine Informationsquellen unabhängig von Feeds und Timelines zusammensucht, und sich dabei einigermaßen breit aufstellt. Das ist gewiss anstrengender als durchzuscrollen, was in der eigenen Timeline so gepostet wird. Aber wenn wir die Logik der Filterblase – man erhält nur Informationen, die die eigene Meinung bestätigen – und der digitalen Echokammer – man vertraut nur noch Quellen, die die eigene Meinung bestätigen – durchbrechen wollen, und das sollten wir: Dann müssen wir uns diese Arbeit machen.

Daran anschließend: Wie wäre es, künftig auch nur zu liken oder zu kritisieren, wovon man etwas versteht? Wer sich kompetent zu einer Sache äußern kann, wer seiner Meinung sicher ist, kann besser urteilen und mit Kritik oder Widerspruch umgehen.

Wer der Sprache mächtig ist, ist verantwortlich dafür, wie er sie einsetzt. So wie es im Umgang von Angesicht zu Angesicht gilt, sollten sich online also alle an die Regel halten: Schreibe deinen Gegner NICHT so an, wie du erwartest, von ihnen angesprochen zu werden – also als Feind. Setze andere nicht als Person herab. Kritisiere ihre Meinung, nicht ihre Person. Sprich per Tastatur so, wie du mit dem Mund sprechen würdest. Verwende keine verletzenden Metaphern, unterstelle nicht einfach ein Motiv, wenn es nicht klar benannt wurde und du nicht mindestens einmal danach gefragt hast. Gehe mit deinem Gegner so um, wie du es dir selbst wünschst. Wenn du denkst, dass jemand es verdient, herabgewürdigt zu werden, weil er eine andere Meinung vertritt als du – frage dich, ob du es verdienst, herabgewürdigt zu werden, weil du eine andere Meinung vertrittst. Um Angela Merkel zu zitieren: »Wer mit Worten Hass sät, nimmt billigend in Kauf, dass dieser Hass auch geerntet wird.«

Die eigene Aggressivität abzubauen ist unter den Bedingungen des Digitalen nicht ganz einfach. Dafür nötig ist ein wenig Abstand – zeitlich wie räumlich. Zu den Voraussetzungen für einen gelingenden Onlinestreit gehört die Erkenntnis, dass, wie es eine Gruppe von Stanford-Wissenschaftlern formuliert hat, »jeder ein Troll sein kann«. Die Psychologen werteten, wie bereits erwähnt, das Kommentarverhalten auf CNN.com aus, sie untersuchten es aber auch in Abhängigkeit verschiedener Faktoren wie »Stimmung« und »Kontext«. Die Probanden wurden am Anfang des Versuchs gebeten, einen Wissenstest auszufüllen. Eine Gruppe bekam einen schwierigen Test und eine einen einfachen. Anschließend wurde den einzelnen Probanden der ersten Gruppe mitgeteilt, sie hätten unterdurchschnittlich abgeschnitten – als sie auf ihre Stimmung befragt wurden, gaben sie größtenteils an, Erschöpfung und Frust zu empfinden. Die Probanden der anderen Gruppe wiederum erfuhren, sie hätten überdurchschnittliche Ergebnisse erreicht – und gaben an, sich gut zu fühlen. Danach wurden die Probanden gebeten, verschiedene Postings zu kommentieren. Wer schlechte Laune hatte, kommentierte deutlich häufiger unfreundlich. Außerdem erhöhte sich in beiden Gruppen die Unhöflichkeitsquote, wenn bereits mehrere negative Kommentare unter einem Posting standen. Die Autoren der Studie folgern daraus, dass unter den entsprechenden Einflüssen auch normalerweise ausgeglichene, indifferente Menschen zu grantigen Online-Motzerati werden.

Nun lässt sich natürlich nicht bewerkstelligen, dass wir stets erfolgreich und positiv gestimmt sind, wenn wir in einen Streit geraten. Zu oft sorgt ja schon die Sprache oder das Weltbild, das hinter bestimmten Äußerungen steht, dafür, dass man sich beklemmt oder bedroht fühlt – der Grund, warum wir uns den Stress des Streits überhaupt geben. Sich aber selbst überprüfen, das kann jeder. Dazu muss man sich Zeit nehmen, um sich selbst zu fragen: Wie ist meine Stimmung? Ist es wirklich sinnvoll, unter diesen Bedingungen in eine Diskussion einzusteigen? Bin ich vielleicht gerade müde und gestresst, weil ich den ganzen Tag gearbeitet habe und mich heute eigentlich nicht auch noch über Unbekannte ärgern wollte? Verschiedene Untersuchungen haben ergeben, dass das Hasskommentar-Aufkommen besonders hoch am Anfang der Woche ist und spätabends oder nachts. Es ist also eine gute Idee, sich zu diesen Zeiten online von Aufregerthemen fernzuhalten – oder vielleicht sogar einfach nachts nicht online zu gehen.

Tatsächlich wird sich nämlich die Streitkultur nur in einer insgesamt intelligenteren Digitalkultur verbessern. Wenn Selbstkontrolle in Sachen Netznutzung zur Tugend wird, statt als Zeichen für mangelndes Engagement und Interesse an der Welt gewertet zu werden. Niemand muss vor dem ersten Kaffee die Nachrichten kennen, und selbst wenn das aus beruflichen Gründen der Fall ist, muss man dazu keine Aussage absondern. Niemand muss oder sollte neben seinem Handy schlafen, es sei denn, er oder sie ist im Bereitschaftsdienst oder hat sonstige notfallartige Gründe. Auch unsere Stimmung sollten wir im Griff haben, in der Arbeit versuchen wir schließlich auch, nicht unsere ganze schlechte Laune den Kollegen zuzumuten. Wenn wir abends nach Hause kommen, wissen wir, dass es richtig ist, den Stress aus dem Büro nicht über Partner, Mitbewohner oder Kinder auszuschütten. Halbwegs bewusste Menschen praktizieren ein gewisses Maß an sozialer Selbstkontrolle – die Virtualität des Umgangs verleitet dazu, das im Netz nicht zu tun. Und das ist falsch.

So, wie es in einem Streit am Küchentisch hilft, die Küche für zehn Minuten zu verlassen, wenn man nicht mehr weiterkommt, hilft es in einem Internetstreit auch, kurz mal das Gerät wegzulegen. Es gibt zwei Gründe, warum wir unserer Wut online so oft freien Lauf lassen: weil wir uns einerseits unter Zeitdruck fühlen und weil der Wutausbruch andererseits keine unmittelbar sicht- und spürbaren Konsequenzen hat. Sich zu zwingen, diesen Druck zu ignorieren, die Wut erst etwas abdampfen zu lassen, ist ein unverzichtbarer Schritt zu einem besseren Streit. Impulsivität mag in physischen Debatten und Talkshowrunden gut ankommen, aber der Impuls, Dinge aufzuschreiben und zu veröffentlichen, sollte wirklich drei Mal überprüft werden, bevor man ihm nachgibt.

Zeit ist immer wieder die beste Medizin gegen brodelnde Wut. Besser also ein paar Stunden verstreichen lassen, ehe man auf eine Provokation reagiert. Ausloggen, Tab schließen, Gerät weglegen oder etwas anderes damit tun. Manchmal stellt sich die Provokation dann auch als so egal heraus, dass man sich die Gegenreaktion sparen kann. Manchmal merkt man beim erneuten Lesen, dass die »Provokation« auch ganz anders gemeint sein könnte – siehe mein Austausch mit dem Argumentationslogiker.

Dass Onlinedebatten so oft eskalieren, liegt aber auch daran, dass sie vor Publikum stattfinden. Wer auf Facebook angepampt wird, muss nicht nur damit zurechtkommen, sondern auch mit der Vorstellung, dass 539 Facebook-Freunde das möglicherweise mitbekommen haben. Das ist im besten Fall unangenehm und im schlimmsten Fall erniedrigend. Das Gegeneinander verschärft sich, sobald die Beteiligten als Sieger oder zumindest souverän wirken wollen. Der Streit-Experte Christian Boeser-Schnebel empfiehlt deshalb, auf Facebook nur so lange sichtbar zu diskutieren, wie man das Gefühl hat, wirklich im Gespräch zu sein. »Wenn ich merke, der andere wird jetzt persönlich oder verletzend, schreibe ich ihn direkt an. Auf diesem Weg zeigt man sich dem anderen als Person und hat nicht mehr den Druck, vor Publikum gewinnen zu müssen.« Sich offen und angreifbar darzustellen, birgt natürlich die Gefahr, zum Opfer gemacht zu werden – eine direkte Ansprache interpretieren engagierte Trolle gern als Einladung zu noch mehr

Aggression. Man muss also abwägen, mit wem man es gerade zu tun hat, aber gerade wenn es sich um jemanden handelt, von dem man weiß, dass er oder sie nicht ausschließlich online ist, um andere zu stressen, kann es sich lohnen, den anderen im übertragenen Sinn kurz unterzuhaken und aus der Arena herauszuführen.

Wenn zwei andere sich streiten, ist es eine gute Idee, sich mit Zustimmung und Beifall in Form von Retweets oder Likes zurückzuhalten – weil man schlecht einschätzen kann, welche Wirkung das auf den Streit hat. Gleichzeitig ist es wichtig, andere zu unterstützen. Man darf und soll sich auch online für andere in die Bresche werfen, wenn man den Eindruck hat, sie werden diffamiert. Noch wichtiger aber, sagt die Shitstorm-erprobte Anne Wizorek, sei die direkte Ermutigung: »Ich nutze lieber separate Kanäle, um Mitstreiterinnen zu unterstützen, als das öffentliche Forum. Ich werfe mich nicht mehr mitten in den Konflikt, sondern schreibe eine direkte Nachricht oder eine E-Mail an die Betroffenen und frage: Wie geht es dir, was kann ich für dich tun?« Manchmal, sagt sie, helfe man seinen Freunden sogar mehr, indem man gar nichts poste und damit nicht noch mehr Aufmerksamkeit auf sie lenke.

Nichts erleichtert den Stress eines Konfliktes so sehr wie das Gefühl, nicht allein zu sein. Und da wir meist physisch alleine vor unseren Geräten sind, wenn wir uns im Netz streiten, und dabei unter dem Eindruck permanenter Beobachtung stehen, kann es das aufgestachelte

Selbst sehr beruhigen, wenn jemand eine Hand ausstreckt und kommuniziert: Ich bin bei dir, ich verstehe dich.

Während in Schulen, Betrieben und im Öffentlichkeitsmanagement das Prinzip der Mediation immer beliebter wird, fühlt sich im Netz kaum jemand zum Schlichten berufen. Anja Huber, die in München die Vermittlungsstelle für Nachbarschaftskonflikte STeG leitet, sagte mir: »Wir stellen fest, dass oft ein einziger Anruf genügt, um die Parteien zu befrieden. Es hilft den Leuten, zu wissen – da ist jetzt ein Außenstehender im Bild, ich muss ihm mein Verhalten erklären beziehungsweise warum ich so wütend bin. Das bringt viele dazu, sich selbst zu hinterfragen und wieder zu beruhigen.« Solche Stellen gibt es bei Facebook oder Twitter nicht – und deshalb ist auch hier Eigenverantwortung gefragt. Es darf nicht immer nur darum gehen, die eigenen Meinungen an den Mann zu bringen – wir können uns zur Abwechslung auch als Hobby-Schlichter begreifen, vermitteln, wo zwei sich offenbar gar nicht verstehen; verletzende Sprache kritisieren; nachfragen, wie etwas gemeint ist, wenn jemand verbal aus vollem Rohr ballert.

Überhaupt: nachfragen hilft. Online sieht immer alles klar aus – das hat er/sie doch genau so geschrieben. Wir sollten uns aber gegenseitig nicht grundsätzlich die Fähigkeit unterstellen, immer genau zu sein. Wir sollten uns bemühen, uns so klar verständlich wie möglich zu artikulieren – aber nicht automatisch davon ausgehen, dass uns andere deshalb immer richtig verstehen. Es ist eine Binse, aber im Netz fehlen uns die Gesichter, die Gerüche, die Körpertemperaturen und die Stimmlagen der anderen. Wir sind alle zusammen, ohne dabei Nähe zu spüren.

Streit online kann schön sein und Spaß machen – vor allem dann, wenn es gelingt, ihn aufgeräumt zu beenden. Vor einiger Zeit zum Beispiel postete ein Autor, mit dem ich nur auf Facebook befreundet bin, einen Link zu einer Diskussion, an der er teilgenommen hatte. Es ging um die #MeToo-Debatte und ich hatte einiges gegen seine Interpretation der Sache einzuwenden. Ich schrieb ihm, aber ich bemühte mich dabei – mein monatelanges Nachdenken über das Thema Streit sollte endlich Früchte tragen – höflich und respektvoll zu sein. Die Gedankenleistung des anderen zu würdigen, ohne einverstanden mit dem Ergebnis zu sein. Das Schöne war: Der Autor reagierte auf meinen Einwand, und behandelte ihn als legitim – obwohl er ganz klar anderer Meinung war. Er argumentierte gegen meine Position und brachte dabei nun seinerseits ein Argument, das ich annehmen konnte. Ich schrieb ihm also, dass ich ihm zustimmte in dieser Sache, aber … und am Ende konnten wir uns, ganz klischeehaft, darauf einigen, nicht einer Meinung zu sein.

Und so habe ich es endlich erlebt: Herumgeklickt, mich geärgert, die Meinung gesagt – und danach ein wunderbares, befriedigtes Gefühl gehabt. Weil ich für meine Sache eingestanden bin. Weil ich dabei etwas gelernt habe. Weil ich es hingenommen habe, den anderen nur zum Nachdenken zu bringen, ihn aber nicht umzustimmen.

Ein guter Streit muss nicht zur Einigkeit führen. Aber er soll den Blick nicht vom Gemeinsamen nehmen, egal was das ist – die Beziehung, das Projekt, das politische Ziel oder, wie in meinem Fall, einfach nur der Wille zum Austausch. Wer das Geheimnis der Versöhnung kennt, für den ist Streit keine Gefahr.

Dagegen, zusammen

Es muss sich lohnen. Wenn es um richtig wichtige
Sachen geht, um Menschenrechte,
dann muss man streiten mit aller Kraft.
Ohne Streit erreicht man nichts.
Heiner Geißler

Wie viel Konsens braucht eine friedliche Gesellschaft? Eine, die nicht einfach irgendwie funktioniert, sondern auch Fortschritte erzielt und Probleme löst? Ganz klar: Es muss ein gewisses Maß an gesellschaftlicher Harmonie geben, und in ein paar grundsätzlichen Fragen sollten sich die Menschen auch grundsätzlich einig sein, wenn sie miteinander denken, wirtschaften, arbeiten, leben wollen, ohne sich ständig in die Quere zu kommen, zu bekämpfen oder zu bekriegen.

Allerdings sollten wir Konsens nicht mit Frieden verwechseln. Das ist viel zu lange passiert, um den Preis der Streitfähigkeit. Harmonie bedeutet schließlich auch in der Musik nicht Gleichklang – sondern Wohlklang. Es sind die musikalischen Gegenbewegungen der Stimmen, die eine Komposition erst spannend machen. Und wenn wir nicht wüssten, wie schräg und auf Dauer unangenehm eine Dissonanz tönt, könnten wir uns nicht an einem aufgelösten Akkord erfreuen.

Wenn sich alle einig sind, kommt es nie zu einer echten Auseinandersetzung. Wenn sich alle einig werden sollen, kommt es oft zu einer schlechten Auseinandersetzung. Wenn das Ziel immer sein muss, dass am Ende alle einer Meinung sind, dann kann Streit zu einem frustrierenden und sinnlosen Unterfangen werden. Falsch ist aber nicht der Streit, sondern die Zielvorstellung. Konsens zu erstreiten, wo Dissens herrscht, ist sehr schwer. Das weiß jeder, der auch nur versucht hat, eine vierköpfige Gruppe auf einen Tagesablauf einzuschwören, mit dem alle immer gleich glücklich sind. Das Vorhaben, einen Konsens zu erringen, setzt voraus, dass die Differenzen in Perspektive und Interessen immer mit ein paar Vernunftargumenten überbrückbar sind.

Ob das möglich ist, hängt aber von vielen Faktoren ab: Wie viel Rationalität bei den Streitteilnehmern vorhanden ist. In welcher Beziehung man zueinander steht. Und wie weit die Positionen voneinander weg sind. Wenn ich also für ein absolutes Hundeverbot in der Stadt bin, weil ich Angst um meine Kinder habe, sobald ein Hund in ihre Nähe kommt, dann ist meine Meinung für die eine oder andere sicherlich nachvollziehbar und richtig. Aber rational ist sie nicht. Mit meiner Nachbarin, die einen Hund hat und den auch in der Stadt frei laufen lässt, werde ich in dieser Frage keinen Konsens erzielen können. Trotzdem können wir miteinander leben, indem wir für den gemeinsamen Raum Regeln aushandeln, die mal der einen, mal der anderen etwas mehr Überwindung abverlangen.

Frieden ist also nicht die Abwesenheit von Streit – sondern die optimale Voraussetzung, um ihn auszutragen. Das ist in einem Staatenverbund nicht anders wie in einer Privatbeziehung. Offen und robust gestritten werden kann ja nur, wo jeder genug Sicherheit und Hoffnung spürt, um seine Position zu vertreten. Wo Streit nicht in Frust und Verzweiflung mündet. Deshalb sollten wir lernen, die gelernte Konsensbegierde zu überwinden und uns in der Differenz zu begegnen. Das bedeutet natürlich auch, dass je nach Thema und Teilnehmer ein Streit anders geführt, anders beigelegt und anders entschieden wird. Und es bedeutet, dass verschiedene gesellschaftliche Akteure deutlich intelligenter mit den großen Konfliktthemen unserer Zeit umgehen müssen, als sie es bisher tun.

Damit Streit seine an sich friedensstabilisierende Funktion erfüllen kann und nicht in Zerstrittenheit endet, müssen gesellschaftliche Institutionen bereitstehen, die ihm Raum und Zweck geben: Gerichte und Parlamente, aber auch Bürgerversammlungen mit Streitregeln; Foren moderierter Begegnung; Vereine, Parteien, Verbände. Wer öffentlich streitet, sollte sich seiner Vorbildfunktion bewusst sein – seien es Publizistinnen und Publizisten, Politikerinnen und Politiker, Demonstranten und Demonstrantinnen, Philosophen und Philosophinnen. Räume für Meinungsbegegnung müssen offen stehen, und zwar analog wie digital – und wer sich in ihnen bewegt, sollte sich seiner Verantwortung für diese Offenheit bewusst sein.

Auch die konkrete politische Situation eines Landes ist mit entscheidend: Es entmutigt und lähmt, wenn sich immer nur dieselben Gruppen in gesellschaftlichen Konflikten durchsetzen, wenn Unrecht systematisch verübt oder geduldet wird, wenn immer nur aus einer Richtung Forderungen erhoben werden dürfen. Und es braucht den aktiven guten Willen aller Beteiligten, miteinander auf Veränderung zu reagieren, egal ob sie von außen oder von innen kommt.

So ist das auch in allen kleineren Einheiten, aus denen Gesellschaft besteht, Kernfamilie oder Stammtisch, Freundeskreis oder Unternehmen, Kollegium oder Filterblase. Wenn immer nur die Eltern bestimmen, was gemacht wird, wenn der Chef stets fordert, aber nie zugesteht, wenn immer einer den Umgangston vorgibt oder wenn eine ungeschickte Formulierung mit Onlinehäme überzogen wird, dann wird das Gegeneinander von einer Begleiterscheinung des Miteinanders zu einem potenziell zerstörerischen Problem.

Wir wissen: In unserer Republik sind zumindest die institutionellen Rahmenbedingungen vorhanden, wenngleich ausbaufähig. Das Grundgesetz garantiert Menschenwürde, Meinungsfreiheit und rechtsstaatliche Prinzipien. Es sieht eine pluralistische politische Ordnung vor und die Sicherung der existenziellen Bedürfnisse der Bürger. Wer das nicht akzeptieren kann, scheidet als Streitpartner schon einmal aus – das kleine bisschen Konsens braucht es dann doch. Der Philosoph Jörg Friedrich schreibt: »Die wichtigste Komponente der Demokratie ist nicht die allgemeine und freie Wahl, sondern die Tatsache, dass es jedem Bürger möglich ist, sich einer politischen Partei anzuschließen oder auch eine neue Partei zu gründen, um darin an der politischen Willensbildung mitzuwirken. (…) Es ist nicht notwendig, Ministerien zu stürmen und Barrikaden zu bauen.« Die Demokratie sorgt dafür, dass es sich theoretisch lohnen kann, zu streiten. Dass es das praktisch nicht immer tut, gehört zu den hinnehmbaren Risiken des Lebens. Das Grundgesetz garantiert zumindest, dass man in den seltensten Fällen dafür bestraft wird.

Wenn man über die Grenzen Deutschlands blickt, besteht mit der Europäischen Union eine politische Gemeinschaft, in der zwar kein bisschen Basisdemokratie geübt wird, die aber das friedliche Miteinander der Staaten institutionalisiert, mit einem Parlament, dem rotierenden Vorsitz, einer EU-Kommission und vielen, vielen Sitzungen. Allerdings sind die demokratischen Freiheiten durch den Umbau von Verfassungen, durch die Einschränkung von Demonstrationsrecht und die strafrechtliche Verfolgung von Oppositionspolitikern in vielen Mitglieds- und Nachbarstaaten unter Druck, mit den entsprechenden Auswirkungen auf innen- und außenpolitische Konflikte.

Was die Verteilung der Konfliktlasten und die Forderungsdynamik hierzulande betrifft, sieht es schon schlechter aus. Meine Generation hat erlebt, dass große Umbauvorhaben und Umstrukturierungen in Wirtschaft und Versorgung stets zulasten der Bevölkerung gehen. Die Hartz-IV-Gesetzgebung hat den Druck auf diejenigen verschärft, die ohnehin schlechtere Chancen haben. Aber auch im Gesundheits- und Pflegesystem treffen Sparmaßnahmen und Profitansprüche zum einen diejenigen, die darin hart arbeiten, und zum anderen diejenigen, die als Patienten auf die Versorgung angewiesen sind. Die Reallöhne stagnierten bekanntermaßen jahrelang in Deutschland, während zugleich extreme Exportüberschüsse erwirtschaftet werden. Mit dem Mantra von der Alternativlosigkeit wird ein wirtschaftspolitischer Konsens gar nicht erst erstritten, sondern eigentlich erzwungen, von dem vor allem Unternehmen und Kapitaleigentümer profitieren. Richtig, Deutschland hat eine sehr geringe Arbeitslosenzahl. Aber gleichzeitig werden unglaubliche Mengen an unbezahlten Überstunden geleistet. Und obwohl alle so viel arbeiten, wird es von Jahr zu Jahr schwieriger, mit einem durchschnittlichen Einkommen die normalen Lebenshaltungskosten zu stemmen. Mieten in Großstädten steigen rasant, dafür verschlechtert sich in vielen Gegenden die medizinische, schulische und pflegerische Versorgung. Während das Hartz-IV-System jede Verfehlung hart sanktioniert, während Kommunen und Bundesländer ihre Etats gern sanieren, indem sie kommunale Immobilien an ausländische Investoren verkaufen, und vielerorts Lehrermangel, überlastete Behörden und marode öffentliche Gebäude die staatliche Performance prägen, dürfen Banken und ausländische Unternehmen zu günstigen und luxuriösen Bedingungen Profite erwirtschaften. Seit Jahren scheint Politik geneigt, nur die Forderungen zu erfüllen, die von einer Seite der Gesellschaft kommen.

Perfiderweise ist hier der Konsens immer als eine Art diskursiver Prügel genutzt worden, um der arbeitenden oder eben arbeitslosen Bevölkerung Zugeständnisse abzunötigen. Um die Menschen »in Arbeit« zu halten, sei es nötig, die Bedingungen, unter denen sie geleistet wird, zu deren Ungunsten zu verändern. Der Konsensknüppel kam besonders auffällig in der bis heute nachwirkenden Finanzkrise von 2009 zum Einsatz, als innerhalb von wenigen Tagen an der parlamentarischen Ordnung vorbei mehrere Rettungspakete vom Bundestag beschlossen wurden. Hier wurde nicht einmal ein Kompromiss herbeidiskutiert, sondern ein Konsens verordnet.

Forderungsprivilegien, mangelnde Repräsentation der Interessenvielfalt, Verunsicherung und eine einseitige Kostenbelastung – wenn das lange genug praktiziert wird, sinkt das Vertrauen in das, was man unter Gemeinschaft versteht. Die Bereitschaft, Politik als Feld der Feindschaften wahrzunehmen, wächst. Damit gedeiht ein fundamentales Misstrauen gegenüber dem Betrieb und dem sogenannten Establishment, also all denjenigen, die scheinbar unbehelligt bleiben. Und eine Mentalität, wonach es nicht reicht, als politische Gegner gegeneinander anzutreten, sondern die eigene Weltsicht mit aller Macht durchgesetzt werden soll.

Diese Entwicklung spiegelt sich auch in der Europapolitik der letzten Jahre wieder. Die oft herablassend und vorurteilsbeladen geführten Debatten über Griechenland und andere südeuropäische Länder oder die reichlich ungerechte Flüchtlingspolitik unter dem Dublin-II-Abkommen haben immer wieder ein gewisses Primat des Stärkeren, in dem Fall von Deutschland, durchscheinen lassen.

Man könnte nun einwenden, dass dies Konflikte auf einer ganz anderen Ebene sind als die, von denen dieses Buch größtenteils handelt. Doch der Ton in der Politik macht auch die Musik in der Gesellschaft, selbst wenn es in Zeiten von Populismuspanik manchmal andersherum wirkt. Bei aller Politikverachtung verfügen Amtsträger nach wie vor über ein hohes Maß an Autorität. Umso schlimmer ist es, wenn eine Bundeskanzlerin von südländischer Behäbigkeit spricht oder ein ehemaliger Bundespräsident Einwanderer für ihren angeblich mangelnden Einsatz beim Erlernen der Sprache rügt. Die Machtpolitik gegenüber dem EU-Partner Griechenland demonstrierte, dass es akzeptabel ist, die Souveränität eines Landes völlig zu übergehen, nur weil man es kann.

Gesucht: der gute Wille

Überhaupt, wie steht es mit dem guten Willen in der politischen Arena? Durch das Aufkommen einer lautstarken Rechten ist die massive Präsenz des bösen Willens in die Politik eingezogen; dass sich die Bundespolitik immer weniger streitfähig und dafür umso zerstrittener präsentiert, ist das Ergebnis. Und auch in zu vielen Diskussionen in den sozialen Netzwerken, in Kneipen und Kantinen verspürt man die Abwesenheit von politischem Wohlwollen gegenüber jedem, der nicht ganz und gar derselben Meinung ist wie man selbst. Zu viele von uns sind allzeit bereit, moralische oder sprachliche Defizite beim anderen zu markieren, die Differenz zu betonen, statt das Gemeinsame zu suchen, und diese Differenzen zu skandalisieren.

Das lässt sich leider auch gerade in einer politischen Bewegung beobachten, mit der insbesondere viele Frauen besondere Hoffnungen verbinden. Die Härte, mit der Feministinnen ihre Debatten führen, ist teilweise absurd, wenn man bedenkt, dass sie ursprünglich alle dasselbe wollten. Nun gab es immer schon sehr unterschiedliche Ideen darüber, wie dies am besten zu erreichen sei – was den Feminismus ja auch so interessant macht. Wenn einige Feministinnen zum Beispiel muslimische Männer in ihrer Kritik besonders hervorheben, dann kann man das in Anbetracht des patriarchalen Extremismus in manch islamisch regiertem Land nachvollziehen. Aber wenn diese Kritik in einem säkularisierten Land geübt wird, in dem der Islam nicht gerade tonangebend für die Alltagskultur ist, und Menschen muslimischen Glaubens viel zu oft marginalisiert und diskriminiert werden, dann ist dieser Fokus durchaus selbst kritikwürdig. Der Verfolgungswahn, den solche Kritik bei manchen Betroffenen auslöst, zeugt von einer autoritären Grundhaltung – also dem Anspruch nach unkritischer Zustimmung. Allerdings findet sich die Neigung, jegliche These, die nicht dem eigenen Ansatz entspricht, als »Bullshit« zu verurteilen, in der gesamten feministischen Gemeinde, die Publizistin Antje Schrupp verweist auf die jahrtausendealte Praxis, unliebsame Meinungen zur Häresie zu erklären: »Es ist nachvollziehbar, dass feministische Aktivistinnen den Impuls haben, sich von Positionen zu distanzieren, die ›Feminismus‹ nur als Label nutzen oder sogar für ganz andere Zwecke instrumentalisieren. Sie machen damit nur dasselbe, was weltanschauliche Gruppierungen im Westen schon immer gemacht haben, nämlich bestimmte Positionen als häretisch zu definieren und ihre Anhängerinnen und Anhänger dann vor die Wahl zu stellen, entweder die offizielle Linie zu übernehmen oder als Verräterin ausgeschlossen zu werden.«

Diese Ausschlusspraxis drückt Vorbehalte aus und lässt das Vertrauen fragmentieren innerhalb einer politischen Community, egal ob sie nun feministisch, marxistisch oder was auch immer ist. Nun ist es inhaltlich gut möglich, dass sich nach einem Jahrhundert des Feminismus Lager gebildet haben, die zu Kollaboration oder zumindest Kooperation nicht mehr fähig oder willens sind. Dass der Wert »Gleichberechtigung« nicht universell genug ist, um sehr unterschiedliche Welt- und Freiheitsvorstellungen unter einen Hut zu bringen. Das wäre zu klären. Ganz sicher gibt es im Feminismus, wie auch anderswo, aber auch ein Verständigungsproblem: nämlich einerseits, was »Freiheit« in unserer und anderen Gesellschaften bedeutet. Und, was noch viel fundamentaler ist: Über wen wir eigentlich sprechen, wenn wir von Frauen reden. Ist das ein soziales Konstrukt, eine Eigendefinition, eine Identität oder eine biologische Tatsache – oder, oh moderne Vielfalt, ein bisschen von allem?

Das Beispiel zeigt, wie wichtig grundsätzliche Verständigungsgespräche sind. Heiner Geißler hat einmal in einem Interview mit der ›Süddeutschen Zeitung‹ auf die Frage, wie man Vertrauen beim anderen herstelle, gesagt: »Kannste nicht. Musste haben.« Geißler wusste als Profipolitiker und erfahrener Schlichter, wovon er sprach. Doch für jeden, der sich mit seiner Umwelt auseinandersetzen will, ist es absolut nötig, alles zu tun, um Vertrauen zu schaffen. Und dazu gehört eine gemeinsame Begriffsklärung und eine Erörterung der Faktenlage. Geißler erzählte in demselben Interview, das Wichtigste an seiner Schlichtung im Stuttgart-21-Streit sei der langwierige, aber extrem transparente Faktencheck gewesen.

Sich auf derartige Klärungsprozesse einzulassen – egal

ob es um eine gemeinsame Begriffshermeneutik oder die neutrale Überprüfung aller Behauptungen geht –, ist ohne den »Hauch Zweifel« an der eigenen Position, wie der Konfliktforscher Christian Boeser-Schnebel es ausdrückt, nicht denkbar. Gegenseitiges Vertrauen im Konflikt braucht also den kontrollierten Selbstzweifel – denn es ist ein Akt des Vertrauens, die Möglichkeit einzubeziehen, der andere könne Recht haben. Sicher ist es einfacher, diesen guten Willen denen gegenüber aufzubringen, von denen wir sozial, emotional oder finanziell abhängig sind als zum Beispiel gegenüber einer Staatsmacht, die mit Polizeigewalt legale Demonstrationen auflöst. Aber es ist, wenn sich der andere als vertrauenswürdig erweist, nicht unmöglich. Genauso wie es möglich ist, Vertrauen für Unbekannte im Netz aufzubringen, für Menschen, die uns politisch irritieren, oder für die größte Nervensäge in der Mitgliederversammlung.

»Das übergeordnete Ziel eines Debattenteilnehmers sollte nicht sein, sich durchzusetzen«, sagt Boeser-Schnebel. Natürlich gehöre es in der Politik oder im Job dazu, seine Ziele zu erreichen, die eigene Position zu behaupten. Aber gerade im Streit um die grundsätzlichen Angelegenheiten sollten wir uns selbst immer wieder die Frage stellen: »Was trage ich selbst dazu bei, dass wir morgen noch gut miteinander leben?« So viel steht fest: Wer andere beleidigt, herabsetzt oder zum Schweigen bringt, sorgt nur für eine einseitige Verteilung der Konfliktbelastung. Und manchmal trägt man mehr zum gemeinsamen

Miteinander bei, wenn man einfach nur zuhört, obwohl sich beim Zuhören sämtliche Nackenhaare aufstellen.

Um im Konflikt nicht in den Tunnelblickmodus zu geraten, hilft es, sich vor Augen zu halten, wie man nach dem Streit miteinander umgehen will. Im besten Fall erlaubt es uns, den Streit als Prozess des Kennenlernens und Begreifens zu verstehen und verhindert eine allzu destruktive Herangehensweise. Antje Schrupp plädiert für aufgeschlossene Uneinigkeit. Es sei gut, wenn Menschen aus demselben Sachverhalt und einer grundsätzlichen gemeinsamen Kritik unterschiedliche Schlüsse zögen. Das aufzunehmen, gegebenenfalls zu widerlegen, sei auch ein Beitrag dazu, gut miteinander zu leben. Fortschritt, schreibt Schrupp, entstehe nun einmal dialektisch, im Austragen von Widersprüchen. Die auszuhalten ist natürlich schwer. Es gelingt auch nur, wenn man von einer Basis des kleinsten gemeinsamen Konsens' ausgehen kann. Aber wenn wir mehr Vertrauen untereinander haben wollen – und das brauchen wir heute dringend –, sollten wir lernen, zurückhaltend im Urteil zu sein, und die Ablehnung einer anderen Position nicht als Ersatz für die eigene Haltung verwenden.

Die Frage, will oder kann ich mit dem anderen nach diesem Streit weiter umgehen, erlaubt zugleich, die Grenze zwischen Streit und Kampf zu ziehen. Die ist wichtig: Damit der Streit nicht vorschnell in den Kampfmodus kippt, und damit der Kampf mit den angemessenen Mitteln geführt wird.

Moderatoren und Mediatoren haben die Aufgabe, die Spannungen zwischen Menschen so zu regeln, dass sie zumindest der Situation vertrauen können, wenn schon nicht einander. Deshalb befremdet es umso mehr, wenn Moderatoren von Talkshows oder Podien dieser Aufgabe nicht gerecht werden, und ihre Teilnehmer aufeinander loslassen; dem einen deutlich mehr Redezeit einräumen als der anderen. Gelingt eine solche Moderation jedoch, kann das Ergebnis erstaunlich bereichernd für alle Beteiligten sein, weil man von den eigenen Möglichkeiten und denen des anderen geradezu erstaunt wird.

Wann es Zeit ist, zu kämpfen

Prämisse für einen guten Streit sollte sein, dass es etwas zu lösen gibt, denn nur dann hat er Sinn. Also: Wenn eine muslimische Frau mit einer AfD-Politikerin darüber streiten soll, ob die Öffentlichkeit zu tolerant gegenüber dem Islam sei, so wie es in diesem Jahr eine Talkshow-Redaktion gern gehabt hätte – dann gibt es da nichts zu lösen. Und der Austausch ist von vorneherein zu einer gegenseitigen Negation verurteilt. Das hat dann nichts mehr mit Wettstreit zu tun, sondern mit Kampf.

Es gibt auch nichts zu lösen zwischen Menschen, die den Holocaust für das schlimmste Verbrechen der Menschheitsgeschichte halten, und solchen, die ihn als bedauerlichen Zwischenfall kleinreden. Denn hier geht es um existenzielle Grundsätze, streiten muss man da nicht. Genauso wenig, wie man den grundsätzlichen Konflikt lösen kann zwischen einer Feministin und einem Mann, der darauf besteht, Frauen seien das schwächere und weniger talentierte Geschlecht – sonst hätten sie auch mehr Nobelpreise gewonnen und politische Ämter übernommen. Wie soll man mit jemandem, der an das Recht des Stärkeren glaubt, über Chancengerechtigkeit streiten? Der kann dazu letztlich keine Meinung haben, außer, dass sie überflüssig ist. Claudia Roth wurde in dem bereits erwähnten Interview gefragt, wie sie mit dem AfD-Abgeordneten umgehe, der ihr im Internet eine Vergewaltigung gewünscht hatte. Sie antwortete darauf, dass sie mit ihm gar nicht umgehe. Es gäbe da nichts zu besprechen.

Zu lösen gibt es auch nichts zwischen einem türkischstämmigen deutschen Fußballnationalspieler, der sich mit dem autokratischen Präsidenten der Türkei fotografieren lässt, sein Vorgehen ausführlich erklärt und dabei vielleicht politisch schlechtes Gespür bewiesen, aber noch lang kein Gesetz gebrochen hat – und Anhängern der Mannschaft, die ihn während eines Spiels rüde beschimpfen. Denn solche Anfeindungen sind nichts weiter als eine Absage an den Spieler, die Botschaft, dass er nicht dazugehört.

Der Publizist Andrew Solomon schreibt in einem Artikel über den Zusammenhang zwischen der steigenden

Selbstmordrate in den USA und der extremen politischen Polarisierung, die dort herrscht: »Psychiater, mit denen man spricht, erzählen, dass noch nie so viele Patienten in ihren Sitzungen so viel über Politik geredet haben wie derzeit. Es macht depressiv, gehasst und abgelehnt zu werden – aber es macht auch depressiv zu hassen.« Je mehr fundamentale Ablehnung wir in uns gegen andere entstehen lassen, desto mieser fühlen wir uns – und desto schlechter wird der Streit. Insofern liegt es an jedem Einzelnen von uns, zu versuchen, möglichst viel Lösbarkeit zuzulassen. Politische Deutlichkeit und Integrität sind wichtig und ehrenwert. Aber man sollte trotzdem die klaren Absagen wohl dosieren, wenn sie sich gegen Personen richten, und sie aufheben für diejenigen, die nur als Feinde gelten können.

Den anderen auszuhalten ist eine Grundkompetenz, die man braucht, um Spaß am notwendigen Streit zu haben. Dafür dürfen und müssen wir aber auch klären, wo unsere Grenzen liegen. So wird es leichter zu unterscheiden, wo es um Gegenrede geht, und wo es darum gehen muss, zu kämpfen. Also tatsächlich besser zu sein als der Gegner und stärker.

Wir müssen es eben nicht aushalten, wenn manche Menschen eine selektive Härte des Rechtsstaates für Täter mit Migrationshintergrund fordern. Wir müssen es nicht aushalten, wenn Menschen mit bestimmtem Glaubenshintergrund kollektiv verdächtigt werden. Wir müssen Gewalt nicht aushalten und auch keine Drohungen.

Eine Gesellschaft muss natürlich ertragen, dass es vielfältige und teilweise eklatant widersprüchliche Vorstellungen davon gibt, wie wir miteinander leben wollen. Allein, was man unter Freiheit versteht, oder wie viel Autonomie man für sein Glück braucht, variiert von Mensch zu Mensch gewaltig. Um das zu verstehen, muss man sich nur mit ein paar Freunden darüber unterhalten.

Streit mit denen, die nicht bereit sind, uns auszuhalten, ist nicht mehr Streit. Sondern Kampf. So ein Kampf darf durchaus nach Streit aussehen – wenn man ihn zum Beispiel vor einem Publikum führt. Dann darf ich – wie ein gut gerüsteter Ritter – mit heruntergelassenem Visier und meinem ganzen Arsenal losziehen. Ich muss nicht den »Hauch eines Zweifels« an meiner Position zulassen, aber dafür umso mehr darauf beharren, dass der andere beim Thema bleibt. Bei so einem Kampf geht es nämlich tatsächlich darum, den anderen nicht gewinnen zu lassen.

Das funktioniert allerdings nur, wenn man wirklich gut vorbereitet ist. Eines meiner Lieblingsbeispiele für einen verbalen Nahkampf ist der Auftritt von Anne Wizorek in der Talkshow von Maybritt Illner, das Thema war die Bewegung #MeToo. Unter den Gästen war die Publizistin Svenja Flaßpöhler, die mit der These auf sich aufmerksam gemacht hatte, diese Bewegung verstärke eine sexuell passive Weiblichkeitsvorstellung. Wizorek war da natürlich anderer Meinung und packte ihr gesamtes Debattenbesteck aus: Statt darauf zu warten, dass Flaßpöhler ihre These vertreten konnte, redete sie sie direkt an, widersprach, bevor sie dazu aufgefordert wurde, und brachte ein durchdachtes und mit Zahlen unterfüttertes Gegenargument nach dem anderen. Wizorek erzählte mir später: »Ich wusste, ich bin da die Einzige, die sich wirklich mit dem Thema sexualisierte Gewalt auskennt – ich beschäftige mich ja seit Jahren damit. Deswegen konnte ich so ruhig bleiben. Und ich hatte eine konkrete Absicht: Ich wollte nicht, dass am Ende das Ergebnis lautet, diese Bewegung schießt über das Ziel hinaus.«

Was sich ändern muss, damit wir besser streiten können

Kampf in der Demokratie beschränkt sich aber nicht auf Diskussionsrunden, sondern er drückt sich in politischer Programmatik aus. Um heute ernsthaft gegen Rechtsaußen zu kämpfen, reicht es nicht, zu reden oder gar Konflikte einseitig zu Lasten von Migranten zu lösen. Um das Verhältnis zwischen Bevölkerungsgruppen und auch zwischen Bevölkerung und Regierenden aus dem Kampfmodus zu bringen, braucht unsere Gesellschaft eine Politik der Vertrauensförderung. Jeder populistischen Parole hinterherzuhecheln, gehört nicht dazu. Sehr wohl aber, die erwähnte Kluft zwischen Anspruch und Wirklichkeit zu schließen, wenn es um die Bezahlung wichtiger Arbeit im sozialen, sorgenden, betreuenden Bereich geht oder um den Zugang zum Wohnungsmarkt oder im Umgang mit unseren natürlichen Ressourcen.

Und wie wäre es mit einer Rhetorik der Klärung und dann auch der Versöhnung statt dem ewigen Gegeneinander? Denn bei aller Liebe zum Streit und bei aller Notwendigkeit: Versöhnung ist das schönste Geschenk, das zwei Streitende sich – und übrigens auch ihrem Umfeld – machen können. Aber sie kommt nicht von alleine und es gibt sie in den seltensten Fällen umsonst. Wie die kleinen Kinder, müssen auch die großen Erwachsenen sie üben, üben, üben. Und wer von einer Versöhnung erwartet, dass sie Einigkeit herstellt, kann sich darauf gefasst machen, eine Enttäuschung zu erleben. Versöhnung ist nämlich oft schon alles, was wir nach einem Streit an Einigung erwarten dürfen: der ausgesprochene Wille, gemeinsam weiterzumachen. Sei es in der politischen oder beruflichen Zusammenarbeit, als Paar oder als Freunde. Streiten macht nicht nur dann Spaß, wenn man »gewinnt« – das wäre die hooliganeske Herangehensweise und hat weder mit Demokratie noch mit einem liebevollen Leben zu tun.

Was Liebe mit all dem zu tun hat? Die Soziologin Eva Illouz hat einmal gesagt, Liebe sei das Gegenteil einer politischen Emotion, argumentativ und strategisch nutzlos. Da mag sie Recht haben, Liebe ist immerhin nicht zu überprüfen und sie wird dem Menschen völlig unbegründet zuteil. Trotzdem würde ich sagen, dass Liebe eine hinreichende Bedingung dafür ist, dass Streit Sinn macht.

Das kann die konkrete Liebe zur Freundin, zum Partner, zum Vater oder zum Kind sein, aber auch die etwas abstraktere Liebe zum beruflichen oder sozialen Umfeld oder die Liebe zur Sache. Es soll nicht esoterisch klingen, aber: Liebe als Grundhaltung zur Menschheit hilft dabei, klüger zu streiten. Warum sollten wir uns damit beschäftigen, wie es mit uns und dem Planeten weitergeht – wenn uns nicht an uns selbst und dem Planeten gelegen wäre? Damit Streit schön sein kann, muss er einen Weg weisen, es sollte von dort aus gemeinsam irgendwohin gehen. Und wenn es grundsätzlich stimmt, was Antje Schrupp einmal auf Twitter geschrieben hat: »Rechthabenwollen ist langweilig« – so hebt die Leidenschaft zu guten Argumenten den Spaßfaktor doch deutlich an.

Politiker haben sich und allen anderen lange genug erzählt, dass die eine Deregulierung oder die andere Privatisierung alternativlos sei. Anstatt über Obergrenzen und Abschiebungen zu reden, anstatt von Fremdenwellen zu schwadronieren und dadurch immer noch mehr feindselige Blickverzerrung zu schaffen, wäre es wichtig, die Bedingungen zu schaffen, unter denen die Akzeptanz für neue Gesellschaftsmitglieder steigen kann. Es gibt Parteien, die das tun, es dürfen ruhig mehr werden.

Wir haben viel mehr zu gewinnen als zu verlieren, wenn wir lernen, miteinander klarzukommen und gemeinsam für bessere Bedingungen zu streiten. Gerade im Berufsleben, also dort, wo die Mehrheit der Menschen einen Großteil ihrer Zeit verbringt, muss gestritten werden. Arbeitgeber und Unternehmen haben lange Jahre die sehr bequeme Position genossen, Jobs zu gewähren und dafür alle möglichen Zugeständnisse verlangen zu können. In etlichen Bereichen ist das immer noch so – im Einzelhandel, in der Logistik, in vielen der sogenannten Jobs für Geringqualifizierte. Aber auch zum Beispiel an den Hochschulen herrschen teilweise neofeudale Verhältnisse. Ohne ein gemeinsames Dagegen derjenigen, die da tätig sind, und ohne tatkräftige Unterstützung von Gewerkschaften und Politik wird sich das nicht ändern, werden die Unzufriedenheit und die Unterbezahlung und der Überstundenraubbau einfach weitergehen.

Deshalb müssen wir auch lernen, gemeinsam mit anderen für eine Sache zu streiten. Das bedeutet, auf andere zuzugehen, Differenzen auch einmal auszublenden, die eigene Angst vor dem Arbeitsplatzverlust zu überwinden. Uns einzulassen auf die Unterschiede im Gemeinsamen. In diesem Jahr fand z. B. in der deutschen Zeitungsbranche etwas statt, mit dem ich nicht gerechnet hatte, es jemals zu erleben: Die Journalisten gingen in den Streik, um nach vielen Jahren für eine Steigerung der Löhne zu kämpfen. Und zwar nicht ein paar Querulanten und auch nicht für ein paar Stunden. Ganze Redaktionen streikten geschlossen. Das ist in dieser Branche, die stark von Vereinzelung, Konkurrenzkampf und Geltungsdrang geprägt ist, fast schon ein kleines Wunder. Aber es ist möglich.

Der Philosoph Mark Terkessidis beschreibt in Abgrenzung zur rein zweckgebundenen Kooperation das Konzept der Kollaboration. Das sei »eine Zusammenarbeit, bei der die Akteure einsehen, dass sie selbst im Prozess verändert werden und diesen Wandel sogar begrüßen«. Insofern ist jeder Versuch, Gesellschaft durchlässiger zu machen, miteinander zu leben und umzugehen, ein kollaborativer Akt. Und auch der Streit – um eine Idee, einen Plan, die Finanzierung eines Projektes – kann eine Form der Kollaboration sein.

Nötig ist es dafür natürlich, aus der eigenen Zellenexistenz herauszutreten. Die Beteiligung an Parteien, Vereinen und Gewerkschaften geht seit Jahren zurück. Möglicherweise ist das eine unvermeidbare Entwicklung. Auf jeden Fall ist es eine, die das geregelte Gegeneinander nicht einfacher oder besser macht. Anja Huber, die in München die Nachbarschaftskonfliktstelle leitet, sagt: »Gerade in den Städten begegnen wir uns immer seltener in Zusammenhängen von sozialer Gemeinschaft. Das spielt vor allem für Nachbarschafts- und Anwohnerkonflikte eine Rolle. Wenn ich meinen Nachbarn nur im Treppenhaus treffe, aber nie in der Kirche, bei der Arbeit oder im Wirtshaus, funktioniert die soziale Kontrolle nicht mehr. Es wird dann sehr leicht, den anderen als Feind wahrzunehmen. Schließlich ist er ein Fremder, der mir aber gleichzeitig sehr nahe kommt.« Wir müssen üben, mit anderen zu reden. Denn nur so entwickeln wir ein Gespür für ein mögliches gemeinsames Gegeneinander wie für ein sicheres gemeinsames Dafür. Die Gruppe gibt Sicherheit und Sicherheit ist, wie wir wissen, beim Streiten das A und O.

Wo ein Konflikt ist, gibt es etwas zu lösen

Am Ende gehören zu einem guten Streit ein Teil Zuhören, ein Teil Selbstreflexion und zwei Teile Wissen. Ja, Selbstbewusstsein hilft und reden können auch – das kann man üben. Man kann ein Seminar oder einen Kurs besuchen. Man kann sich selbst regelmäßige Meinungsäußerungen verordnen. Aber für den guten Streit wichtig sind doch auch immer die Menschen, die einfach zuhören. Die nicht den »inneren Populisten« (Boeser-Schnebel) in sich tragen, der sich liebend gern aufstacheln lässt, sondern den »inneren Schlichter«. Zuhören und moderieren – entweder sich selbst oder eben auch die anderen. Sich selbst fünf Minuten geben, um dem anderen wirklich zuzuhören, ohne im Kopf immer schon nach Gegenargumenten zu suchen. Und dann den anderen um dieselbe Behandlung bitten.

Um den Erwartungsdruck abzubauen, der so viele von uns beim Streiten plagt, hilft es, den Weg als Teil des Ziels zu begreifen. Ein bisschen wie beim Wandern: Nur Fanatiker und Soziopathen besteigen den Berg bloß, um das Gipfelkreuz zu erreichen. Es macht keinen Spaß, zu zweit einen Berg zu erklimmen, wenn immer nur einer das Tempo bestimmt und wann Pause gemacht wird. Eine gelungene Wanderung muss nicht einfach oder immer nur angenehm sein, schwierige Stücke gehören mit dazu und der ein oder andere Nervenkitzel schadet nicht.

Wenn ich aber die ganze Zeit Angst vor Steinschlag und Absturz habe – entweder weil ich den Weg nicht kenne oder weil mich meine Begleitung überfordert –, dann nützt mir auch die Aussicht auf das schönste Bergpanorama nichts. Das macht dann nur müde und mutlos. Sinnvoll wird es, wenn ich weiß, warum ich da hinaufwill, wenn ich aber auch damit leben kann, dass es am Ende zu diesig ist für einen grandiosen Ausblick, und wenn ich beim Abstieg nicht denke, dass ich meine Begleitung lieber ans Gipfelkreuz hätte hängen sollen, statt mit ihr weiterzugehen.

Gute Argumente für eine Sache, die uns wichtig ist, zu entwickeln, ist so schön wie belohnend. Da kommt das Gehirn richtig auf Trab. Wie viel Spaß kann es machen, dem anderen beim Denken zuzuhören und mit dem Widerstand, den sein Denken bei einem auslöst, zu arbeiten!

»Wo ein Konflikt ist, gibt es etwas zu lösen«, sagt die Konfliktexpertin Eva Jüsten. Sie meint das nicht als Anspruch – schließlich findet sich nicht immer die eine Lösung. Manchmal muss man sich damit zufriedengeben, dass die Standpunkte und Interessen so weit auseinanderliegen, dass ein Streit nur die Verhältnisse klären kann. Aber, wie Jüstens Kollegin Anja Huber sagt: »Es ist schwer, nicht das zu bekommen, was man will. Aber es ist doch sehr viel einfacher, wenn man auch versteht, warum es so ist.« Wer streitet, um zu verstehen, hat immer etwas gewonnen, egal ob er oder sie sich am Ende durchsetzt.

»Es war die beste Zeit, es war die schlechteste Zeit. Es war das Zeitalter der Weisheit, es war das Zeitalter der Torheit.« So beginnt einer der großartigsten politischen Romane, die je geschrieben wurden, ›Eine Geschichte aus zwei Städten‹. Charles Dickens erzählt darin von der Französischen Revolution und von der Liebe, und all die politisch-moralisch-persönlichen Grauzonen, die wir auch heute kennen, kommen darin vor. Mit diesem Satz könnte man viele Phasen in der Geschichte der Menschheit beschreiben, auf die Gegenwart trifft er aber ganz besonders zu. Wir leben in der besonderen Gleichzeitigkeit, in der vieles besser als je zuvor ist und gleichzeitig die Perspektive noch nie so düster war. Es sind vielleicht nicht revolutionäre Zeiten, aber potenziell sehr explosive.

Die Herausforderungen, die Veränderungen und, sagen wir es ehrlich, die Katastrophen, die auf uns und unseren Planeten zukommen, werden uns keine Ruhe mehr lassen. Und wir Menschen sind nun einmal dazu gemacht, miteinander zu leben und deshalb auch unser Gegeneinander immer weiter zu entwickeln. Wir brauchen und wollen einander, wir ziehen uns an und stoßen uns ab. Wir können etwas, bei dem uns all die intelligenten Maschinen von heute nicht helfen werden: Wir können uns streiten und wir können uns einigen – wir wollen das oft genug auch. Wir brauchen keinen Konsens, um miteinander zu arbeiten – sondern Hoffnung und Vertrauen. Der Streit dafür ist einer, der sich ganz sicher lohnt.

LITERATUR

Arendt, Hannah: Wahrheit und Politik. Berlin 2006

Bude, Heinz: Gesellschaft der Angst. Hamburg 2014

Dahrendorf, Ralf: Die Krisen der Demokratie. Ein Gespräch. München 2003

Foucault, Michel: Was ist Kritik? Berlin 1992

Frick, Marie-Luisa: Zivilisiert streiten. Zur Ethik der politischen Gegnerschaft. Stuttgart 2017

Jaeggi, Rahel; Wesche, Timo: Was ist Kritik? Frankfurt / Main 2016 (4. Auflage)

Jensen, Uffa: Zornpolitik. Berlin 2017

Koselleck, Reinhardt: Kritik und Krise. Frankfurt / Main 2006

Leo, Per; Steinbeis, Maximilian; Zorn, Daniel-Pascal: Mit Rechten reden. Ein Leitfaden. Stuttgart 2017

Mbeme, Achille: Politik der Feindschaft. Berlin 2017

Mishra, Pankaj: Das Zeitalter des Zorns. Frankfurt / Main 2017

Misik, Robert: Liebe in Zeiten des Kapitalismus. Wien 2018

Mouffe, Chantal: Agonistik. Die Welt politisch denken. Berlin 2014

Mounk, Yasha: Der Zerfall der Demokratie. Wie der Populismus den Rechtsstaat bedroht. München 2018

Pörksen, Bernhard: Die große Gereiztheit. Wege aus der kollektiven Erregung. München 2018

Reckwitz, Andreas: Die Gesellschaft der Singularitäten. Berlin 2017

Sapolsky, Robert: Gewalt und Mitgefühl. Die Biologie des menschlichen Verhaltens. München 2017

Sarcinelli, Ulrich (Hrsg.): Demokratische Streitkultur. Theoretische Grundpositionen und Handlungsalternativen in Politikfeldern. Opladen 1990

Seneca: De Ira. Über die Wut (übersetzt von Jula Wildberger). Stuttgart 2007

Simmel, Georg: Soziologie. Untersuchungen über die Formen der Vergesellschaftung (Gesamtausgabe Band II). Frankfurt / Main 1992

Sloterdijk, Peter: Zorn und Zeit. Frankfurt / Main 2008

Terkessidis, Mark:, Kollaboration. Berlin 2015

DANKE

Meiner Familie Haaf, meiner Familie Bauer-Fink, meinen Freunden Lea Hampel, Hannes Kerber, Christoph Gurk, Tanja Kernweiss, Julian Baumann, Kathrin Hackmann, Monika Keiler, Juliane Bayer, Lisa Goldmann, Pola Etz, Xenia Schleuning

für Liebe, Unterstützung und Interesse

Katharina Festner und dtv, Katrin Kroll und der Agentur Eggers

für Genauigkeit, Geduld und Großzügigkeit

Alfred von Lucke, Juliane Wünschmann, Anne Wizorek, Christopher Lauer, Dr. Peter Ullrich, Dr. Christian Boeser-Schnebel, Dr. Eva Jüsten (AKIM), Anja Huber (SteG München), Katharina Schulze, Prof. Dr. Sabine Pfeiffer, Vera Schroeder, Georg Cadeggianini, Sara Haußleiter, Mithu Sanyal, Daniel Erk, Jens-Christian Rabe, Lara

Fritzsche, Florentine Waiblinger, Susanne Magnus, Max Barnewitz, Daniel Pascal Zorn, Nina von Hardenberg, Mareen Linnartz, Cindy Rauscher
für Wissen, Gespräche und Hinweise

Meinen Facebookfreunden, meiner Twitter-Timeline, meinen Kolleginnen und Kollegen
für Anschauungsmaterial, Anregung und Erfahrungsaustausch

Levi und Hilda
für Notizbuchverschönerung und Arbeitszimmergesellschaft und viele Lektionen

Patrick
für die Zeit, die Zugehörigkeit und jeden unserer Momente.

»DIESE BÜCHER WERDEN IHR DENKEN VERÄNDERN.«

Prof. Dan Goldstein,
London Business School

ALLE LIEFERBAREN TITEL, INFORMATIONEN UND SPECIALS
FINDEN SIE ONLINE

www.dtv.de dtv